古代歷史文化 研究輯刊

八 編

王 明 蓀 主編

第 12 冊

宋代的精怪世界
——從傳說表述到信仰生活的探討

徐 尚 豪 著

國家圖書館出版品預行編目資料

宋代的精怪世界——從傳說表述到信仰生活的探討／徐尚豪
著 — 初版 — 新北市：花木蘭文化出版社，2012〔民 101〕
目 2+172 面；19×26 公分
（古代歷史文化研究輯刊 八編：第 12 冊）
ISBN：978-986-254-973-5（精裝）
1. 妖怪　2. 傳說　3. 民間信仰　4. 宋代
618　　　　　　　　　　　　　　　　101014970

ISBN-978-986-254-973-5

9 789862 549735

古代歷史文化研究輯刊
八 編 第十二冊　　　　　　ISBN：978-986-254-973-5

宋代的精怪世界
——從傳說表述到信仰生活的探討

作　　者　徐尚豪
主　　編　王明蓀
總 編 輯　杜潔祥
出　　版　花木蘭文化出版社
發 行 所　花木蘭文化出版社
發 行 人　高小娟
聯絡地址　新北市永和區中正路五九五號七樓
　　　　　電話：02-2923-1455／傳真：02-2923-1452
網　　址　http://www.huamulan.tw 信箱 sut81518@gmail.com
印　　刷　普羅文化出版廣告事業
初　　版　2012 年 9 月
定　　價　八編 22 冊（精裝）新台幣 35,000 元

宋代的精怪世界
——從傳說表述到信仰生活的探討

徐尚豪　著

作者簡介

　　徐尚豪，淡江大學歷史學系研究所碩士，主修中國近古史。大學時期除修習歷史學系課程外，並取得中國文學系輔系，對中國思想史及文學方面均有涉獵。研究所時期，蒙黃師繁光先生指導，以宋代精怪信仰為研究主軸，開展其論文研究。

　　曾參與教育部歷史文化學習網內容製作團隊，為宗教與社會篇內容設計教師之一。此外，亦加入編纂《新修霧峰鄉志》團隊，於該地方志經濟篇部分，協助田野調查工作。

提　要

　　宋代精怪種類以動物體系的精怪佔大多數，土石及人造器物類型者次之，植物類型者又次之。另外，宋人筆記中還有許多不知名的「怪物」或「怪獸」。宋代怪物沒有固定的原形，種類各異且神出鬼沒。至於怪獸，在本文專指蛟跟龍兩類，牠們有自己的原始形貌，也多具有固定的活動區域。

　　從筆記資料來看，宋人在面對精怪時，往往視其為一種「自然存在」，這種從實際層面看待精怪存在的體認模式，與佛教講求眾生平等的思想相結合後，呈現出「物我平等」的意念。此外，宋人認為人與精怪同樣受到因果律的支配，不管是作祟的精怪為人所殺，或者人類殺害無辜的精怪而造孽，這些作為都必然產生相稱的因果報應。

　　宋代的精怪信仰內容相當豐富，凡顯靈驗的精怪祠廟，不只百姓十分熱衷，甚至官府也相當重視。而宋代官方對精怪信仰的態度，主要依據三項原則來評判：一、有無靈驗事蹟。二、有無妨礙官方統治。三、是否危害善良風俗。和前代嚴格查禁的政策相比，宋代官府對民間信仰的政策顯然寬鬆許多。

　　除了信仰方面之外，宋代精怪傳說的其他功能，主要表現在社會及生態方面。在社會功能上，精怪傳說呈現了「戒色」和「戒殺」的社會價值觀。生態功能方面主要表現在動植物的保育作用上。

目

次

第一章　緒　論 ……………………………………………………… 1

　第一節　研究動機與目的 ………………………………………… 1

　第二節　研究回顧與問題探討 …………………………………… 3

　第三節　研究方法和使用資料 …………………………………… 7

　第四節　論文章節架構 …………………………………………… 8

第二章　宋代的「精」與「怪」 ………………………………… 11

　第一節　宋代的精怪類型 ………………………………………… 12

　　一、動物類型的精怪 …………………………………………… 12

　　二、人造器物類型的精怪 ……………………………………… 32

　　三、植物類型的精怪 …………………………………………… 39

　第二節　怪物與怪獸的傳說 ……………………………………… 43

　　一、宋人筆下的怪物 …………………………………………… 43

　　二、宋人筆下的怪獸 …………………………………………… 45

第三章　宋代精怪傳說的深層意蘊 ……………………………… 55

　第一節　宋人的果報思想 ………………………………………… 56

　　一、果報觀念的起源和流行 …………………………………… 57

　　二、精怪故事的果報與意涵 …………………………………… 62

　第二節　理性精神下的物類觀念 ………………………………… 66

　　一、宋人的理性精神與氣化理論 ……………………………… 67

　　二、氣變形變與物類有知的觀念 ……………………………… 72

      第三節　宋人對精怪的恐懼 ················· 76
      一、對精怪原形的恐懼 ····················· 76
      二、對精怪能力的恐懼 ····················· 80
 第四章　宋人的精怪信仰 ·························· 85
  第一節　精怪信仰的思想淵源 ·············· 86
      一、宋代以前的精怪觀念 ················· 86
      二、精怪與鬼神間的差異 ················· 93
  第二節　宋人筆記中的精怪信仰活動 ······ 98
      一、宋代的精怪信仰 ····················· 99
      二、祭祀心理與祭祀活動 ················· 107
      三、宋代精怪的立廟問題 ················· 113
  第三節　官員對精怪信仰的態度 ·········· 119
      一、宋代以前的情況 ····················· 119
      二、宋代官員的態度 ····················· 122
 第五章　宋代精怪傳說的社會及生態功能 ··· 131
  第一節　精怪傳說的社會功能 ·············· 131
      一、戒女色的功能 ······················· 132
      二、戒殺生的功能 ······················· 139
  第二節　精怪傳說的生態功能 ·············· 144
      一、保育生物的功能 ····················· 145
      二、保育林木的功能 ····················· 152
 第六章　結　論 ································· 159
 徵引書目 ··· 163

第一章　緒　論

第一節　研究動機與目的

在中國民間故事裡，有關精怪或是物魅的傳說，是一般平民百姓茶餘飯後常有的話題，但這種情形並非古人的專利，即使處在科技發達的現代，我們的生活周遭，依舊難以擺脫精怪故事的流傳。這類故事從先秦的神話寓言，一路演變到宋人的筆記小說，「精怪變幻」的傳統觀念，〔註1〕雖沒有重大的改變，但精怪的故事意涵及其活動舞台，卻不斷發生變化，這正好顯現出記述者所處的時代特色，也反映出不同的地方民情。因此，由社會史的角度來考察，精怪信仰的研究，不只饒富趣味，且深具意義，從而引發筆者探究這項議題的動機。

討論精怪信仰內容之前，首先必須對傳統精怪的定義做說明。所謂「精怪」、「妖怪」在傳統文本上的意義，並不完全相同，但在民間信仰體系中，牠們卻往往混雜且不易分辨。許慎《說文》：「精，擇米也。從米，青聲。」〔註2〕原來是指選擇出最好、最純淨的米，其後解釋範圍擴大，將各種事物最精華的部分謂之「精」。至於「怪」，《說文》：「怪，異也。從心，圣聲。」〔註3〕其義泛指各種反常的事物或現象。這兩種意涵，受到秦漢時期「氣化宇宙論」的影響，在日後形成所謂「五氣化形」、「氣易形變」的精怪變化理

〔註1〕 這裡的「精怪變幻」，指的是精怪能夠變換各種形貌的能力。
〔註2〕 許慎著、段玉裁注，《說文解字注》（臺北：漢京文化有限公司，1980 年），7篇上，「米部」，頁 334。
〔註3〕 《說文解字注》，3 篇下，「心部」，頁 277。

論。〔註4〕

　　東漢王充曾對這類精怪問題作解釋：「物之老者，其精為人；亦有未老，性能變化，象人之形。人之受氣有與物同精，則其物與之交；及病，精氣衰劣，則來犯凌之也。」〔註5〕這種「物老成精」的看法，其根源仍在所謂的「氣」，由於「氣」可變化，且萬物同受之於天地，依不同之「性」，而有成人成物的差別，這樣的說法等於承認了精怪存在的可能性。到了魏晉六朝，精怪變化理論得到更進一步的發揮。干寶在《搜神記》中說：「妖怪者，蓋精氣之依物者也，氣亂於中，物變於外。形神氣質，表裡之用也。本於五行，通於五事。雖消息升降，化動萬端。其於休咎之徵，皆可得域而論矣。」〔註6〕干寶認為，不同的氣質，即會形成不同的物貌，而精怪之變化，正是因為氣衰或氣亂所造成。觀察王充、干寶對精怪形成的說明，皆本於兩漢以來的「氣化宇宙論」，這樣的看法，對精怪存在的詮釋，無疑具有相當重要的影響力。

　　但對廣大的平民百姓來說，精怪如何形成尚非他們最關心的事，要緊的是如何與精怪維持一個「井水不犯河水」的關係，然而，這樣的關係可能嗎？東晉葛洪認為：「萬物之老者，其精悉能假託人形，以眩惑人目而常試人，唯不能於鏡中易其真形耳。」〔註7〕從葛洪這段話來看，「物老成精」的觀念，自東漢以來已趨向定論，而精怪「常試人」的行為，卻是人與精怪之間，難以避免的接觸形式，所以魏晉時期的志怪小說能大行其道，此為其重要原因之一。

　　精怪故事到了唐代，由於佛道教盛行的緣故，內容和題材方面也逐漸起了變化，例如：因果報應、命定觀念、修煉成仙之類的觀念，大量出現在故事中，使得精怪故事的內涵不斷豐富起來，這個時期的精怪，不僅同魏晉時那般「常試人」，更重要的，牠們也透露出何故要試人？試人要達到什麼目的？這些故事內容的變化，除了增添唐代傳奇小說的可看性外，也成為一股伏流，慢慢流向庶民文化內容豐富的宋代。

〔註4〕 康韻梅，〈六朝小說變形觀之探究〉（臺北：台灣大學中國文學研究所碩士論文，1987年），頁128～162。

〔註5〕 王充著、劉盼遂集解，《論衡集解》（臺北：世界書局，1990年），卷22，〈訂鬼第65〉，頁449。

〔註6〕 干寶，《搜神記》（臺北：世界書局，1965年），卷6，頁41。

〔註7〕 葛洪，王明校釋，《抱朴子內篇校釋》（北京：中華書局，1988年），〈登涉〉，頁300。

宋人所描述的精怪，已不是藏深山澤的可怕怪物，牠們頻繁出現在一般百姓生活週遭，人們對這些精怪也未必全然恐懼，究其原因，可能跟宋代佛教的世俗化有關。正如眾所習知，唐代是中國佛教發展的全盛時期，當時佛教各宗派理論十分興旺，然而尋常百姓未必能夠深入佛經義理，而佛教宗派中淨土宗、禪宗沒有繁瑣的教義，教導的方法也十分簡潔易行，故其在民間的影響力，遠大於理論體系嚴密的華嚴、天台各派。尤其禪宗「一念悟時，眾生是佛」的簡要修行法門，〔註8〕深受民間歡迎，這種「眾生平等，皆有佛性」的教義，廣為宋代民眾所接受〔註9〕，加速了佛教在社會上的流傳，同時拉近了人與自然萬物之間的距離，此外，因果報應的觀念持續在民間社會發酵，在這兩種觀念交織下，「精怪」被民眾視為一「自然物」；精怪的出現，乃人和這個世界之間，有著複雜的因緣關係所致，對宋人而言，尋求並解釋這種關係，是認識精怪的最佳方式。

從民間信仰的角度來看，精怪傳說和鬼神故事，皆是相對於正統宗教（佛、道教）信仰下的小傳統，它們雖不像正統宗教那般有完備的典籍和組織，但由於這些傳說故事較具開展性，並且緊貼著人們的生活經驗和日常感受，因此民眾反倒容易接受故事中所表達的意念，進而形成庶民文化中的集體記憶，這些記憶不只形塑民眾在信仰上的認知，也影響他們的潛在心理及行事習慣。〔註10〕基於這一原因，筆者希望藉由分析宋代精怪傳說的文本和資料，重新省視宋人對精怪的看法，探索潛藏其中的社會現象與文化心理，進一步詮釋它的歷史意義，用以填補宋代民間信仰的空缺部位。

第二節　研究回顧與問題探討

有關精怪問題的相關研究，就筆者所搜集到的資料來看，多集中在魏晉六朝及唐代，涉及宋代精怪問題的文章則還當稀少，至於專論宋代精怪的著作，到目前為止仍未見到，因此本文乃有意以宋代的精怪傳說和信仰現象，

〔註8〕 這裡的禪宗，指的是慧能所創的南宗，唐貞元十二年（西元796年），唐朝廷敕立南宗的神會為禪宗七祖，南宗思想遂為禪宗主流，而後我們所說的禪宗，即是指慧能所創立的南宗。

〔註9〕 劉浦江，〈宋代宗教的世俗化與平民化〉《中國史研究》（北京：中國社會科學出版社，2003年），第2期，頁117～128。

〔註10〕 簡惠美，〈韋伯論中國：中國宗教初探〉《台大文史叢刊80號》（臺北：國立台灣大學出版委員會，1988年），頁138。

作為中心議題，進而擴展出相關研究。

近人關於精怪問題的文章及著作，從研究內容上來區分，大致可分為三大類。

（一）精怪活動部分

國內對於精怪問題的研究者，以中文研究所居多，其研究方向多側重在文學及文化心理學範疇的討論，如康韻梅的〈六朝小說變形觀之探究〉〔註11〕、蔡雅薰〈六朝志怪故事研究〉〔註12〕、鄭惠璟〈唐代志怪小說研究〉〔註13〕、李素娟〈唐人小說中變化故事研究〉〔註14〕、黃心穎《《太平廣記》精怪類初探〉〔註15〕等類，皆有相當參考價值。

大陸學者方面，專書部份以劉仲宇的《中國精怪文化》一書較具代表。其內容從精怪信仰的文化層面切入，主要說明中國精怪信仰的起源、精怪觀念、精怪種類、人類面對精怪的心理、精怪與仙佛的關係，最後則析論精怪傳說的文學意義。劉氏一書，對中國的精怪文化做了相當細微的觀察，也是筆者目前所見，對精怪信仰問題解說得比較全面的著作，但由於作者是以文化史的角度出發，因而對精怪信仰的社會現象，則敘述較嫌簡略；它又是從時間的長河上所作的概括統論，使人無法分辨每個時代精怪信仰的特色，這是本書美中不足之處。〔註16〕

其他大陸學者對精怪問題的研究，多以短篇期刊論文為主，如朱光迪〈精怪傳說──民眾意識的積澱〉一文，他認為魏晉以來，精怪傳說反映了部分民眾的社會心理，並隱含對現實生活的超越及理想的追求。〔註17〕朱氏的另外一篇〈中國古代精怪故事中的精怪人化〉，則是論述佛教思想對中國精怪傳

〔註11〕康韻梅，〈六朝小說變形觀之探究〉（臺北：台灣大學中國文學研究所碩士論文，1987年）

〔註12〕蔡雅薰，〈六朝志怪故事研究〉（臺北：台灣師範大學國文研究所碩士論文，1990年）

〔註13〕鄭惠璟，〈唐代志怪小說研究〉（臺北：台灣大學中國文學研究所碩士論文，1989年）

〔註14〕李素娟，〈唐人小說中變化故事研究〉（臺北：文化大學中國文學研究所碩士論文，1997年）

〔註15〕黃心穎，〈《太平廣記》精怪類初探〉《輔大中研所學刊》（臺北：輔仁大學中國文學系，1996年），第6期，頁367～381。

〔註16〕劉仲宇，《中國精怪文化》（上海：上海人民出版社，1997年）

〔註17〕朱光迪，〈精怪傳說──民眾意識的積澱〉《衡陽師專學報》（衡陽：衡陽師專學報──社會科學，1995年），第4期，頁69～73。

說產生的影響，因此，宋代的精怪觀念，在佛教世俗化的風氣下，從而成就它自己獨特的一面。〔註 18〕張智華在〈中國文學中精靈形象的演變與發展〉中談到，魏晉志怪與唐傳奇在描寫手法上的大差異，主要的區別在於：傳奇側重文學性和藝術性，志怪則較偏向記實性，而宋代以來的筆記小說，同樣以樸質的記實為主，這一點除了與魏晉志怪的筆法相似外，可能也與宋代以來重視實用的文風有關。〔註 19〕

（二）宋代民間信仰部分

台灣方面，沈宗憲的〈宋代的鬼與死後世界傳說〉一文，將宋代的鬼與冥府形象作完整的勾勒，並認為「精怪」實為為宋人「心中鬼物」的一部分，而宋人對這些非人界的「東西」，大致採取祈祀、禳除、超渡等手段來應對，在實際操作上，究竟選擇採行何種方法，則視鬼怪們的「來意」做決定。〔註 20〕

劉志鴻的〈宋代的祠廟與祠祀──一個社會史的考察〉一文，以為宋代的祠廟信仰，在民間呈現出生氣盎然情況，有些較大的祠廟，其信仰圈的分佈甚或跨越州縣，成為數州或數縣民眾精神上的共同寄託，也由於祠廟眾多，管理不易，官府往往透過賜額封爵的方式，將民間祠廟納入政府的「祀典」管理，而這種祠廟的管理政策，也成為後代統治者管理民間祠廟的重要手段。〔註 21〕

大陸學者賈二強所著的《唐宋民間信仰》一書，則分三個部分解析唐宋時期的信仰問題，一是傳統神祇的觀念，二是自古以來的鬼魂觀，三是宗教信仰的世俗化。其中，在第二部分〈鬼魂觀〉裏，他引用了大量的文獻資料，說明唐宋時期，人們對精怪的畏懼已經開始減弱，認為只要用禳除的方式，大部分的精怪都能夠除去，倒是一些厲鬼或強鬼，才是一般人較害怕的對象。〔註 22〕

〔註 18〕 朱光迪，〈中國古代精怪故事中的精怪人化〉《衡陽師專學報》（衡陽：衡陽師專學報──社會科學，1997 年），第 4 期，頁 50～55。
〔註 19〕 張智華，〈中國文學中精靈形象的演變與發展〉《中國社會科學》（北京：中國社會科學出版社，2000 年），第 4 期，頁 144～154。
〔註 20〕 沈宗憲，〈宋代的鬼與死後世界傳說〉（臺北：台灣大學歷史學研究所碩士論文，1991 年）。
〔註 21〕 劉志鴻，〈宋代的祠廟與祠祀──一個社會史的考察〉（新竹：清華大學歷史學研究所碩士論文，1993 年）。
〔註 22〕 賈二強，《唐宋民間信仰》（福州：福建人民出版社，2002 年）。

　　國外專書方面有韓森（Valeria Hansen）所寫的《變遷之神——南宋時期的民間信仰》，書中對宋代祠廟與百姓生活間的互動，有相當精闢的見解，Hansen 認為，宋人與祠廟的關係，建立在神祇「靈驗」與否之上。這些神祇有時不一定是官方祀典所認可者，也就是所謂的「淫祠」，這種淫祠所祭拜的對象，甚至是動植物的精怪，官府雖然嚴令禁止淫祠，但實際上效果有限。最後 Hansen 分舉湖州祠廟加上其他地區的四個案例，來說明宋代祠廟與社會發展的關係。〔註 23〕

（三）宋代果報部分

　　目前所見最早關於宋代果報思想方面的研究，首推劉靜貞〈宋人的果報觀念〉一文，作者分別從家庭、社會、政治、人神、物與等各方面來談論宋代的果報思想，其中「物與」的部分，雖然沒有直接論及精怪傳說或信仰，但對於宋人的「物與」關係上，劉氏認定果報觀念對宋人「物與思想」，產生非常深刻的影響，〔註 24〕這對日後研究精怪問題的學者來說，實有相當啟示作用。

　　另外，邱芳津〈宋代果報小說研究〉一文，則從文化思想及社會現象的角度，將宋代的果報小說，作一番分析及整理，文中引用了大量的果報文獻資料，且將報償方式詳細分類，對宋代果報小說中的各種因果關係的項目，做了相當完整的介紹。〔註 25〕上述兩部作品，皆是直接談論宋代果報思想的學術著作，而其他間接涉及宋代精怪果報的著作，尚有：劉滌凡《唐前果報系統的建構與融合》〔註 26〕、咸恩仙〈話本小說果報觀研究〉〔註 27〕、蔡明真〈唐人小說報意識研究〉〔註 28〕、陳敏瑄〈唐代佛教果報地獄小說研究〉〔註 29〕等數篇。

〔註 23〕韓森（Valerie Hansen）著，包偉民譯，《變遷之神——南宋時期的民間信仰》（杭州：浙江人民出版社，1999 年）。
〔註 24〕劉靜貞，〈宋人的果報觀念〉（臺北：台灣大學歷史研究所碩士論文，1981 年）
〔註 25〕邱芳津，〈宋代果報小說研究〉（臺北：文化大學中國文學研究所碩士論文，1997 年）
〔註 26〕劉滌凡，〈唐前果報系統的建構與融合〉（臺北：台灣學生書局，1999 年）
〔註 27〕咸恩仙，〈話本小說果報觀研究〉（臺北：文化大學中國哲學研究所博士論文，1989 年）
〔註 28〕蔡明真，〈唐人小說報意識研究〉（臺北：輔仁大學中國文學研究所碩士論文，1998 年）
〔註 29〕陳敏瑄，〈唐代佛教果報地獄小說研究〉（臺中：逢甲大學中國文學研究所碩士論文，2001 年）

　　精怪傳說是構成中國民間信仰的一部分，宋代由於佛教通俗化，因果報應的觀念尤為流行，連帶使得宋人對精怪產生不同於前人的觀感，形成了這一時代的特色。本文主要的目標，便是集中探討宋代精怪傳說的意義及精怪信仰活動，內容重點可分成兩方來說明。

（一）宋代精怪傳說方面

　　精怪傳說在中國民間故事裡，已有悠久的歷史，這些精怪故事之所以深深吸引人們的注意，除了神異的內容和趣味性高外，也蘊含著對自然界及不可知境界的想像，這些想像與民眾的生活經驗或社會現象結合後，即能形成一種意識觀念。對宋人來說，精怪是生存於天地間的自然物，既然大家處在同一個時空裏，則人類勢必會在生活中與精怪遭遇，本文打算探討的問題是，究竟宋人是如何看待與精怪相遇？一如傳統那般產生恐懼？抑或另有感受與想像？而人與精怪相遇的背後，是否隱藏心理上的渴望或是對社會的期待？這些疑問都是本文所欲解決的主要問題之一。

（二）宋代精怪信仰方面

　　由於宋代祠廟林立，百姓們除了到官方所認可的寺廟拜拜外，也經常會在「非法」祠廟裏進行祭祀活動，這些膜拜與祈禱的行為，除了有祈願功能外，也成為民眾心靈的寄託方式。然而，這些「非法祠廟」中，亦包括了大量的精怪祠廟在內，民眾對這些精怪的祭祀，其熱情表現有時並不亞於對合法祠廟的態度，這一點，在宋人的筆記說中亦時有所見，但究竟是何種緣由驅使民眾相信精怪祠廟勝過國家祠廟？並且官方和民間對精怪立廟的立場有哪些差異？上述疑問即為本文所欲解決的主要問題之二。

第三節　研究方法和使用資料

　　本論文的寫作方式，是以史料的蒐集和整理為主，在時間的斷限方面，主要以宋朝開國至南宋滅亡為止，討論的主題，以文獻中「精怪的形象」、「精怪故事象徵的意義」、以及「精怪信仰的社會活動」三方面加以討論，希望能夠呈現出精怪故事在宋人心中所代表的意義，以及社會上對精怪活動的看法。由於精怪信仰的成立，來自民眾對精怪存在的確信和散佈，這些傳說經過士人有意識的記錄、集結，便成為今日我們所看到的故事文本。

　　宋代拜印刷術進步之賜，使得宋人的筆記資料得以普遍流傳，這類史料

主要以野史或地方異聞為記述對象，因此也保留了許多民間傳說和社會象貌，可說是研究宋代庶民文化的重要參考文獻。因此本文在引述史料方面，以宋人的筆記小說作為主要資料來源，但由於這部分的資料卷帙龐雜，種類繁多，選材上亦令人相當費神。據上海師範大學古籍研究所預定編輯的《全宋筆記》計畫來看，它打算收錄的作品多達五百餘部，2003 年 10 月已出版的《全宋筆記第一編》〔註30〕共十冊，已收錄近 50 部北宋初期至北宋中期的文人筆記，預計 5～6 年內將《全宋筆記》出版完畢，在日後應可帶給學人更大的便利。然而目前就國內能見到的宋代筆記資料來說，主要有洪邁《夷堅志》〔註31〕、周光培編《宋代筆記小說》〔註32〕、中華書局編《唐宋史料筆記》〔註33〕，以及上海古籍出版社編《宋元筆記小說大觀》〔註34〕等幾類，這些史料經過筆者刪去其中重複收錄者，共計尚有百餘部，是筆者論文引用的主要對象，此外並參考其他相關的宋人文集和類書，採擷關連的部分作為本論文的參考資料。

由於筆者所關注的焦點，主要為宋代精怪傳說的意義，以及宋代精怪信仰的社會活動，因此在選材上偏重和精怪有關的紀錄，〔註35〕其他與精怪發生關係或交流的鬼神，僅在第四章第一節作適當的交代，其他篇章則少有論及，這般清楚的區隔，是為了將焦點集中在探索宋代精怪上，以便凸顯出精怪傳說在宋代民間信仰的地位。

第四節　論文章節架構

基於上述的研究方法和使用資料，筆者擬將本文分為六個部分：

第一部分「緒論」，將本文的研究目的、研究回顧、研究方法以及所探討的問題做一簡要論述。

〔註30〕 傅璇琮主編，《全宋筆記第一編》（鄭州：大象出版社，2003 年）
〔註31〕 洪邁，《夷堅志》（臺北：明文書局，1982 年）
〔註32〕 周光培編，《宋代筆記小說》（石家莊：河北教育出版社，1995 年）
〔註33〕 中華書局編，《唐宋史料筆記》（北京：中華書局）
〔註34〕 上海古籍出版社編，《宋元筆記小說大觀》（上海：上海古籍出版社，2001 年）
〔註35〕 筆者對精怪的觀點，主要持廣義的看法，因為傳統對精怪認定的範圍，是以物老成精為標準，但歷代以來，民間對精怪的形成卻未必全然以此為準則，大凡只要「物失其性」即為民間所認定的變異或變怪，因此，精怪的形成，時間雖是重要因素之一，但更重要的是，因其有所變化，且為人所發現或遇見，從而形成這類的精怪傳說。

　　第二部分「宋代的精與怪」，擬將宋人筆記中的精怪故事做初步分析，分成二方面說明，第一、將宋代精物種類做劃分及介紹。第二、對宋人筆記中的怪物和怪獸做說明。

　　第三部分「精怪傳說的深層意蘊」，主要探討宋代精怪故事背後的意義，並分三方面討論，第一、針對宋代民間普遍流傳的果報觀念做論述，並說明精怪果報故事中，報償的方式和意義。第二、從理性精神與氣化理論來探究宋人對精怪本質的看法。第三、分析庶民面對精怪時的恐懼心理，並探究其恐懼的原因。

　　第四部份「宋人的精怪信仰」，主要分三方面討論，第一、說明宋代以前的精怪觀念，以及精怪和鬼神間的差異。第二、從宋人筆記中的精怪信仰活動和祭祀精怪情況，建構宋人精怪信仰的風貌。第三、觀察精怪祠廟建立的方式以及官方對待精怪祠廟的態度。

　　第五部分「宋代精怪傳說的社會及生態功能」，分二方面來說，第一、論述宋代精怪傳說的社會功能，以「戒女色」和「戒殺生」為兩大主軸。第二、論述宋代精怪傳說的生態功能，分為「生物」與「林木」為兩類，從精怪傳說的內容，觀察其對社會價值觀與生態保育觀念的影響。

　　第六部分「結論」，總合全文之研究成果，並說明研究上所遭遇之困難，以及在精怪議題上，未來可能進一步探索的問題。

第二章　宋代的「精」與「怪」

　　在中國民間故事裡，流傳著大量精怪活動的傳說，這些傳說透過文人有意無意的記載，逐漸形成一種對精怪形象的共識。傳說中的精怪，不管是動物、植物或是其他東西所化成，大多具有下列其中一項特點：能幻化成人形或能說人語。〔註1〕這兩項主要特色，成為大多數民眾印象中精怪所具有的能力。

　　隨著時間代代累積，活動於民間的精怪種類，愈來愈多，能力也變得神通廣大，精怪的人性形象不斷增加，傳說故事的社會意義也逐步擴大，此一演變，與社會環境日趨複雜有關，同時民眾已漸將精怪活動視為週遭現象之一，甚至對精怪抱有一些「期待」。〔註2〕

　　舉例來說，唐代民間對狐狸精怪的信仰，十分流行，唐張鷟在《朝野僉載》裏說：

　　　　唐初已來，百姓多事狐神，房中祭祀以乞恩，食與人同之，事者非
　　　　一主。當時有諺云曰：「無狐媚，不成村」。〔註3〕

由此觀之，唐代百姓不只接納狐精的存在，更視作生活中不可少的精靈。這

〔註1〕朱光迪，〈中國古代人類與精怪的性愛糾葛〉《衡陽師專學報》（湖南：衡陽師專學報——社會科學，1994年），第2期，頁28。

〔註2〕傳統的精怪觀念中，化身為人或能說人語，被視為精怪的基本能力。從歷代的文獻資料可看出，精怪們所具有的能力，時代愈後愈超越這兩種特點。換句話說，精怪的能力會隨著時代的需要而變化，故精怪故事往往含有社會意義，因此精怪能力之變化和精怪故事的意涵，可以反映庶民的某些「期待」，這些「期待」的範圍非常廣泛，諸如精怪對人的協助、庇佑或伸張正義等內容。

〔註3〕張鷟，《朝野僉載》（北京：中華書局，1997年）〈狐神〉，補輯，頁167。

種認可並信仰精怪的心理，延續到宋代，在李燾《續資治通鑑長編》中提到：

> 邠州城東有靈應公廟，傍有山穴，羣狐處焉。巫挾之為人禍福，風
> 俗尤信，向水旱疾疫悉禱之，民語之諱狐。〔註4〕

以上關於狐狸精怪的記載，說明了民間確有此項心理需求與信仰活動。不過，狐狸精怪畢竟只是眾多精怪之一，在民間傳說中，存在著各式各樣的不同精怪，民眾相信這些精怪依其種類之別，賦有不同的能力，或因不同能力對人造成的危害不一；另方面，多樣化的精怪也滿足了人們不同的想像。宋代的精怪種類，可謂「集前朝之大成」；種類豐富繁多，且更具人性，牠們與人互動時亦不避嫌，宋人對牠們雖稍帶懼怕，但大體上仍願意以平常心看待牠們。另外，值得注意的是有關「怪物」與「怪獸」的傳述，宋人的記載常有將牠們與傳統的「精怪」混為一談之情形，〔註5〕因此，筆者在本章除了分析一般宋代精怪的種類外，並將宋人記載的怪物、怪獸，或無以名命的「怪」，獨立為一節，以便單獨討論。這樣的區分除了方便論述外，也期望釐清兩者之間的差異，有助於了解宋人心目中的「精怪世界」。

第一節　宋代的精怪類型

　　從宋人筆記資料來看，宋代的精怪類型相當龐雜，其中，動物體系的精怪佔大多數，土石及人造器物類型者次之，植物類型者又次之。動物類型的精怪以生存空間來區分，又可分為陸地類、水族類以及禽鳥類三種，陸地上最常出現的精怪，以狐狸精、虎精、蛇精居多，其他亦有犬精、猿猴之類的精怪，但並不普遍。

一、動物類型的精怪

（一）狐狸精

　　「狐」與「狸」基本上是兩種不同的動物，〔註6〕但其是形態或習性相仿，

〔註4〕 李燾，《續資治通鑑長編》（臺北：世界書局，1961 年），卷 75，真宗大中祥符四年正月辛巳條，頁 1。

〔註5〕 依許慎《說文》解釋「精」與「怪」，本意不同，但兩者結合後的「精怪」一詞，卻成為民間「精物與怪」的泛稱。細審其概念，應可區分為二：一為「怪異之精物」，二為「怪」。前者泛指物老成精之變異，此係東漢以來對精物的解釋，後者則為難名命之怪物或怪獸之屬。

〔註6〕 據胡堃研究指出，古籍中的「狐」多指生物學上的狐、貉、狸、獾等「穴居

因此在古人的記載中常合併稱呼，〔註7〕宋人筆記對這兩種動物也習慣一併合稱，故本文沿用文獻中的「狐」或「狐狸」並稱的方式進行討論。狐精在民間精怪傳說中，稱得上名聲響亮，在司馬遷《史記・陳涉世家》裏，就有一則「狐鳴」的記載：

> 陳勝、吳廣喜，念鬼，曰：「此教我先威眾耳」。乃丹書帛曰：「陳勝王」，置人所罾魚腹中。卒買魚烹食，得魚腹中書，固以怪之矣。又間令吳廣之次所旁叢祠中，夜篝火，狐鳴呼曰：「大楚興，陳勝王」。卒皆夜驚恐。旦日，卒中往往語，皆目指陳勝。〔註8〕

這裏的「狐鳴」應是陳勝、吳廣為了懾眾所採取的手段，此處的「狐」則被士卒們視為「狐精」，而「狐鳴人語」，正是一般人印象中精怪所具有的特點之一，因而造成兵卒的震恐。更早的《山海經》裏也存有關於狐狸精的記載，如《山海經・南山經》：

> 青丘之山，……有獸焉，其狀如狐而九尾，其音如嬰兒，能食人，食者不蠱。〔註9〕

至宋《太平廣記・瑞應篇》也載著：

> 九尾狐者，神獸也。其狀赤色，四足九尾，出青丘之國，音如嬰兒。食者令人不逢妖邪之氣，及蠱毒之類。〔註10〕

從上述的記載來看，中國民間並不將狐看作是一般尋常的動物，反而視為具有特殊能力的動物。南北朝時期，志怪小說風行，狐精的變化能力隨之擴張，〔註11〕在相貌上幾乎可以變幻跟人形一模一樣，到了唐代，百姓更將狐精視為狐神，加以祭祀，這在上舉唐張鷟的《朝野僉載》內，已有記載。

　　　　動物」。參閱胡堃，〈論中國古代狐仙故事的歷史發展〉《民間文藝季刊》（上海市：民間文藝季刊編輯部，1989年），第3期，頁77。

〔註7〕例如《太平廣記》（北京：中華書局，1995年）冊9，卷442，〈董仲舒〉條引《幽明錄》：「漢董仲舒嘗下帷獨詠，忽有客來，風姿音氣，殊為不凡。與論五經，究其微奧，仲舒素不聞有此人，而疑其非常。乃謂之曰：『巢居卻風，穴處知雨，卿非狐狸，即是老鼠』。客聞比言，色動形壞，化成老狸，蹶然而走。」，頁3611～3612。

〔註8〕司馬遷撰，瀧川龜太郎考證《史記會注考證》（臺北：洪氏出版社，1982年），卷48，〈陳涉世家〉，頁767。

〔註9〕袁珂《山海經校注》（臺北：里仁書局，1981年），卷1，〈南山經〉，頁7。

〔註10〕《太平廣記》9，卷447，〈瑞應〉條引《瑞應編》，頁3652。

〔註11〕《太平廣記》9，卷447，〈說狐〉條引《玄中記》：「狐五十歲，能變化為婦人。百歲為美女，為神巫，或為丈夫與女人交接；能知千里外事，善蠱媚，使人迷惑失智。千歲即與天通，為天狐」，頁3652。

　　降至宋代，有關狐精的傳說依舊熾盛，在洪邁的《夷堅志》中收集了不少關於狐精的記載，以下舉幾個較為著名的例子：

〈雙港富民子〉：

> 鄱陽近郭數十里多陂湖，富家分主之。至冬日，命漁師竭澤而取。旋作苫廬于岸，使子弟守宿，以防盜竊。紹興辛酉（1141），雙港一富子守舍。短日向暮，凍雨蕭騷，擁爐塊坐。俄有推戶者，狀如倡女，服飾華麗，而遍體沾濕，攜一複來曰：「我乃路歧散樂弟子也，知市上李希聖宅親禮請客，要去打窠地。家眾既往，我獨避雨，趕趁不上。願容我寄宿。」富子曰：「舍中甚窄，只著得一小床。若留汝過夜，我爺娘性嚴，必定嗔責。李宅去此不遠，早去尚可及。」女懇祈再三，雜以笑謔，進步稍前，子毅然不聽。徐言：「既不肯叫我宿，只暫就火烘衣，俟乾而行可乎？」許之。子登床，女坐其下，半卸紅裙，露其腕，白如酥。復背身挽羅裙，不覺裙裏一尾出。子引手拈杖擊之，成一狐而走。衣裳如蛻，皆汙泥敗葉也。〔註12〕

從這故事看來，此一狐精百般央求富家子許她留宿，意極施展勾引，雖然富家子勉強答應她就火烘衣，但她卻不小心露出狐狸尾巴，以致被人發現，最後富家子以杖擊狐，狐精化成原形遁逃。這樣的故事類型，隱約告訴人們，狐精雖能變幻各種樣貌，終究其「狐尾」難藏，只要多加留意，必能察覺出狐精的跡象。以下是一則狐精的誘惑故事。

〈應氏書院奴〉：

> 德興吳良史，紹興十六年（1146），就館弟于店石應氏新宅書院。奴子戴先，因負水灌蔬，跌而傷足。久之乃能起，歎曰：「我幾夜做怪夢，元是有此厄。」吳及諸生詰之，逡巡始道其故，曰：「自四月以來，有人夜入所寢室，著揉藍花繡，妝澤明媚，丫鬟綽約，相視而笑。便為自獻之態，共榻至曉而去，問其姓氏居止處，曰：『只是下頭人。』從此每夜必來，漸覺情密。但令脫衣服，則堅然不肯，欲捫其胸，亦固拒。或時捬弄其髻，則曰：『布髮也，所以多硬。』經十餘日，解頭編于我縮同心髻，許嫁焉，而云：『我有母在，元未知有此一段因緣，明當邀他來，汝自懇告。』天將曉，把手出房，忽

〔註12〕洪邁，《夷堅志》（臺北：明文書局，1982年），夷堅支庚卷7，〈雙港富民子〉，頁1187。

笑云：『與你上樹戲。』遂同登一枝而立。枝折而墜，身乃在床，恍
惚直如夢裏。」吳疑為妖魅所作，投牒驅邪院。其弟明甫，習行正
法，為結壇於室，灰布滿之。夜聞兵馬喧沸，搦一物，其聲可駭。
視壇上，得兩狐印跡，一小一大，所謂母子之驗云。時五月二十有
八日也。〔註13〕

在這篇故事裡，戴先在半夢半醒中遇一女子來共榻，此女子有自獻之態，但
當戴先「令脫衣服，則堅然不肯，欲捫其胸，亦固拒。或時撫弄其鬢，則曰：
布髮也，所以多硬」，其後女子還邀戴先攀上樹枝遊玩，處處都顯示此女子之
怪異，因此吳良史懷疑女子應為妖魅之屬，最後吳請其弟作法驅妖，壇上灰
塵留下兩隻狐狸的腳印，証明一切果然是狐精所為。以下是另一則狐精戲弄
人類的記事。

〈劉師道醫〉：

漣水軍醫者劉師道，家在金城，徙居邑市。再世業醫，至其身聲價
始振，起為軍助教，醇謹修飭。紹興十八年（1148）冬，非浦人王
彥禮病，遣僕馬邀迎，回次中塗逢婦人跨驢，一僕從後。婦先舉鞭
招揖，呼其字曰：「顯道，別來安樂。」劉思向來不曾與接識，駐馬
問之。答曰：「我是魏師誠之妻，相與為姻戚。緣丈夫久伏枕，遣我
詣君，欲扳屈至敝廬診視。適爾值遇，真非遇然也。」劉意不願行，
婦強之甚力，不得已而隨往。並馳三十里，膂力疲倦，而婦無怠色。
渡獨木橋，經煙村院落，到一宅。請下馬升堂，啜茗會食。遂入宅。
見魏元無半面之雅。伸手求脈，覺骨節硬如木石，全無暖氣，心怪
之。投以湯劑，且施鍼。婦在傍，忽鼓掌笑曰：「劉郎中細審此病，
不可醫也。」劉曰：「娘子拉我來，何得卻如此？」婦曰：「郎中試
看。」轉盼間，俄化為狐狸，奔而出。劉與僕怖叫，室宇俱不見，
正坐古塚上，所鍼者一朽骸耳。即疾驅而歸。及家，則婦已在門內，
曰：「說道醫不得，郎中不信，奈何？」劉大怒取長矛將刺之，復化
為狐，躍出戶，登屋鳴嘷。劉喚集弓矢，叢射之，遽失所向。劉由
是得心疾，累歲始愈。〔註14〕

故事中的醫者劉師道於回程時遭遇一婦人，婦人強邀師道為丈夫看病，劉不得

〔註13〕　《夷堅志》，夷堅支庚卷7，〈應氏書院奴〉，頁1188～1189。

〔註14〕　《夷堅志》，夷堅三志己卷3，〈劉師道醫〉，頁1322。

已而隨往。兩人並馳三十里後，師道與僕人皆已疲困，但婦人居然面無怠色，這一點首先令人起疑。當師道為病者施鍼，婦人竟然拍掌笑道：「此病不可醫」。這些奇怪的舉止，都為婦人實非常人埋下伏筆，最後師道竟發現自己所鍼者乃一付枯骨，而婦人已化為狐狸奔逸。此一婦女果然非人而是一隻狐精。

綜觀上述三則關於狐精的記載，都指出對來路不明的陌生人，必須格外小心，他們可能是精怪所變化而成。人們難知曉精怪有何意圖，因此面對陌生人，最好盡量不要與他們接觸，以免發生不可測的後果。

檢視宋人筆記小說的內容，較少見到對狐精的「正面」描寫，這可能與宋代嚴格的夷夏觀念有關。唐代胡風的傳入，對唐代社會風氣的開放有很大的影響，大陸學者段塔麗在〈唐代狐狸精迷信盛行原因初探〉一文中，〔註15〕認為唐代狐精信仰的盛行，與胡人大量進入中國有關，他論述的根據有二：

第一、是「胡」與「狐」有相似處，理由有三點：1.「胡」與「狐」同音，容易引發聯想。2. 據黃永年考證，漢族習慣將獸類比擬為異族，因此將「狐」比擬成「胡」是有可能的。〔註16〕3. 依陳寅恪的考據，胡人的腋臭近似野狐臭，故有「狐臭」（胡臭）之說。〔註17〕

第二、是將胡人聯想為狐精，理由有二：1. 因為胡人與漢人在樣貌、語言、服飾上的不同，使得漢人易將胡人視為異類。2. 胡人擅長魔術與變幻戲法，讓人容易將胡人的魔術與狐精的變幻作聯想。

以上兩點大體解釋了為何在宋人的筆記裏，很少見到關於狐精或狐仙的美麗傳說。加上宋人在國防上受胡族的強大威脅，潛意識中對胡（狐）人即抱有不信任的心態。此外，宋史裡還有一個段很特別的記載，發生在宋徽宗宣和七年（1125），萬歲山上有一隻狐狸闖入皇宮，牠還跑到徽宗御榻上，據榻而坐，徽宗乃下詔毀狐王廟。〔註18〕表面上這樣記錄是為了懲罰狐王，但其背後的意義，可能也是出自對胡人的恐懼。

〔註15〕比較唐宋人對狐精的記載，宋代的狐精傳說大多呈現狐精為禍和戲謔人類的負面形象，唐代雖也有此類故事，但狐精助人或狐精與人正常交流、交往的傳說亦不少；相較而言，宋人的筆記，描寫人與狐精正常交往的紀錄很少。參閱段塔麗，〈唐代狐狸精迷信盛行原因初探〉《陝西師大學報》（西安：陝西師大學報——哲社科版，1991 年），第 20 卷，第 1 期，頁 97。

〔註16〕黃永年，〈讀陳寅恪先生〈狐臭與胡臭〉——兼論狐與胡之關係〉《唐代史事考釋》（臺北：聯經出版事業公司，1998 年），頁 206。

〔註17〕陳寅恪，〈狐臭與胡臭〉《陳寅恪先生先生全集》（臺北：九思出版事業公司，1977 年），下冊，頁 1207。

〔註18〕脫脫，《宋史》（臺北：鼎文書局，1980 年），卷 66，頁 1452。

（二）虎精

　　老虎為大型的肉食猛獸，自古以來即有虎噬人、傷人的記載，〔註19〕正因如此，人們對老虎大半深懷恐懼。《太平廣記》中收錄不少關於老虎精怪的資料，這些虎精傳說多來自於江漢地區，其中少部份有圖騰信仰與動物崇拜的痕跡。〔註20〕但虎類究竟如何能夠成精呢？在《述異記》中曾如此寫道：「漢中有虎生角，道家云：虎千歲則牙蛻而角生。」〔註21〕這說明老虎在歷經長久歲月後，有進一步變幻形貌的能力，類此形貌上的變化正是精怪的特色之一。宋代以前的虎精傳說，主題多圍繞在虎精噬傷人、人與虎的相互變形、人與虎精的婚戀，或相關的因果報應故事等等，〔註22〕內容可謂相當龐雜。到了宋代，老虎兇猛的形象依舊令人感到害怕，此一懼怕心理，不只起於惡獸兇猛，也因老虎經常出沒在偏僻的鄉野，遭遇上的人，往往措手不及，以致發生難以意料的慘事。茲列舉一例說明：

〈蜀梁二虎〉：

> 蜀峽山谷深夐，鷙獸成羣，行人不敢獨來往。萬州尤為荒寂，略無市肆。教授官舍，自處一偏。嘗召會同官，至夜，於廳上設燈燭勸酒。一虎忽躍升階，蓋見火光熒煌，突然而至，坐者悉驚竄。一客在外，不暇入，急伏於胡床後。虎漸進逼之，客無計可禦，舉床冒其頭，按頓再三。虎作勢撐拒，頭入愈深，如施枷械者，大窘駭，負之奔出。諸客不敢再飲，各散去。明日，村民入城者言，三十里間，有一交椅碎裂在地。教授遣取視之，乃昨夕客所失者，蓋虎沿途擺撼，方得脫也。客雖免於搏噬，亦喪膽成疾，彌月方愈。興元府近郊，有農民持長刀將伐薪，行畬田狹徑，其下皆沮洳。相去丈許，一虎在彼，望農至，欲奮迅登岸。農遽跳坐其背，以刀亂斫之。虎亦勃躍與相抗。里人環睨，不敢救，相率投戎帥乞援。帥命獵騎

<hr>

〔註19〕　《太平廣記》9，卷426，〈白虎〉條引《華陽洞志》，頁3465。及卷426，〈吳道宗〉條引《齊諧記》頁3467～3468。

〔註20〕　李豐楙，〈六朝精怪說與道教法術思想〉《中國古典小說研究專集三》（臺北：聯經出版事業公司，1981年），頁22。

〔註21〕　《太平廣記》9，卷426，〈封邵〉條引《述異記》，頁3466。

〔註22〕　關於宋代以前的虎精研究可參閱康韻梅，〈六朝小說變形觀之探究〉（臺北：臺灣大學中國文學研究所碩士論文，1987年）、鄭惠璟，〈唐代志怪小說研究〉（臺北：臺灣大學中國文學研究所碩士論文，1989年）、洪瑞英，〈中國人虎變形故事研究〉（臺中：逢甲大學中國文學研究所碩士論文，1991年）。

百輩，鳴金鼓馳往，至則人虎俱困。騎刺虎殺之，扶農歸，遍體斷
裂成紋。蓋盡力用刀，且驚怖故也。次日亦死。帥厚給其家錢粟，
使葬之。〔註23〕

老虎突然出現攻擊人類，使遭遇者反應不及，幸運的人虛驚一場，不幸者往
往喪命。這一來除了恐懼老虎之外，宋人筆記中對老虎的描寫，由畏生敬，
又增添一分敬畏的矛盾心理，甚至視作靈物，請看下面兩則故事：

〈饒風鋪兵〉：

金、洋之間，驛路蕭條，但每十里一置。饒風驛鋪卒送文書，已逼
暮，值虎從旁來，有攫噬意。卒窘甚，駐立語之曰：「我聞汝亦是靈
物，我今所傳文字，係朝廷機密下制置司者。汝吃我無可辭，此一
筒制敕符命，如何分付？」虎弭耳低頭，為聳聽之狀，徑捨去。卒
到他鋪交遞畢，因留宿，與彼中人言，自喜再生。明日，回至昨虎
處，復相遇虎，竟為所食。乃知命分當死於虎，疇昔之免，端為文
書故云。〔註24〕

〈觀虎坑〉：

羅源觀坑村有一嶺，不甚高，有平巔，居民稱為篙上。田家有一婦，
嘗歸寧父母，過其處。見一虎蹲踞草中，懼不得免，立而呼之曰：「班
哥，我今省侍爺娘，與爾無冤仇，且速去。」虎弭耳竦聽，遽曳尾
趨險而行，婦得脫。世謂虎為靈物，不妄傷人。然此婦見鷙獸不怖
悸，乃能諭之以理，亦難能也。〔註25〕

從上面兩則故事可理解，宋人也將老虎視為一種靈獸，老虎的行為被人賦予
有意識的詮釋，〈饒風鋪兵〉的驛卒雖因公家文書之故，一時躲過虎口，但終
究無法倖免。驛卒的死亡，被看成命中註定的結局，這種命定的看法在故事
裡雖未多加發揮，但如果我們體會〈觀虎坑〉中所說「世謂虎為靈物，不妄
傷人」這句話，老虎的噬人與否，似乎隱含著「冤有頭，債有主」的社會價
值觀。

綜上敘述可瞭解宋人對老虎的一般感受，但虎精在宋人心目中又呈現何
種形象呢？《夷堅志》裏有兩篇關於虎精形象的記載，一篇是〈陽臺虎精〉，

〔註23〕《夷堅志》，夷堅支丁卷5，〈蜀粱二虎〉，頁1005～1006。
〔註24〕《夷堅志》，夷堅支丁卷5，〈饒風鋪兵〉，頁1006～1007。
〔註25〕《夷堅志》，夷堅支戊卷1，〈觀虎坑〉，頁1055～1056。

〔註26〕另一篇為〈德化鷙獸〉。〔註27〕在這兩則故事中被指稱為虎精的皆是女性，而且都有二項共同特徵：一是兩眼目光炯炯逼人，二是行走速度極快。

〈陽臺虎精〉中說這名疑似虎精的婦人「雙目絕赤，殊眈眈可畏」，身「著褐衫，繫青裙，曳草履，抱小狸貓」，看來不像一般尋常婦女，服飾色澤倒像穿了一張虎皮，並且她「獨行而能及馬」，行走速度飛快，讓人感到十分詫異，最後因她搏食畜犬，而被人們箠打驅逐。〈德化致獸〉中的一名婦女，同樣也是「其行甚疾，兩眼眈眈然殊可憎惡，牽裾涉川，如履平地」，因此人們也懷疑她是虎精。

故事文本裏，這兩名婦女的行為舉止都不似常人，尤其兩眼眈眈然，令人不禁聯想老虎兇猛的神情，雖然她們都被視作虎精的化身，但她們還未有傷人的企圖，故事結局使人們留下對虎精的想像空間。但接下來這則故事就沒有那麼單純了，請看〈香屯女子〉：

> 德興香屯人，陳百四、百五，同時雙生，二親俱亡，兄弟同居未娶。紹熙四年（1193）六月，弟納涼門首，女子不告而入。追之，答言：「恰與丈夫忿爭，索要分離，故竄身到此。」弟尋常著意聲色，見之甚善，即拉令就宿。女亦喜，是夕共寢，而兄不知。五更後告去，曰：「吾夫一夜必相尋覓，當往探其所為，明晚卻再至。」弟丁寧使勿背約，如期果來，復託故曉去。綢繆一月，尪悴之極，迫於伏枕。兄以為感疾，招張法師治療。張蓋能醫，又工於法籙，視其脈曰：「渠本非有病，祟惑在心，馴以至此。可今夜過予法院，當與符水服之。君卻執一符在手而宿弟榻，待異物至，痛批其頰，精魅之形狀徑可立驗。」陳盡如所戒。甫二鼓，一女著黃色衫，繫黃裙，直造室內，脫解於椅上，裸而前，近枕畔欲臥。兄引手摑之，叫呼而出，聲如嬰孩，即時不見。視椅上衣，皆虎皮耳。〔註28〕

故事中這名女子誘惑陳百五與之同寢，經月下來，陳百五身形憔悴，乃兄陳百四認為百五可能沾染了「祟惑」的東西，所以請法師進行禳治，陳百四依法師的交代，果然成功驅趕了該名女子，她倉皇間留下來的衣服，竟是一張虎皮，也讓人警覺到，「牠」應是「虎精」幻化成的人形。

〔註26〕 《夷堅志》，夷堅支景卷1，〈陽臺虎精〉，頁880～881。
〔註27〕 《夷堅志》，夷堅支戊卷4，〈德化鷙獸〉，頁1079。
〔註28〕 《夷堅志》，夷堅三志辛卷9，〈香屯女子〉，頁1457。

　　觀察上述筆記中關於虎精的記載，宋代虎精並未呈現出張牙舞爪的噬人形象，但宋人依然視其為山林裡的猛虎一般，內心充滿恐懼，而當遇上真正老虎時，卻反過頭來嘗試對這些老虎喻之以理，相信牠們是靈獸，可以與人溝通，這到底代表何種意義呢？這樣的心態其實仍是對精怪的潛在排斥，人們一面期望精怪可與人相互感通、理解，卻又擔心這些精怪異類是否具有理性能力。在兩相衝突的觀念下，形成了人們既害怕精怪，卻又相信能與精怪溝通的矛盾心理，而宋代的虎精傳說，正是此一心態的具體呈現。

（三）蛇精

　　中國境內的蛇精故事流傳已久，傳說伏羲和女媧皆有人首蛇身的樣貌，〔註29〕《方中記》裡也記載著：「東海有蛇丘，地險，多漸洳，眾蛇居之。無人民，蛇或人頭而蛇身。」〔註30〕因此，人首蛇身可能是早期蛇精形象的來源之一。

　　另一方面，由於蛇具有冬眠和脫皮的特殊習性，這一點與道家蛻化或羽化成仙的型態頗為相似，所以蛇也被民間視為一種長壽且有變化能力的靈物。〔註31〕例如《搜神記》與《淮南子》皆記載：「蛇千年則斷復續」、「神蛇自斷其身而自相續」等等，〔註32〕這些傳說都顯示出蛇類神奇的一面，讓人感到不可思議。

　　至於蛇精化為人的傳說也不少，例如魏晉六朝時的《小說》和《搜神記》中即多有載錄。《小說》〈顏回〉篇記載：有一次顏回和子路同坐在孔子家門口，突然出現一鬼魅來求見孔子，該名鬼魅「目若合日」，形貌甚偉。子路受到驚嚇，一時不知該如何回應，而顏回則拔劍向前，並抓住鬼魅的腰際，鬼魅登時化成一條蛇，顏回隨手揮劍斬蛇。〔註33〕

　　《搜神記》也載：漢武帝時，張寬為揚州刺史，有兩位老人家因爭奪土地邊界，彼此爭訟多年，張寬瞭解事情原委後，邀請兩位老人前來調解，但張寬卻發現這兩人的形貌實非尋常，即令士卒將老人抓起來，並質問「汝何

〔註29〕《史記會注考證》〈三皇本紀〉云：「太暭庖犧氏，風姓，代燧人氏繼天而王。……蛇身人首。女媧氏亦姓風，蛇身人首，有神聖之德，代宓犧立，號曰女希氏。」，頁 11。

〔註30〕《太平廣記》10，卷 456，〈蛇丘〉條引《方中記》頁 3721。

〔註31〕《抱朴子內篇校釋》〈對俗〉：「蛇有無窮之壽。」，頁 47。

〔註32〕《太平廣記》10，卷 457，〈隋煬帝〉條引《窮神秘苑》，頁 3737。

〔註33〕《太平廣記》10，卷 456，〈顏回〉條引《小說》，頁 3724。

等精？」兩位老人立時化成蛇逃走。〔註34〕上面兩則故事裡的蛇精雖能幻化成人，但外貌上顯然還無法變得跟常人一模一樣，因此終被識破，而為人所殺或逃走。

　　蛇精故事演變到了唐代，已不單純是恐怖或嚇人的情節，反增添了許多美麗和香艷的內容。在不少故事裡，蛇精變幻成如夢似幻的美女或俊男，進而與人展開交往或誘惑凡人，《博異志》中的〈李黃〉篇是其中的典型之一。〔註35〕至於宋代筆記小說中有關蛇精的紀錄，則大多呈現負面的敘述，例如《夷堅志》裡的「蔣山蛇」〔註36〕、「蛇妖」〔註37〕、「成俊治蛇」〔註38〕等等，皆是蛇精為禍地方的記載，很少出現像唐代那般美麗或浪漫的蛇精傳說。

　　所有宋代的蛇精故事裡，最特殊的是蛇精與「木下三郎」之間的聯結關係。「木下三郎」的由來，在洪邁《夷堅志》裡曾這麼書寫道：

> 大江以南地多山，而俗「機鬼」，其神怪甚佹異，多依巖石樹木為叢祠，村村有之。二浙、江東曰「五通」，江西、閩中曰「木下三郎」，又曰「木客」，一足者曰「獨腳五通」，名雖不同，其實則一。考之傳記，所謂木石之怪夔罔兩及山犭巢是也。李善注《東京賦》云：「野仲遊光，兄弟八人，常在人間做怪害。」皆是物云。變幻妖惑，大抵與北方狐魅相似。或能使人乍富，故小人好迎致奉事，以祈無妄之福。若微忤其意，則又移奪而之他。遇盛夏，多販易材木於江湖間，隱見不常，人絕畏懼，至不敢斥言，祀賽惟謹。尤喜淫，或為士大夫美男子，或隨人心所喜慕而化形，或止見本形，至者如猴猱、如犹、如蝦蟆，體相不一，皆趫捷勁健，冷若冰鐵。陽道壯偉，婦女遭之者，率厭苦不堪，羸悴無色，精神奄然。有轉而為巫者，人指以為仙，謂逢忤而病者為仙病。又有三五日至旬月僵臥不起，如死而復蘇著，自言身在華屋洞戶，與貴人驩狎。亦有攝藏挾去累日方出者，亦有相遇即發狂易，性理亂乖不可療者。所淫據者非皆好

〔註34〕　《搜神記》，卷19，頁147。

〔註35〕　《太平廣記》10，卷458，〈李黃〉條引《博異志》略謂：「李黃在長安與一綽約白衣女子交往，歸宅後突覺身重頭旋，不久身消頭存，家人驚駭不已，打聽李黃前日所往，才知前所遇者乃白蛇精。」頁3751～3752。

〔註36〕　《夷堅志》，夷堅乙志卷13，〈蔣山蛇〉，頁298。

〔註37〕　《夷堅志》，夷堅丁志卷20，〈蛇妖〉，頁702。

〔註38〕　《夷堅志》，夷堅支戊志卷3，〈成俊治蛇〉，頁1070。

女子，神言宿契當爾，不然不得近也。交際訖事，遺精如墨水，多
感孕而成胎。〔註39〕

按洪邁的說法，「木下三郎」在各地的稱號不盡相同，但指的皆是同一種神祇，
由於祂有使人乍富的能力，所以江南一帶存在不少祭祀「木下三郎」的小廟。
至於木下三郎原始的形象，洪邁說是「夔罔兩及山𤢖巢」，其樣貌「如猴猱、
如尨、如蝦蟆，體相不一」，實際上木下三郎的形象可能還有更多面貌，例如
洪邁所說的「夔」，在《說文》、《國語》和《博異志》裡展示的形象皆不一樣，
或說其狀如龍，或猴，或鼓，或為木石之怪，〔註40〕其中龍的形象與蛇稍近，
兩者之間也常有相互變幻的傳說，〔註41〕因此夔也可以蛇精的形貌出現在民
間。總之，在宋人的筆記中可發現，不少蛇精故事與木下三郎的傳說有相當
關聯，請看下面三則例子：

〈池州白衣男子〉：淳熙六年（1179），一名白衣男子在池州娼女李妙家
吃住了三個月，李妙向男子索討費用，男子回答：「諾，我今還家取之，明日
持與汝。」隔日，男子出門，李母遣僕人甕吉偷偷跟蹤，出城後，男子在木
下三郎廟前停佇，回頭見甕吉曰：「可回頭，有親家叫汝。」甕吉回顧無人，
轉頭欲跟上白衣男子，卻見到白衣男子化作一大白蛇，直往茅崗而去，甕吉
嚇得兩腳發軟，回家後將所見一切告訴李妙，不久，李妙與甕吉皆大病，痊
癒後，李妙竟不復曩時美麗的容貌。〔註42〕

〈劉居晦醮設〉：慶元三年（1197），樂平南原人劉居晦在家設醮，劉家
小子明哥突被一物附身曰：「玉皇敕北方真武神君降我家諭旨，今日醮筵章
奏，全不虔誠，更須擇日舉家齋潔，別建一百二十分，多獻金錢，謝過祈福。
有如不然，定貽大禍。」劉家因而痛斥祭者，祭者覺得奇怪回答說：「吾曹安
敢不盡誠敬？但上天高明，豈肯用禍福嚇誘下民，需索供享？是必木石怪魅，
假託為之。」於是祭者推請王師做法質問土地神，結果土地回答：「非祀典之
神，三人詐偽為此。」王師隨後在附近森林裡，發現一株巨木「竅穴通透」，
懷疑裡頭躲著妖怪，於是點火薰燒該樹，結果在該樹下發三條已死的巨蟒，

〔註39〕《夷堅志》，夷堅丁志卷 19，〈江南木客〉，頁 695。

〔註40〕馬昌儀，《古本山海經圖說》（濟南：山東畫報出版社，2002 年），第 14 卷，
頁 553。

〔註41〕張貞海，〈宋前神話小說中龍的研究〉（臺北：中國文化大學中國文學研究所
博士論文，民國 1992 年），頁 118。

〔註42〕《夷堅志》，夷堅支戊志卷 3，〈池州白衣男子〉，頁 1071。

之後劉家便不曾出現變怪。〔註43〕

〈巴山蛇〉：崇仁縣有一農婦，在晾衣服時消失不見，其家動員鄰里和縣衙之力都無法找到該婦。某日，一樵夫在山中洞穴看到農婦與一黑衣人相擁而坐，急忙回去通報，第二天，農婦家人率眾前往準備救人，但洞穴幽暗無人敢進入，有鄰人曰：「穴深且暗，非人能處，殆妖魅所為，宜委諸巫覡。」於是眾人推請巫者詹生前往救人，詹生跳進洞穴中一看，果然見到農婦和一條大蛇在一起，詹與大蛇纏鬥甚久，才堪將婦人帶離洞穴。農婦回家後，談起被蛇所攄的過程說：「初暴衣時，為皂袍人隔籬相誘，不覺與俱行，亦不知登山履危，但在高堂華屋內與共寢處，飢則以物如餳與我食，食已即飽，心常迷蒙，殊不悟其為異類也。」〔註44〕

上面三則故事的地點都在江南地區，除〈池州白衣男子〉為安徽地方傳說外，〈巴山蛇〉和〈劉居晦醮設〉都發生在江西境內。〈池州白衣男子〉的僕人雍吉，在木下三郎廟前看見他所尾隨的男子，竟化作一條大白蛇，嚇得駭顫欲仆，回家告訴主人李妙後，李妙與雍吉皆因驚嚇過度而大病一場，事後李妙已不復有昔時容顏。由此推想，雍吉在木下三郎廟前所見到的大白蛇，也許就是木下三郎的樣貌之一。

〈劉居晦醮設〉故事裡，劉居晦藉由道士王師的幫助，得知要脅重新設醮的並非祀典之神，而是所謂的「木石怪魅」，雖然王師並沒有挑明這「木石怪魅」的名稱，但文中「非祀典之神」，顯然是指躲在大樹下的三條巨蟒精；這三條巨蟒精為了得到劉居晦設醮祭祀，因此憑附在其子明哥身上，裝成正神，這種淫神求祀的行為，在許多淫祠信仰中都曾出現。《夷堅志》裡的〈獨腳五通〉也曾有相似情狀，〔註45〕因此筆者認為，這三條巨蟒精也就是民間通稱的「木下三郎」。

至於〈巴山蛇〉的農家婦女為蛇精所攄，幸賴詹生之助才得以脫困，當這位婦人憶及跟蛇精相處的情況，和洪邁所說其他木下三郎的狀況頗為類似；至於解救婦人的詹生，雖未明確說出此蛇精的來歷，但從婦人遭遇蛇精的情景來看，這則傳說中的蛇精，也應是木下三郎的原始樣貌之一。

〔註43〕　《夷堅志》，夷堅支癸卷5，〈劉居晦醮設〉，頁1260。
〔註44〕　《夷堅志》，夷堅丁志卷20，〈巴山蛇〉，頁705～706。
〔註45〕　《夷堅志》，夷堅支癸卷3，〈獨腳五通〉略謂：「吳十郎者，本窮困之徒，某晚夢一獨腳神來言：『吾將發迹於此，汝能謹事我，凡錢物百須，皆可如意。』吳依其言事之，果成鉅富。」，頁1238。

　　分析上述三篇關於「蛇精」的紀載，雖未直接點明就是「木下三郎」，但故事發生的地點都在木下三郎的信仰區域內，而且其遭遇的情境與洪邁描述的木下三郎類多相似，即便我們還不清楚所謂的「木下三郎」，究竟是指一人？或是三人？但可想見宋代南方的蛇精活動，肯定與木下三郎的信仰有相當關聯，亦或「蛇類精怪」原本就是「木下三郎」的樣貌之一。

　　（四）其他精怪

　　在宋代的陸生精怪裡，除上述三種較常出現外，生活於人們週遭的動物也有成精的例子。但牠們的出現機會遠少於上述三種精怪，茲列舉犬、猿猴這二種精怪為例。

　　1. 犬精

　　犬與人之間的交流相當早，古代民間養犬的目的大多為防衛居家之用，因此人和犬之間的關係相當密切。宋人筆記也記載了一些忠犬護主的故事，[註46]但這些都只限於尚未成精的「犬」。一旦犬類成為犬精，其形象和作為就不是如此了，如以下兩則故事所示：

　　〈劉狗嬭〉：

　　　南城人劉生，別業在城南三十里，地名鯉湖。時往其所檢視錢穀，至則必留旬日，徘徊不忍捨。嘗赴鄰家飲，中夜未歸，守舍僕倦甚，就臥主榻。少頃，見婦人衣二紅衫，自外徑入，登床熟視，審非劉生，罵曰：「爾何人，輒睡於即此？」僕應聲推之，脫手亟去，翻身踰垣。時月色正明，隨逐之，化為花狗走出。僕因是疑主公留連不去之意，蓋為所惑也。明日告鄉人，則其家所蓄者殺之，剖腹中已有異，方知其怪變如此。後鄉人目之為劉狗嬭。[註47]

　　〈二狗怪〉：

　　　臨川縣曹舍村吳氏女，未嫁而孕，父母責之。女云：「每夕黃昏後，有黃衣人踰牆推戶入，強與我交，因遂感孕。」家人密伺之，果如女言。將入，迎椿以刃，即死。取火照視，乃鄰家老黃狗也。以藥去其胎，得異雛焉。南城竹油村田家嘗失少婦，尋捕無迹，半月而

────────────

[註46] 《夷堅志》，夷堅丙志卷9，〈鄭氏犬〉略謂：「鄭家犬平時溫馴不噬人，一日突噬某販婦，鄭不忍殺犬，放諸寺僧。後鄭家遭盜，捕得賊首，才知他日犬所噬婦，竟為賊之引導，始悟犬之靈識，復呼以歸。」，頁444。

[註47] 《夷堅志》，夷堅丁志卷18，〈劉狗嬭〉，頁687～688。

後歸，云：「為烏衣官人迎入山，處大屋下，飲宴相歡，不知何人也。」
自是常常去之，或至旬日。家人以為山鬼，率鄰里壯男子深入探逐，
正見大石穴如屋，黑狗抱婦酣寢，不虞人至，無復能化形。遂擊殺
之，以婦歸。〔註48〕

兩篇故事裡的犬精皆可變化為人，並以誘人相交為目的，間接透露犬精好淫
的形象，如此故事情節，與一般人心中忠心護主、友善迎人的印象大異其趣，
這可能和庶民生活中常見到犬類交配的印象有關，因此認定「犬狗」有好淫
的一面，並將好淫的習性投射在「犬精」身上，才使得「犬」和「犬精」之
間的形象，呈現極端差異的樣貌。

　　2. 猿猴類精怪

　　猿猴類精怪在宋人筆記中大致包含了猿、猴、玃三種，而這三種猿猴之
間的差異，古籍《抱朴子》曾如此記載：「獼猴壽八百變為猿，猿壽五百變為
玃，玃壽千歲。」〔註49〕顯然，古人的劃分法是以猿猴壽命的長短，來決定
牠們之間的差異，但實際上，這三類猿猴在品種上各自不同，並非用壽命多
寡來區分。各類猿猴之間得相互轉化的觀念，只是古人對相似物種的認知方
法之一罷了。

　　由於猿猴大多生活在山區，平地上並不常見，因此出沒平地的猿猴精怪
比較少，庶民對猿猴的恐懼感也不深刻。但對常往來山林的人們而言，猿猴
雖然談不上兇猛，但猿猴突然對人類騷擾或攻擊的舉動，總是讓人驚嚇受困，
因此民間常會流傳一些對付辦法，用以避免遭到猿猴的侵擾，例如《夷堅志》
中的〈王屋山〉記載：道士齊希莊在王屋山架草堂居住，山裡的猴子常跑進
屋舍裡，趕都趕不走，猴子們甚至模仿人起居的模樣，這使齊希莊大感困擾，
因此他採用一種「逐猴法」，就是「取猴糞懸而擊之」的法子，猴子們果然就
離開了。〔註50〕當然，齊希莊所驅趕的只是尋常猴子，並非猴精。在宋代的
猿猴精怪故事裡，記載過猿猴精怪請人幫忙的故事，例如：

　　〈猿請醫生〉：

　　　　商州醫者負篋行醫，一日昏黑，為數人擒去如飛。醫者大呼求援，
　　　　鄉人羣聚而不可奪所擒之人。懸厓絕險，醫者捫其身皆毛。行數里，

〔註48〕　《夷堅志》，夷堅丁志卷20，〈二狗怪〉，頁703。
〔註49〕　《抱朴子內篇校釋》，〈對俗〉，頁47。
〔註50〕　《夷堅志》，夷堅丙志卷16，〈王屋山〉，頁499～500。

到石室中。見一老猿臥於石榻之上，侍立數婦人，皆有姿色。一婦
謂醫曰：「將軍腹痛。」醫者覺其傷食，遂以消食藥一服與之以服。
老猿即能起坐，且囑婦人以一帕與之，令數人送其回歸。抵家視之，
盡黃白也。次日持賣，有人認為其家之物，欲置之官。醫者直述其
由，盡以其物還之，其事方釋。忽一夕，數人又來請其去，見猿有
愧色。其婦人又與一帕，且謂：「得之頗遠，賣之無妨。」醫者持歸，
遂成大富。〔註51〕

從這則故事來看，猿精似乎還沒有害人的心意，與其他陸生精怪相比，其危
害性好像較小。不過仍有少數的猿精對人有所侵犯，例如《夷堅志》裡的〈璩
小十家怪〉，就是一則猿精害人的傳說，故事記載璩小十因開酒坊之故，長宿
坊中，他的妻女則留在市居的老家。因他長期不在家，遂有一白猿精化作璩
小十，趁機與璩妻發生性關係，使璩妻懷孕。一年後當璩小十返家時，發現
自己的妻子竟然有孕，經質問後其妻回答每夜確與丈夫在一起，並無他人，
經璩小十逐一求證家人，正如璩妻所說無誤，便指示妻子不動聲色，以待假
冒者出現。當晚果真來了一個冒牌貨，真正的璩小十即持刀砍殺冒牌貨，死
者竟化身成一隻白猿，而璩妻後來生下一隻小猱，被搦死於荒野。〔註52〕

　　在一些精怪故事中，偶聞人與異類相交生下異物的傳說，猿猴類精怪外
形體態又與人肖似，所以有些地方也流傳人與猿猴生下小孩的故事：

（湖南）道州民侏儒，見於白樂天諷諫，今州城罕有，唯江華、
寧遠兩縣最多。孫少魏過其處，詢諸土人，云皆感獼猴氣而生者
也。猴性畏竹扇聲，富家婦每娠就寢，必命婢以扇鞭扣其腹，
則猴不敢近。貧下之妻無力為此，既熟睡，往往夢猴來與交，及
生子，乃矮小成侏儒。兩縣境接昭賀，去九疑山五十里，皆瘴癘
之地，山嶺之上，猴千百為羣相挽引，殊不畏人。其精魂又能為
人害如此。〔註53〕

道州多侏儒的說法相當早，據說唐時道州每年需將矮人作為貢品，送到宮中
當太監，這件事還被大詩人白居易寫進〈道州民〉詩中。〔註54〕但從宋人筆

〔註51〕《夷堅志》，三補，〈猿請醫士〉，頁1813。
〔註52〕《夷堅志》，夷堅三志己卷2，〈璩小十家怪〉，頁1316。
〔註53〕《夷堅志》，夷堅支景卷6，〈道州侏儒〉，頁926。
〔註54〕郭茂倩，《樂府詩集》（臺北：里仁書局，1980年），條引白居易〈道州民〉：「道
　　　　州民，多侏儒，長者不過三尺餘。市作矮奴年進送，號為道州任土貢。任土

記來看，道州民認為其地多侏儒跟猿猴有密切關係，他們相信猿猴可以和人生下小孩，體型較小，如同侏儒。當然，侏儒的出現只是當地人基因遺傳或地理風土上所造成，和猿猴應無關係，從這裡我們也可以瞭解到，當古人面對無法理解的現象時，往往自行編織一些合理化的懷疑，來尋求解釋，而精怪傳說或是精怪信仰，就成了抒發庶民生活困惑的窗口之一。

（五）水族類精怪

水族類的精怪傳說在《太平廣記》中約有三卷之多，主要集中在第 468～471 卷，〔註55〕在這些記載水族精怪傳說的篇章裡，存有不少魚精變化成人的故事，其中有一則還記載了孔子遭遇魚精的過程。〔註56〕宋代的筆記小說，同樣也記錄不少水族類精怪的傳說，舉凡海洋、湖泊、沼澤、溪河、池塘之處，都有機會見到牠們的蹤跡，物種方面則包含了魚、龜（包含黿、鱉）、蝦等，其中以龜、黿、鱉類較為最常見。〔註57〕宋代的魚類精怪多藏身在河流湖泊等處，反倒很少出現在大海，這些魚類精怪也少有為害人們的舉動，牠們經常被不知情的人所捕捉，如下面兩則例子所述：

〈六鯉乞命〉：

汪丞相廷俊，宣和中（1119～1125）為將作少監。鄭深道資之為同寮。一日，坐局，汪得六鮮鯉，將繪之，鄭不知也，方假寐，夢六人立階下，自贊云：「李秀才乞公一言，于少監乞命。」鄭曰：「不知君等何罪？」俱曰：「只在公一言。」鄭許諾。既寤，達之汪公。汪曰：「適得六鯉，將設繪，豈為是邪？」遂放之，鄭自是不食魚。

〔註58〕

貢，寧若斯，不聞使人生別離，老翁哭孫母哭兒。一自陽城來守郡，不進矮奴頻詔問。城云臣按六典書，任土貢有不貢無。道州水土所生者，只有矮民無矮奴。吾君感悟璽書下，歲貢矮奴宜悉罷。道州民，老者幼者何欣欣。父兄子弟始相保，從此得作良人身。道州民，民到於今受其賜，欲說使君先下淚。仍恐兒孫忘使君，生男多以陽為字。」，98 卷，頁1370。

〔註55〕《太平廣記》中水族類的相關傳說分布於第446至第472卷，但有關水族精怪的部分，則集中在第468至第471卷。

〔註56〕《搜神記》云：「孔子厄於陳，絃歌於館中。夜有一人。長九呎餘，皂衣高冠，吒聲動左右；子路引出，與戰於庭，仆之於地，乃是大鯷魚也，長九呎餘。」，卷19，頁148。

〔註57〕《夷堅志》，夷堅三志辛卷3，〈鄂渚元大郎〉：「水族中，黿鱉遭罹網罟，而能託夢於夢寐以脫其死者，見於傳記甚眾，為黿最多。」，頁1047。

〔註58〕《夷堅志》，夷堅甲志卷11，〈六鯉乞命〉，頁96。

〈吳民放鱄〉：

　　吳中甲乙兩細民同以鬻鱄為業，日贏錢三百。甲嘗得鱄未賣，夢人哀鳴曰：「念我有子。」言至再四，驚而覺，無所睹。燃火照尋，聲在桶內。一鱄仰頭噞喁，審聽之，口中如云「念我有子」者。甲遽悟曰：「賣爾求利，本非善圖。」即默發願改業。明日，又以常所贏錢與乙，而併買其所負者放諸江。鱄迎水引首隨之，久之不去。甲祝曰：「我坐貧故，不念罪福。今既放爾，而相逐不捨，豈非尚有怨乎？」應聲而沒。既空歸，其妻以失累日所得，詬之曰：「必以供飲博費。」窮詰不已，始具告之，殊弗信。是夜，別夢數十人言：「汝欲圖錢作經紀，盍往某路二十里間，當可得。」既寤，憶所指非人常行處，試往焉。約二十里，草蔓邃密，中似有物，視之，得就開元通寶錢二萬，如宿藏者。欣然拜受，負以還，用為本業，家遂小康。〔註59〕

上面兩篇故事裡的「魚精」，都是為了乞命而化作「人形」向人乞求，並藉由「入夢」的方式和人相見。但奇怪的是，牠們雖然擁有變化的能力，但卻無法藉此自求生路，反而需要央求人類放過牠們，這一點是水族精怪們共通的特色，同樣的情形也出現在龜、鱉、黿精的身上：

　　〈夢龜告方〉：冀州士人徐蟠，因墜馬傷折手足，醫生告訴他可用活龜醫治，徐取得烏龜後，是夜夢見烏龜來言：「吾惟整痛，不能整骨，有奇方奉告，幸勿相害也。」徐蟠詢問藥方，烏龜回答：「取生地黃一斤，生薑四兩，搗研細，入糟一斤，同炒勻，乘熱以布裹黿傷處，冷即易之。先能止痛，後整骨，大有神效。」徐蟠醒來後，依烏龜所說的藥方療傷，果然非常有效。〔註60〕

　　〈潘元寧鱉夢〉：青田木溪鄉人潘元寧，性喜嗜食鱉，紹熙三年（1192），一漁者持一巨鱉來兜售，潘見而心喜，遂拿錢購買，準備大快朵頤一番，潘妻曰：「今日上七，不應食此，姑留之以俟明旦可也。」於是潘元寧將鱉繫上繩子，暫供小孩牽曳嬉戲，未料小孩不小心讓鱉掉進深溝裡，鱉遂失所在。數月後，潘妻夢見一名男子泣訴曰：「向者將膏鼎鑊，賴娘子一言勸止，但得苟延。而不幸落溝渠內，為蟲蛆咂嚙一足，幾乎與死為鄰，願賜終惠。」潘妻將夢境告訴丈夫，潘元寧不以為意，凌晨起身時，在庭外果見該鱉跛曳於

〔註59〕《夷堅志》，夷堅丁志卷16，〈吳民放鱄〉，頁670～671。
〔註60〕《夷堅志》，夷堅丁志卷15，〈夢龜告方〉，頁661。

泥中，潘心中有所不忍，遣僕放生河中，不久，潘夫婦皆夢見該鼈前來道謝。〔註61〕

〈汪十四黿〉：慶元四年（1198）二月三日，鄱陽人汪十四得一巨黿，暫用釣竿將黿掛在門柱上，夜裡汪與妻子皆聽見有人的哀叫聲云：「念我腹有子，放此一命得乎？」汪覺得奇怪，尋聲發視，果見黿作人語乞命，汪不以為意，倒頭就睡，其妻王氏則夢見一人來告曰：「教丈夫放我，自別有謝報，苟為不然，七日之內必取汝。」王氏醒來後，將夢中所見告訴汪十四，汪不理會，隔日殺黿到市集叫賣，獲錢以歸，不久王氏生下一男，其樣貌宛如黿狀，七天後，母子皆死去。〔註62〕

從上面三則龜、鼈、黿精的故事來看，牠們都無法用自身變怪能力來自救，皆須靠人放生，才能得救，蝦類精怪也有相同現象。〔註63〕庶民生活中，水族魚蝦，大多數是人類捕食的對象，牠們離開水中便難以抗衡人類，因此人們在心理上自認佔了優勢，故對這類型的精怪也不感害怕。

當然，宋代仍有少數具有崇人能力的水族精怪，例如《夷堅志》裡的〈福州大悲巫〉〔註64〕和〈許寶文女〉〔註65〕，就是鯉魚精和黿精崇人的故事，但這些害人水族精怪的能力多半不強，一般江湖術士或是巫、僧等稍有能力者，皆有辦法降服，譬如〈許寶文女〉中，村僧董俁受許寶文所託，為其幼女禳除妖祟，董俁說：「此為水怪，易治也。但俗人屋舍不清潔，須當宅畔一寺加持乃可。」在禳除妖祟的過程中，董俁用呪請神憑附於數名童子身上，童子躍入溪中抓起隻一巨黿，用油煎炸，巨黿死亡，許家幼女也就不藥而癒了。這類害人的水族精怪故事裡，似乎只要將他們抓上岸，其變怪能力便大幅消失，容易加以制服，因此在宋人筆記裡，很少見到妖術強的水族精怪。

此外，宋代的水族精怪的傳說，往往帶有戒殺生、勸放生的意涵，上述故事中的〈汪十四黿〉即是一明顯的例子，而其他水族精怪乞命的故事，也常顯現出這種勸善觀念，又藉由人們放生的善舉，闡揚「戒殺者得善報，殺生者得惡報」的佛教因果輪迴信仰，以散佈佛教眾生平等的教義。

〔註61〕　《夷堅志》，夷堅支丁志卷10，〈潘元寧鼈夢〉，頁1043～1044。
〔註62〕　《夷堅志》，夷堅三志辛卷10，〈汪十四黿〉，頁1460。
〔註63〕　《夷堅志》，夷堅支庚卷5，〈陳瑀不殺〉略謂：陳瑀獲巨蝦三十枚，不忍烹，暫放水桶育之，某晚夢三十綠衣人同聲乞命，陳覺悟其故，遂取蝦縱之海，群蝦舉首如謝狀而沒。頁1170。
〔註64〕　《夷堅志》，夷堅丙志卷6，〈福州大悲巫〉，頁417。
〔註65〕　《夷堅志》，夷堅三志辛卷2，〈許寶文女〉，頁1396。

（六）禽鳥類精怪

　　禽鳥類精怪在宋人筆記裡頭為數較少，危害人的記載也罕見，牠們在宋人筆記中是一群弱勢的團體，少與人類來往，卻常被人們所捕捉，這一點與水族精怪倒有幾分相似，因此在宋代禽鳥精怪的故事中，牠們扮演向人乞命的角色：

　　〈雞子夢〉：

> 東平董瑛堅老之父知澤州凌川縣。縣素荒寂，室中唯有賣胡餅一家，每以飲饌蕭索為苦。會將嫁妹，郡官寄餉乾蓼牙雞子三十枚，大以為珍味，食其七而留其餘，挂於堂內梁上。已而妹婿至，庖妾請以供晨餐。董夜夢二十三小兒自梁而下，同詞乞命，中一女著帛帔而跛足。旦起頮面，妾持叉取所挂物，得二十三枚，方憶昨夢，乃捨之。遍求牝雞於同官分抱焉，皆一一成雞，唯一雌雞病腳。董自是不殺生。〔註66〕

這些禽鳥類型的精怪，由於體型和力氣都不大，對人並不構成威脅，因此多數人並不會對牠們感到害怕，由於鳥類亦是人們捕食的對象之一，所以這些禽鳥精怪也難與人對抗，例如上篇的〈雞子夢〉，跛腳的母雞帶著雞子向人乞求，希望逃過被宰殺的命運，這種乞命的情節在宋代禽鳥精怪故事裡，是典型的故事架構，主要的意涵仍在諫戒人們殺生。

　　由於鳥類能飛翔，一般人都將天空視為鳥類生活的領域，但牠們仍須常停留在陸地上行動，譬如覓食、睡覺、繁殖等棲息活動，都必須在地面上進行，鳥類自空中來到陸地停留時，日久難免與人發生齟齬：

　　〈榕樹鷺巢〉：

> 福州儀門外夾植榕樹，每樹有白鷺千數巢其上，鳴噪往來，穢汙盈路。過之者皆掩鼻。薛直老弼為守，嘗乘涼輿出，為糞污衣，以為不祥，欲盡伐其樹而末言。是夜，安撫司參議官曾悟夢介冑者懇云：「某受命護府治，所部百人皆棲榕間。今府主欲伐去，吾無所歸矣，願為一言。」悟既覺，以不聞伐樹事，不以為意。明夜復夢曰：「乞即言之，不然，無及矣。府主所惡不過鷺穢耳，此甚易事，請期三日，悉去之。」悟許諾。明日，過府為言。薛驚言：「吾固欲伐之，然未嘗出諸口而神已知，可敬也！」至暮大雨，閱三日乃止，鷺羣

〔註66〕《夷堅志》，夷堅丁志卷16，〈雞子夢〉，頁673。

悉空，樹濯濯如新。〔註67〕

當禽鳥精怪與人發生衝突時，牠們大多選擇避開人類，這一特色和水族類精怪相似，一則因他們自身力量不足與人類相抗衡，再則人類對牠們充滿可怕的威脅，人們捕捉牠們未必是為了食用，有時只是追求打獵的樂趣，例如〈虎丘鵲〉裡，平江城民郁大喜歡養鷹鶻來捕捉鳥雀，當他帶著鶻鳥準備捕獵時，獵物中一鵲突然作人語曰：「饒我！饒我！」郁大聞之驚愕不已，並痛自悔恨，回家後便將所畜養的禽畜全部放生，此後不再打獵。〔註68〕像這類的故事，除了宣達戒殺放生的意義，另方面也凸顯了自然界的鳥獸，身陷生態環境中弱肉強食的危機外，最可怕的還是來自於人類的捕殺。

鳥類因能飛翔天空，自由自在，有時牠們亦被視為仙禽，尤其鶴與鸛更是傳說中的仙鳥。〈鳴鶴山〉故事裡有一老人年約七八十，至一山寺賣藥，時常買酒盡醉，頗類似有道者，山寺來一新僧與這位老人交往甚密，某寺僧訝異而詰之，新僧乃告知曰：「此老人為神仙爾！」寺僧聞後要求同往拜訪老人，當寺僧見到老人時，發現老人和其同夥原來皆是鸛雀所變，但新僧卻毫不知情，顯然已被迷惑，寺僧乃不動聲色，邀老人和僧眾置酒並席，酒酣之際，寺僧取匕首擬向老人曰：「汝精怪也，吾向觀汝輩在山中皆露真形為羽族，反以仙見紿，謂吾不識邪！」老人無以答辯，遂為寺僧所殺，死後化作一隻大鸛雀。〔註69〕

上述故事中，老人和其同夥皆是禽鳥所幻化，但人們不易分辨牠們到底是仙禽還是精怪，在這名寺僧眼中，老人和他的同夥則都是精怪，一旦遭遇立刻撲殺。從另一個角度來看，老人雖是精怪，並無害人的意圖，只是掩飾身分混充神仙罷了！牠只因如此，就遭寺僧殺害，以悲劇收場，由此可見，人類與精怪因形貌不同所築起的高牆，其間隔閡和敵意確實不易突破。

從形象上和文本內容來看，宋代的禽鳥精怪傳說有兩項特色：一是相關成精的鳥類並不多見，二是牠們面對人類時，其遭遇往往是被殺或是乞求人類放生，這一方面和水族類精怪的遭遇相似，只是水族類精怪的在數量上較禽鳥類精怪為多，且稍有變怪的能力，其甚者亦有妖力可祟人，但禽鳥類精怪無論數量上、能力上，都顯得弱小，推其原因，可能由於人們對翱翔天空的鳥類生活瞭解不深，故人鳥之間的互動也就不那麼密切了。

〔註67〕　《夷堅志》，夷堅乙志卷6，〈榕樹鷺巢〉，頁234～235。
〔註68〕　《夷堅志》，夷堅志補卷3，〈虎丘鵲〉，頁1574。
〔註69〕　《夷堅志》，夷堅志補卷22，〈鳴鶴山〉，頁1757～1756。

二、人造器物類型的精怪

（一）土石類型的精怪

土石類精怪，顧名思義就是指土石所變成的精怪，這類精怪的形成主因是來自對土石的崇拜，尤其以石頭崇拜居多。石頭很早就被視為誓約、避邪鎮殃的象徵，民間信仰裡也經常可見石頭崇拜的痕跡，例如石頭公、石敢當等物。但早期土石精怪的傳說並不多見，比較有名的就屬漢朝的黃石公傳說，《史記・留侯世家》載：「子房始所見下邳圯上老父與《太公書》者，後十三年從高帝過濟北，果見穀城山下黃石，取而葆祠之。留侯死，并葬黃石。每上冢伏臘，祠黃石。」〔註70〕張良遇「黃石公」得《太公兵法》的故事相當著名，「黃石公」也一直被認為是石精中的典型，但「黃石公」究竟從何而來？則無人知曉。唐末五代的道教人物杜光庭在其著述《錄異記》裡說：「帝堯時，有五星自天而霣，一是土之精，墜於穀城山下，其精化為圯橋老人，以兵書授張子房，……子房隱於商山，從四皓學道，其家葬其衣冠于黃石焉。古者常見墓上黃氣高數十丈，後為赤眉所發，不見其尸，黃石亦失，其氣自絕。」〔註71〕由此來看，張良所遇的圯橋老人，被人們視為石頭精，應無疑義，不過，日後要找像「黃石公」這麼有名氣的石頭精，恐怕就不容易了，因為自六朝以後，土石類的精怪雖然偶爾可見，但它們在人間往往是「作怪」性質，而非善類。

討論宋代土石精怪須先了解他們多是「人工製品」，所謂「人工製品」是指這些土石精怪大多為石像、土偶等物，換句話說，它們本身雖是土石，但大多經過人類的雕刻或形塑，成為各種不同樣貌的「土石製品」，這些土石製品或作人形、或說人語，有的則有祟人的能力，便帶著精怪的特性。因為它們是由人工作成，多擺放在人類週遭，自然有很多機會和人們接觸，這正是宋代土石精怪經常出現在人羣四週的重要因素。

土石精怪在宋人的筆記中數量頗多，而且相當活躍，它們時常出現在人們週遭，跟人產生種種互動，這些故事的內容大致可分為兩類：1. 是與人之間所發生的情愛故事。2. 是變怪的土石精弄人的故事。

土石精怪的情愛故事方面，牠們未必全然站在誘惑人類的一方，有些故事中往往是由人類主動、自願與土石精怪發生情愛糾葛。例如永康軍有一娼

〔註70〕《史記會注考證》，卷55，〈留侯世家〉，頁810。
〔註71〕《太平廣記》8，卷398，〈黃石〉條引《錄異記》，頁3185。

女到廟裡拜拜，見廟外泥偶容狀偉碩，心生愛慕，駐足甚久不捨離去，回家後她若有所思，心中悶悶不樂，隔晚有一客人求宿，娼女仔細端詳這名客人，發現他和廟門外的泥偶長得十分相似，心中高興，於是答應客人留宿，此後客人每晚皆來與娼女同宿。有天夜裡，客人忽然哭泣著對娼女說：「我其實不是人，我的真身是妳在廟門看到的那尊泥偶，因你對我有思慕之情，所以犯禁前來相就，現在被主人（廟神）知道了，準備將我杖脊流配，明天就將行刑了，屆時我經過妳家時，希望妳多燒些紙錢給我。」娼女流淚答應，隔天娼女果然看見客人栲著枷鎖走過，娼女設奠焚錢，哭送客人離去。某日，娼女再度前往該廟時，發現泥偶已仆倒在地。〔註 72〕故事裡的泥偶因感受到娼女的愛慕，所以跑出來幽會，但娼女知道真相後並不害怕，甚至哭著送泥偶精怪最後一程。泥偶屬無生命的物體，但因具有人類的形貌，讓人感覺它似乎是真實的存在，肖人形日久，而被認為沾染靈氣以致成精。

　　英國文化人類學家弗雷澤（J.G.Frazer）曾提出一種巫術的思維方式稱為「順勢」或「模擬」，簡單的說，就是將「彼此相似的東西看成是同一件東西」，〔註 73〕對人們來說，這些有著人形樣貌的土石精怪，雖然本質上是「非人類」，但人的腦海裡可能賦予它某種意義，譬如雕刻的神像，雖然雕刻品本身質材只是木頭或石塊，但人們在它成形後，不覺間移情作神明的化身，這種思維方式也轉移在土石或人造器物類的精怪身上。

　　宋代的土石精怪常來自廟宇附近，很多是廟裡的塑像或雕像所變。例如建昌郡兵王福，曾在半夜遇一美麗女子，女子主動和王福狎昵，數月後，王福身體羸瘠不堪，神形消瘦，他的父母覺得奇怪，暗中伺察王福的日常舉動，發現每晚皆有女子來找他。某夜女子又來，王父破門追捕，女子狼狽奔出，逃入附近的天王祠後便消失不見，隔日，王福偕父親前往天王祠察看，發現每晚來找王福的人，原來就是祠內捧裝奩的泥塑侍女，王父擊毀塑像後，女子便不再出現，但王福卻從此悶悶不樂，不久後竟死去。〔註 74〕

　　乾道年間（1165～1173），楊仲弓為道州錄事參軍，楊習行天心法，對抓妖除魔素有一套。某日，楊出市里，碰到一名小胥，楊視其顏色，發現他似被妖氣附著，追問之下，小胥恐懼回答說：最近確跟一名陌生女子私通。楊

〔註 72〕　《夷堅志》，夷堅甲志卷 17，〈15 永康娼女〉，頁 146。
〔註 73〕　弗雷澤（J.G.Frazer）著，汪培基譯，《金枝：巫術與宗教之研究》（臺北：久大桂冠聯合出版，1991 年），第 3 章，第 2 節，頁 23～25。
〔註 74〕　《夷堅志》，夷堅支甲志卷 7，〈建昌王福〉，頁 766。

仲弓懷疑是該名女子作怪,教他回去後若女子再來,記得用彩線偷縫在女子裙擺上,並藏起的鞋帽,屆時就可驗證了。當晚女子果然又來,小胥依楊所交代的逐一進行。女子離去後,小胥發現女子留下的鞋冠皆是泥塑,他立刻告知楊仲弓,楊施法遍訪羣祠,發現城北唐四娘廟裡的泥塑侍女,裙上附著彩線,而她的鞋冠皆已不見,證明與小胥交往的正是這尊泥像,楊引火燒毀泥像後,女子從此不再出現,而小胥也安然無恙。〔註75〕

上述兩則故事的泥像,皆是擺在廟裡的侍從,或因經年累月與神明在一起,接受不少人們的香火,漸變成了精怪。它們所處的廟宇,多非國家祀典裡的合法神祇,例如唐四娘廟就屬一般淫祠,宋代民間對這種淫祠並不排斥,即使曾出現過變怪,人們仍舊前往參拜,如前述的〈永康倡女〉在送走泥偶精後,她還是前往該廟祭拜,彷彿不在意或者接受了精怪的事實。故事裡的土石精怪們遭遇到最大的懲罰,是被人們毀掉,一但原形被搗毀,也就無法再作怪,這一點也符合一般精怪的故事裡的敘述筆法。

在變怪弄人的故事方面,許多土石精怪似乎喜歡戲弄人,它們戲弄人的方式花樣很多,且讓人搞不清楚為何要捉弄人;另有一些土石精怪還帶給遭遇者很多奇特的經歷。例如肇慶地方有一守更卒,某晚三更見城上有一處燈火甚亮,於是前往查看,結果發現有十餘人和幾個小孩正聚賭,該守更卒膽子大,圍觀後還伸手向這群人討錢,不料各人爭相給錢,該卒得錢三千多而還,第二天夜裡守更卒又前往該地,仍發生同樣的情形,累月下來,該卒得錢不少,幾成富人。後來傳言軍資庫遺失銅錢千餘緡,白銀數百兩,官府即發文追緝,此時有人密告守更卒最近花費奢侈,所著皆華衣,相當可疑,於是官府派人拘捕、審問,該卒始具實回答得錢始末。肇慶守鄭安恭認為這事可能是土偶作祟,下令押著守更卒搜索城內各廟,結果在城隍廟裡,發現了該卒在夜裡所見的土偶群,將土偶敲碎後得銀錢數百千,與該卒花費掉的金額合計,恰為軍資庫所失錢的數目云云。〔註76〕

上述故事裡的土偶精怪得錢無用,送給守更卒後,反替守更卒惹來麻煩,土偶精的動機不明,或僅為戲謔取樂罷了,卻造成當事人的困擾,還有少許出沒在住家附近的土石精怪,它們祟人的作行也都不同。洪邁本身就收藏一件傳說有變怪能力的巨石,《夷堅志》〈醉石舞袖〉載:

〔註75〕 《夷堅志》,夷堅支甲志卷5,〈唐四娘侍女〉,頁745。
〔註76〕 《夷堅志》,夷堅乙志卷12,〈肇慶土偶〉,頁284。

許先之尚書，信州貴溪人，住居鄱陽。知東平府時，得一奇石，高
闊三尺，宛如酒家壁所畫仙人醉後奮袖坐舞之狀，蹺其右足。輦歸
置於堂。宿直者常遇一偉丈夫，雀躍不已，而形體絕壯。始猶懼之，
久而習玩其態，相與扶持襲逐，擊之則仆。燭火閱視，乃此石也。
許命椎斷其腦，自是不能神。紹興初（1131～1141），宅為汪丞相所
有，知其物為怪，委諸牆角。予求得之，以入草堂供翫，甚可觀也。
〔註77〕

像洪邁這類喜歡談奇說異的人士不少，但敢蒐藏有變怪功能物品的人則未必
常見，洪邁可說是個特例，他所得到的這塊巨石，究竟只能化作人形跳跳舞
罷了。有些土石精怪就非如此了：金華縣城外陳秀才有一女，年及嫁娶，準
備擇良婿出閨，但不幸為妖祟迷惑，變得不知人事，陳秀才招巫醫治療皆無
效，陳的鄰居張生有晚聽見陳女的笑聲，心生好奇而跑去偷看，張生見陳家
門外的石獅子相當高大，於是站在獅背上窺看，突然女子大聲說道：「元不干
張秀才事，何為苦我。」張生認為是石獅子變怪之故，女子才會如此。第二
天，張生便告訴陳家：「吾見君家石獸，形模獰惡，此妖所由興也，宜極去之。」
陳家依言，將石獅鑿碎後，女子即恢復了正常。〔註78〕

　　石獅子本來是作為鎮守、避邪之用，但陳家的石獅成精後就變了性，反
成了祟人的妖物，這和人們原本的期望大相逕庭。為了驅除妖祟，陳家鑿碎
了石獅，這是解決土石精怪的好方法，不過，還可用作法投牒來對付土石精
怪。如宋張德隆知縣家有一婢女為祟所附，對張家上下造成困擾，張德隆知
悉商日宣法師跟梁緄二人精於道術，於是請來幫忙，梁做法後叱問婢女：「汝
是什麼精魅？分明告我。若不直說，當拘縶北酆無間獄中。」過了好一陣子，
婢女才緩緩回答：「是南門外石獅子，願慈悲恕罪，自當屏跡。」梁和法師商
議後，決定投牒把石獅子移至東嶽收管，做完法，婢女隨之回復正常。據當
地人說石獅不知何年所立，形貌猙獰，在梁與法師二人做法當晚，南門外風
雷交錯，隔日，石獅子即消失無蹤。〔註79〕這頭石獅擺在官路附近，應是作
為避邪的石敢當，但竟成祟人的精怪，最後雖沒被人毀壞，卻也遭法師投牒
移往東嶽收管。

〔註77〕　《夷堅志》，夷堅支丁卷5，〈醉石舞袖〉，頁1010。
〔註78〕　《夷堅志》，夷堅支庚卷3，〈陳秀才女〉，頁1159。
〔註79〕　《夷堅志》，夷堅支癸卷4，〈張知縣婢祟〉，頁1252。

綜觀上述宋代土石精怪的種類雖有不同，各依其本來所製成的樣貌出現人間，它們變幻能力有限，卻足以讓當事者經歷奇特的遭遇，和其他類型故事相比，宋代土石精怪故事較少透露警示或教化的意味。正因如此，宋代筆記中的土石精怪往往較為活潑生動，呈現出饒富趣味的一面。

（二）金屬類型的精怪

金屬成精的傳說相當早，它們大多能化身為人，如六朝志怪《列異傳》中即有金、錢、銀等精物化為人形的記載。〔註 80〕對於人們來說，金屬類精怪大多具有經濟價值，遇見者常能獲得一筆可觀的財富，人們對這類精怪尚抱有期待。

宋代金屬類的精怪以金、銀為主，它們的原形以貨幣和器物等形式居多，當這些金屬精怪為祟時，往往展現出它們的屬性，如淳熙年間（1174～1188），某張翁之女遭妖物憑附，械杻鞭箠皆不怕，張翁延請徐十三官人前來驅治，徐除妖並語告張翁曰：「翁去，勿與人說曾見我。」這時張翁鄰家也因妖物為祟前來求符，徐前往登壇做法，並質問該妖物曰：「汝當緣乏食，故出為怪。汝必知張家眾鬼本末，盡以告我，可錄功贖過，我捨汝。」妖物對曰：「是鐵鑽精也，所以不怖笞掠。」徐乃請張翁持一符咒回家，在房子左方挖掘，果然挖到一支鐵鑽，焚鎔後，張家女兒便不藥而癒了。〔註 81〕

上述擾人的金屬精怪，一旦遭人焚鎔，就無法作怪，但這種祟人的金屬精怪在宋代故事裡，畢竟是少見的例子，因為金屬精怪常給人帶來豐厚的錢財，使人有所期待。如淳熙十二年（1185），鄱陽醫者姜彥榮於夜間見一老人撫戶而立，才要端詳，老人卻消失不見，姜一時無暇理會。至某晚，姜參加酒宴歸來，又見到那名老人，姜大聲呼喊咒罵，老人又消失不見，姜覺得奇怪，自忖「是必窖藏物欲出耳」。天快亮前，姜在老人消失之處挖掘，才挖二尺多，就發現一錠銀子，更深處彷彿還有東西，但堅不可入，姜彥榮警覺到「無望之福或反致禍」，乃停止挖掘。〔註 82〕

宋人多半將這類有財富價值的金屬精怪視為一種福報，但福分不夠的人，仍無法領受這些財寶，甚者還會遭到金屬精怪的騷擾。例如鄱陽民李十五在某地買了一座新屋，搬進沒多久，家中就經常出現變怪，屋內時而燈光

〔註 80〕《太平廣記》8，卷 400，〈何文〉條引《列異傳》，頁 3213～3214。
〔註 81〕《夷堅志》，夷堅支乙卷 9，〈徐十三官人〉，頁 866～867。
〔註 82〕《夷堅志》，夷堅支甲卷 3，〈姜彥榮〉，頁 735。

閃爍，時而怪聲四響，李家人擔心招來災禍，便將屋子轉售他人。待制張南仲以百千錢買下這棟屋子，自己和工人前往修葺房子，在房子底下發現白金器數百兩。當地人便流傳說「地寶自有所係，非李所能享納也。」〔註83〕

另外一則故事也透露相似的福份觀念：會稽詹撫幹為郡巨室，富有非常，有晚詹夢見甲士數百立於庭下，恭敬的說：「詮局公家久，今將他適，不敢不告。」詹驚寤莫測，再次睡去後不久，又夢見這批人由外頭再來，恭敬的說：「走一遍府城內外，福無出撫幹上者。不如依舊伏事，所以再來。」詹醒來後，發現地上和庫房皆有沾濕的痕跡，而庫房裡的錢彷彿從水中撈起一般，這才領悟到，原來昨夜這些錢真的出門後又跑回來。〔註84〕

在這些金屬精怪故事裡，經常流露出命中注定的觀念，認為一個人的福分或享受，早已為上天注定，人類無法勉強求得，洪邁在《夷堅志》曾說：「乃知無望之物，固冥冥之中有主張者。」〔註85〕這種觀念在宋代可謂普遍，且與佛教的「業因果報」有所關聯。「宿命論」（Fatalism）通常是指一切事物，皆按照某種預定好的程式行走，難以用人力改變其進程，但宋代受佛教因果輪迴之說影響甚深，雖然承認宿命果報有難改的一面，因果輪迴卻能夠對此進行補償，且現下的修行，可以扭轉宿世所積的業障。

至於「定命」，指的是一切事物皆已由天意所命定，人力無法改變，《南史》〈顧覬之〉傳載：

> 覬之常執命有定分，非智力所移，唯應恭己守道，信天任運。而闇
> 者不達，妄求僥倖，徒虧雅道，無關得喪，乃以其意，命弟子愿作
> 〈定命論〉。〔註86〕

此處的「定命」明顯認為人世間的一切，早已有所定分，人只能恪守本分，安靜等待命運的降臨。這種傳統定命觀涵蓋範圍非常廣，包含人的聰愚美醜、功名利祿、婚姻情感各方面等，皆受「定命」支配，這樣的說法顯是係對生命抱持較為消極的看法。

「宿命」與「定命」在內涵上似有部份重疊，但嚴格來說，其意義並不完全相同，宋人又融入佛教的三世因果輪迴之說，因此，若得到金屬精怪財富上的支援，不只是一種宿命安排，也是一種因果上的報償。

〔註83〕《夷堅志》，夷堅支甲卷4，〈張待制〉，頁741。
〔註84〕《夷堅志》，夷堅支庚卷3，〈詹撫幹〉，頁1154～1155。
〔註85〕《夷堅志》，夷堅志補卷10，〈謝侍御屋〉，頁1639。
〔註86〕李延壽，《南史》（臺北：洪氏出版社，1977年），卷35，〈顧覬之傳〉，頁921。

（三）畫像類型的精怪

繪畫是對所畫之物的寫實、模擬或創作，因此栩栩如生的畫像，往往讓人驚歎，這些生動引人的畫作，常帶給觀畫者如幻似真的感受及想像，張華的《博物志》就曾記載：「後漢劉褒，桓帝時人。曾畫雲臺閣，人見之覺熱。又畫北風圖，人見之覺涼。」〔註87〕這種擬真或肖似實物的繪畫，讓人不覺間將繪畫與真實世界會通起來，有些過分肖似的繪畫，甚至還會出現靈異的現象，《八朝畫錄》載：建康陸溉患虐經年，好友顧光寶前往探視，光寶探望陸溉後，畫一獅子像贈與，並對溉說：「此出手便靈異，可虔誠啟心至禱，明日當有驗。」陸溉請家人焚香祭拜獅像後，當晚便聽聞門外有窸窣聲，第二天，畫裡的獅子口中竟鮮血淋漓，彷彿咬著東西，不久陸溉的病就痊癒了。〔註88〕

從上述的故事可以想見，繪畫對人們來說，不止是想像力的延伸，更是另一個真實世界的存在，在如此的思維下，畫中世界闖入現實，對人們來說是可能的，而畫像成精也就不是那麼虛幻的故事了。相傳後魏人元兆以治怪聞名，某軍士女為祟所憑，請求元兆禳治，兆曰：「此疾非狐狸之魅，是妖畫也。吾何以知之？今天下有至神之妖，有至靈之怪，有在陸之精，有在水之魅，吾皆知之矣。汝但述疾狀，是佛寺中壁畫四天神部落中魅也，此言如何？」而元兆與妖畫的談話，說明了畫精為何存在，兆對妖畫曰：「爾本虛空，而畫之作耳，奈何有此妖形？」應曰：「形本是畫，畫以像真，真之所宗，即乃有神，況所畫之上，精靈有凭可通，此臣所以有感，感之幻化，臣實有罪。」由此可知，畫像精怪之所以存在，乃是因神似之故，如真的畫像，有神情存焉，易使人誤以為真，或神似日久而成精，因而畫像精怪便能夠進一步與人產生交流。〔註89〕

宋代的畫像精怪大多出現在廟宇附近，此一緣故跟土石類精怪相同，因為廟宇多繪有畫像，這些畫像可能成為精怪，它們變怪的模樣通常就是原來繪畫的形象，這點和土石精怪相同，差異的是，它們對人類而言比土石精怪來得危險。例如宋人馬先覺和朋友參觀某神祠，馬見畫牆上的樂女相當美麗，內心為之悸動，笑著對朋友說：「得此人為室家，素願足以。」當晚馬即夢見樂女前來，兩人耽溺甚深，馬先覺視女子為常人，不以為妖怪，然過了不久，

〔註87〕《太平廣記》5，卷210，〈劉褒〉條引張華《博物志》，頁1605。

〔註88〕《太平廣記》5，卷210，〈顧光寶〉條引《八朝畫錄》，頁1609。

〔註89〕《太平廣記》5，卷210，〈黃花寺壁〉條引林登，《博物志》，頁1611～1612。

馬竟一病不起，藥石枉效。〔註90〕

　　馬先覺一例，起因於馬對壁畫女子的貪慾，故引來畫精的糾纏，宋代的畫精故事裡，經常可以見到這樣的情節。畫精出現不只是人們對畫像心存念想，也有畫精主動現身誘惑凡人者，例如漢陽潘秀才在荷池旁的際遇，他準備採蓮時，見一婦人急忙走來，婦人向潘自我介紹說：「東家張氏女也。今夕父母並出，心相慕甚久，良時難失，故來就君。」潘大喜，兩人遂通衽席之好，從此婦人旦去暮來，才月餘，潘生已消瘦得不成人形，學正張盟知道後告訴潘：「子將死矣！彼果良家女，焉得每夜可出，又入宿學中？此非鬼即妖。若欲存性命，當為驗治。」潘聽從張盟交代，將紅線密縫在女子的衣裙上，隔日派人搜索城內各僧坊祠室，結果發現桃花廟壁上的仙女衣裙繫著一條紅線，眾人破壞壁畫，此後精怪不再出現。〔註91〕

　　上述兩則故事皆透露畫精是一種危險的存在，並告誡人們不可對寺廟內的畫像心存薄倖，而如果遭到畫精糾纏，最好的方法就是找出原形所在並破壞它。除此之外，宋代的畫精故事還有有兩種特別的現象：

　　第一是很難見到關於男性畫精的記載，在宋代的畫精故事裏，所見的幾乎清一色是女性畫精，這些女性畫精在故事中通常是扮演誘人害人的角色，僅有極少數的例外者能與人正常往來，而與人交往的的結果，最後仍須分手。〔註92〕

　　第二是遭遇畫精者通常都是士人，這一點較令人引起好奇心，為何遭遇畫精者皆為士人呢？觀察宋代畫精故事裏，這些見到畫精的士人經常在廟宇或僧寺逗留，他們有的是前往遊覽，有的是參拜祈求，在僧寺讀書者則長期住宿其間。〔註93〕這些士人對寺廟周遭的事物總多了一分觀察，難免留下意念或妄想，使雅愛書法繪畫的士人們，頗有機會接觸上這些畫精，因而與畫精產生感應或交流。

三、植物類型的精怪

　　植物在整個自然界中佔有相當重要的比例，它們也是人類在生活上不可或缺的物資，舉凡飲食、建築、木器、醫藥等等，人類幾乎都須取用植物作

〔註90〕　《夷堅志》，夷堅丙志卷7，〈馬先覺〉，頁426。
〔註91〕　《夷堅志》，夷堅丁志卷13，〈潘秀才〉，頁646。
〔註92〕　《夷堅志》，夷堅志補卷10，〈崇仁吳四娘〉，頁1637～1638。
〔註93〕　《夷堅志》，夷堅甲志卷19，〈僧寺畫像〉，頁166。

為生活用品，因此，植物的應用與人類的生活關係密切。不過如果我們把焦點由「植物使用」轉向「植物想像」，可發現中國民間信仰對植物的想像十分豐富，特別是一些在人們週邊壽齡較長的植物，咸信它們具有神奇的能力，並且能夠「成精」。例如《抱朴子》中提到：「云千歲松樹，四邊披越，上杪不長，望而視之，有如偃蓋，其中有物，或如青牛，或如青羊，或如青人，皆壽萬歲。」〔註94〕文中認為松樹享有長久的壽命時，也具有變化的能力，這一點跟精怪成精的意義相似，可看作是人們對植物的想像。

六朝之後，唐人的傳奇小說裡，記載了不少植物精怪的故事，這些植物以樹木為主，諸如桐樹、柳樹、杉樹皆有變怪的記錄。唐代的植物精怪傳說，有時也參雜著人和植物之間的情愛情節，例如唐中和年間（881～884）蘇州士人蘇昌遠，有天遇見一紅衣女子，該女子容貌艷麗，彷彿如天仙下凡，蘇昌遠與之相愛，並贈與玉環當作為禮物，但他卻因不知女子來歷而感到疑惑。某日，蘇昌遠在池塘邊賞蓮，見一朵白蓮花綻放甚美而靠近細觀，卻發現蓮花花苞內，竟存放著他贈與女子的玉環，他將白蓮花折下後，紅衣女子自此消失。〔註95〕這類人和植物發生愛情的故事，在唐人傳奇裡經常可見，而且多發生在花卉精怪上。花卉精怪幻化成美女的傳說，除了充分表現唐人豐富的想像力和傳奇故事的浪漫色彩外，也象徵唐人對植物世界所懷抱的愛慕之情。

至於宋人筆記裡的植物精怪，則與唐人的記載略顯不同，很少見到浪漫的情愛傳說，取而代之是比較實際的故事情節：

> 廣州清遠縣之東峽山寺，山川盤紆，林木茂盛，有古飛來殿。殿西南十步許，大松傍崖而生，婆娑偃蓋。大觀元年（1107）十月，南昌人皇城使錢師愈罷廣府兵官北還，艤舟寺下，從者釜松根取脂照夜。明年，殿直錢吉老自廣州如連州，過寺，夢一叟鬢須皤然，面有愁色，曰：「吾居此三百年，不幸值公之宗人不能戢從者，至釜吾膝以代燭，使我至今血流。公能為白方丈老師，出毫髮力補治，庶幾盲風發作，無動搖之患，得終天年，為賜大矣。」吉老問其姓氏及所居，曰：「吾非圓首方足，乃植物中含靈性者。飛來之西南，即所處也，幸無忘。」吉老覺，疑其松也，以神異彰灼，須寺啟關，

〔註94〕《抱朴子內篇校釋》，〈對俗〉，頁47。
〔註95〕《太平廣記》9，卷417，〈蘇昌遠〉條引《北夢瑣言》，頁3397。

將入告。時曉鐘未鳴，復甘寢。至明，則舟人解縛已數里，悵然不
能忘，過洺光，以語令建安彭銖。政和二年（1112），銖解官如廣府。
過寺，即以吉老言訪之，果見巨松，去根盈尺，皮膚傷剝，膏液流
注不止，蓋七年矣。乃白主僧，和土以補之，圍大竹護其外。〔註96〕

故事裡的松樹精變成老叟向錢吉老請求，寄望寺方救治被斧鉞傷害的膝
蓋。當吉老詢問老人姓名和居所時，老人明白告知自己乃植物中含靈性者，
並非一般人類，顯然松樹精純是前來尋求幫助，不忌諱自身的原貌被發現，
它的請託出於實際的需要，希望能安享天年，故而請求人類協助。另外，
上述故事顯示植物精怪雖可化作人形，但其原形卻無法自由移動，這與動
物類精怪有所不同。先天的限制使它們倘若出現變怪，人們很容易發現其
蹤跡，在〈新城桐郎〉中曾這麼記述：臨安新城丞練師中的官邸外，有一
株大桐樹，其大合抱，蔽蔭甚廣，師中的女兒有次登樓觀賞風景，卻突然
喃喃自語，彷彿與他人談笑，此後便每日登樓，風雨寒暑皆不間斷，練師
中認為是被不乾淨的東西沾染，因此請巫醫前來診治，但都無效。有天，
師中家人撞見女兒和桐樹有說有笑，懷疑是桐樹為祟所致，因此命人砍伐，
師中的女兒見人伐樹，哀慟異常，且連呼「桐郎」，桐樹被伐倒後，師中的
女兒也就恢復正常。〔註97〕

上述故事所示，植物精怪活動的範圍狹小，侷限在植物本身的生長地，
它們即便身為精怪，仍舊無法移動至太遠的地方，其原因應與植物無法移動
的生態有關。對宋人來說，植物精怪在日常生活上威脅性不大，雖有少數如
〈新城桐郎〉等類的作祟精怪，只要找出植物精怪的原形所在，大抵都能對
付。有些植物精怪對人類的生活似乎很有興趣，往往不請自來，江西饒州的
槐木精就是一個有趣的例子，慶元四年（1198）五月，饒州使院吏陳忠顯因食
物中毒嘔吐不止，遣僕人到市集買菉豆解毒，僕人外出後，即有人叩門找陳
忠顯，陳家婢女回應說主人不在，且詢問對方姓名，陌生人回答：「我即鄰側
槐娘，知道忠顯中毒，所以前來給藥。」婢女從門縫窺見陌生人穿白衣，全
身發出像戽斗汲水的聲音，心裡害怕不敢開門，不久僕人返回，撞見門外的
白衣人竄入槐樹，消失不見，大家才確知原來白衣人就是槐木精。〔註98〕

〔註96〕　《夷堅志》，夷堅甲志卷17，〈峽山松〉，頁154～155。
〔註97〕　《夷堅志》，夷堅丙志卷7，〈新城桐郎〉，頁421。
〔註98〕　《夷堅志》，夷堅三志辛卷2，〈槐娘添藥〉，頁1399。

　　故事裡的槐娘雖是精怪，但無害人之心，甚至還送來藥物，對人類相當友善。據中醫記載，槐花（槐木的花蕾）除了涼血、止血之功用外，還能治療腸風，〔註 99〕因此常被拿來當作藥品。許多植物因具有醫療效果，容易被人賦予神奇想像，認為這些植物吸收日月精華後可能化為精怪，如人蔘、靈芝、雪蓮、芙蓉等等，人們不只認同它們治療疾病的功效，更相信它們也能補身益壽，中國民間許多植物崇拜，有時是來自對藥用植物的信仰，而「槐娘給藥」正是此一信仰的呈現。

　　植物精怪不只現身在人前，甚者還能感受人心而作出回應，像鄱陽有一條植有大槐而得名的槐花巷，慶元四年（1198），浮梁人徐五秀才行經槐花巷，見槐樹朽蠹而感嘆說：「此木根本皆朽蠹，但存枯皮，而柯葉尚能蔚茂，不知閱歲幾何，得非世俗所謂老樹精之類乎？不然，何以若是之異？」當晚，有一陌生青衣丫鬟前來拜見徐五，徐五懷疑她是倡人盤問她姓名，女子回答云：「妾乃槐花巷內大槐之精也。畫日間辱郎君惠顧，惻然興憐，感恩義殊常，是用致謝。家有尊屬，不敢久留，離合有時，更俟他日，君善自珍重。」說完便消失不見。〔註 100〕

　　槐木在民間傳說裡屬陰木，本身容易成為精怪或靈異所憑附，因此槐木成精也順理成章。當徐五見到槐花巷的大槐，其內心的感嘆似乎傳入槐樹裏，因此槐木精才會現身徐五面前，感謝對它的憐憫，這樣的故事內容，隱約說明植物與人之間，有一條看不見的引線，用以連通心靈上的對話，如此人類與植物還是有溝通的可能，這種溝通乃是出自對植物生命的憐憫，此類關懷正是宋代植物精怪故事的特色之一。

　　宋代植物精怪傳說與唐人的傳奇相比，除鮮少人和植物的愛戀故事外，即使有愛戀也採取較為排斥的心態，並且多以不好的結局收場，例如隆興二年（1023），舒州懷寧縣主簿章裕之僕顧超夜宿書房，一位綠衣女子跑進書房並對顧超說：「因為被母親叱逐，無處可歸，知道顧超乃單身一人，所以跑來依靠。」顧超詢問女子的居所，女子回答：「在城南紫竹園。」當晚顧超便留下女子一同過夜，幾天過後，顧超顯得精神恍惚，渾身無力，章裕發現顧超怪異的情狀後質問他，顧超回答以綠衣女子前來書房之事。章裕認為可能是妖怪，吩咐顧超當女子再臨時要抓住她。當晚，綠衣女子又來，顧超抓住她

〔註 99〕 江蘇新醫學院，《中藥大辭典》（上海：上海科學技術出版社，1999 年），〈槐花〉，頁 2434～2435。
〔註 100〕《夷堅志》，夷堅三志卷 2，〈徐五秀才〉，頁 1312。

且大聲呼喊，章裕急忙前往一探究竟，當他到達書房時，綠衣女子奮力撕裂袖子逃竄，顧超手上所遺留的的斷袖，頓時化作一片芭蕉葉。後來章裕打聽到城南紫竹園內有一棵芭蕉樹，長得巨大，且曾有變怪的傳說，於是命人將芭蕉樹砍去，此地便不復聞芭蕉變怪的傳說。〔註101〕這些與植物精怪發生愛戀關係的傳說，多數來自於植物精怪的誘惑，而且頗具警示意味，告誡遭遇者如果不設法拒絕誘惑，到頭來往往會危及自身的性命，這種警世意味在宋代植物精怪故事中時常可見。

　　從植物精怪傳說裡，我們察知宋人對植物的感受較唐人來得實際，換句話說，宋人對植物仍保有一份情感，這份情感來自於宋人對植物生命的關懷，如〈峽山松〉裡的錢吉老，他對松樹精的請求不但覺得「神異彰灼」，且因未及時完成松樹精的請託自感「悵然不能忘」，並以後續的關照，來實踐對松樹精的承諾，此一對植物「生命」的實際關懷，可說是宋人的獨特之處，因此在宋人的植物精怪故事裡，不易見到如唐人一般的美麗想像或浪漫情懷；宋人反而是從植物生命的客觀存在，來看待植物本身，希望與植物和諧共存於世間。

第二節　怪物與怪獸的傳說

　　宋人筆記中除了上述各類精怪外，還有許多不知名的「怪物」或「怪獸」。宋代怪物沒有固定的原形，種類各異，牠們大多神出鬼沒，人們很難找到牠們的蹤跡。至於怪獸，在本文則專指蛟跟龍兩類，牠們有自己的原始形貌，也多具有固定的活動區域。「怪物」與「怪獸」是兩類不同物種，在宋代的精怪群中不僅地位特殊，且深刻影響宋人的日常生活，尤其是「常駐性質」的怪獸，人們甚至認為牠們具有管理該地區的權力，如果有不敬，即會遭到懲罰。

一、宋人筆下的怪物

　　宋人筆記裡的「怪物」形象不一，而且少見同類「怪物」的記載，換言之，同一種怪物很少重複出現，這點當然與「怪物」出沒無常有關。對宋人來說，「怪物」出現通常不是好事，跟精怪相比，「怪物」帶給人的往往是災禍和恐怖經歷，請看下面兩則例子：

〔註101〕《夷堅志》，夷堅丙志卷 12，〈紫竹園女〉，頁 464～465。

〈促織怪〉：

洪慶善為湖州教授日，當秋晚，宴坐堂上，聞庭下促織聲極清，詣
其所聽之，則聲如在房外，復往房外，則又在庭下，甚怪之。別另
一人往聽，則移在床下，又詣床下，則乃在其女床側，竟不能測。
是年，妻丁氏捐館，次年，女亡。〔註102〕

〈光州墓怪〉：

光州士人孔元舉，居城外數里間，每入城，輒經亂葬壠。常日詣州
學，晨往暮歸必過之。一夕，歸差晚，日猶銜山，聞有人高誦「維
葉萋萋，黃鳥于飛」之句，至於再三。審其聲，當所行道上。少傾，
差近，則聞聲在墓間，回首視之，一物如蹲鴟，毛毿毿覆體，赤目
豬喙，瞠視孔生，厲聲曰：「維葉萋萋。」孔大駭，亟步歸，即病，
旬日死。〔註103〕

「促織怪」並無形象，也不知為何出現，但洪氏妻女的死，多少與促織怪發
生關聯，至於孔元舉在墓地所見的怪物，雖有略有鳥獸貌，但不知究為何物？
這些難以辨識的「怪物」與精怪呈現很不一樣的形貌，嚴格來說，牠們不像
變異的精物，因為牠們大多沒有變化能力，也未必能作人形、人語，牠們只
能憑藉自身原本的型態或力量來騷擾人。例如乾道六年（1170），徐吉卿侍妾
白天見到一隻怪物，這隻怪物長約一丈，人身雞頭，侍妾見到後，驚嚇而死，
怪物瞬即消失不見。〔註104〕類此怪物除了驚擾嚇人外，也隱含著死亡的預兆，
它和〈促織怪〉有著相同的意義。

這些怪物來無影去無蹤，人們多半在不知情的狀況下遇到牠們，遭遇者
多半用自身力量，或者糾眾來「打怪」。例如鄱陽楊五郎家，在慶元二年（1196）
十月後，每到午夜，總有莫名的叩門聲，楊家開門卻都未見人影。某日，楊
五郎糾眾埋伏於家門內外，伺夜等待怪物叩門，到了午夜，怪物果然出現，
眾人合力夾擊，終於制服怪物，仔細一看，這隻怪物長三隻眼，身長一丈，
渾身黑毛，全身無血汁，剖腹也無腸胃，眾人將其丟入鍋頂裏油炸後，怪物
化成黑水消去。〔註105〕

〔註102〕《夷堅志》，夷堅甲志卷11，〈促織怪〉，頁93。
〔註103〕《夷堅志》，夷堅甲志卷16，〈光州墓怪〉，頁140。
〔註104〕《夷堅志》，夷堅丁志卷13，〈雞頭人〉，頁652。
〔註105〕《夷堅志》，夷堅三志己卷4，〈楊五郎鬼〉，頁1333。

　　宋代的怪物故事裡，多數的遭遇者都像楊五郎一般，使用自力或請求眾人幫助，純粹以武力對付怪物，不像遭遇精怪時，動輒請求僧道協助。從故事內容來看，宋人筆下的怪物大多跟《山海經》和《搜神記》裡的怪物相似，牠們經常帶有怪異的特徵或形貌，例如《夷堅志》〈宜州溪洞長人〉說道：「宜州溪洞，近歲產一怪物，狀如人，長一丈許，片體生鱗甲，但以布帛纏絞，獨據野廟寢處，莫測所由來。」該怪物還襲擊路過的民眾，威脅鄰近村民的生命，最後靠獄囚馬超獨力擊敗怪物，才恢復了該地的平靜。〔註106〕而另一則〈雲林山〉裡的怪物則是「似羊有髯，遍體皆溼。」在烤火時被人叱咄，急奔出門而消失。

　　除陸地上有怪物外，江邊或湖畔也常出現怪物，例如《睽車志》就記載，峽江水裡有一隻怪物，頭似狻猊而無足，身形扁闊像布匹，喜食馬，土人稱為「馬皮婆」，此頭怪物常乘人在江邊洗馬之際，將馬拉入水中吞食。〔註107〕牠能將馬匹拽入水中，顯見其力量相當大，而身形也跟蛟龍相仿，這種難以辨識的怪物，在宋代故事裡不乏可見，又如乾道七年（1171），呂棐和妻妾在洞庭湖岸上休憩，突見湖泊中央有一黑物甚長，乍出乍沒，呂以為是條龍，土人告訴他：「是名走沙，江湖中雖有之而不常見也。」故事裡的「走沙」能夠挑動湖內沙石起伏，身形巨大，足以壓垮舟船，對行船人來說，牠是可怖的怪物。〔註108〕

　　綜觀宋人筆下的「怪物」，牠們與一般「精物」很不一樣，牠們既無變化的能力，也鮮少和人類來往。對宋人來說，這些「怪物」不像精怪般有靈性，因此也更不容易溝通，牠們彷彿是一群獨立的物種，各有各的特色。從故事文本來看，宋人對這些怪物的記載，大都偏向負面，諸如嚇人、擾人，或帶來死亡的預兆，因此宋人的印象，這些怪物通常是有害而無益。

二、宋人筆下的怪獸

　　宋人筆下怪獸主要以蛟、龍為最主，而這兩類也是影響宋人生活的重要怪獸。

（一）蛟類方面

　　「蛟」與「龍」雖同屬龍類，但在形貌上卻略有差異，《說文解字》云：

〔註106〕《夷堅志》，夷堅志補卷9，〈宜州溪洞長人〉，頁1632。
〔註107〕郭彖，《睽車志》（上海市：上海古籍出版社，2001年），卷4，頁4109。
〔註108〕《夷堅志》，夷堅丁志卷12，〈洞庭走沙〉，頁641。

「蛟，龍屬，無角曰蛟。」〔註109〕「蛟」雖屬龍類，其特性卻跟「龍」不盡相同，許多民間傳說中，蛟往往是危害民間的怪獸，晉張鑒的《潯陽記》載：「潯陽城東門通大橋，常有蛟為百姓害，董奉疏符沉水中，少日，見一蛟死浮出。」〔註110〕此外，「蛟」在變怪上跟精怪相近，例如《通幽記》載吳王闔閭的陵寢有一水池，其深不可測，唐永泰年中（765），有一少年經過水池，見一美女正在沐浴，女子邀少年入池嬉戲，少年入池後卻不慎溺死，當少年的屍體被人發現時，全身血液已被吸乾，因而傳說水池下必有老蛟。〔註111〕這類蛟龍化成人形的傳說，自六朝以來就有，而且相傳千歲老蛟即能化作婦人，進而與人溝通。〔註112〕

宋代蛟類記載雖較龍類來的少，但「蛟性」並無改變，牠們依舊是危害人間的怪獸，而且也不一定出沒於水邊。例如衡山縣西北淨居巖傳說有一蛟窟，紹興十一年（1141），游僧妙印在附近遇婦人與之相合，數日後死去。行者祖淵在該地砍材時迷路，被人找到後，祖淵回憶說：「一婦人令住此，今出求果餌以飼我。」自此巖中有蛟窟的傳說更加熾盛。同年四月某夜，僧善同坐於庵內，突然聽到龕下有聲，仔細一看，原來是一巨蟒，善同聯合眾僧擊蛇，好不容易才將蛇打入石穴中，不久，山洪爆發，屋室淹沒大半，隔日水退，眾僧發見地上有一條死蟒，而這條死蟒即是傳說中的蛟。〔註113〕

民間信仰裡，龍、蛟、蛇常被視為同類，而上述故事的蛟，化作人形迷惑僧人，其能力與精怪不相上下。此外，蛟類引誘婦女交接的傳說更是時有所聞，《夷堅志》載諸暨縣治附近有四湖，自古相傳與長江相通，居民陸生妻妊娠懷孕，有天突然失蹤不見，陸生率鄰人到處尋找，結果找回妻子時，其妻已失其胎，妻子回憶被抓當時說：「見數人來房內，喚出到一處，引入小室，排設薦褥如產閣然，不覺免身。既洗滌加襁褓，觀者滿前曰：『男兒也，真可喜。』我未及就觀，驀無所睹。今思之，殆與死為鄰，亦幸而存耳。」但當地人都認為，婦人之所以會被抓，可能是懷了蛟龍之子，當日抓走婦人的即

〔註109〕段玉裁，《說文解字注》（臺北：漢京文化公司，1983年），卷13篇上「蛟」字，頁670。

〔註110〕《太平廣記》9，卷425，〈潯陽橋〉條引《潯陽記》，頁3460。

〔註111〕《太平廣記》9，卷425，〈老蛟〉條引《通幽記》頁3464。

〔註112〕《太平廣記》9，卷425，〈武休潭〉：「下有千歲老蛟，化為婦人。」條引《北夢瑣言》頁3464。

〔註113〕《夷堅志》，夷堅甲志卷15，〈淨居巖蛟〉，頁128～129。

是傳說中的江蛟。〔註 114〕

　　宋代蛟類文本大致承接六朝以來的故事架構，民間多認為蛟類是危害人類的怪獸，遭遇者多喪命，像〈闔山梟〉裡的漁者入江捕魚，結果被蛟所抓，全身血液皆遭吸乾。〔註 115〕宋人筆記裡，「蛟」是具有變化能力的「特殊生物」，但末見到稱蛟為精的記載，同樣情形也出現在「龍」的身上，這也顯示宋人看待龍和蛟，似乎不把牠們視為變異之精物，而是看作奇特的「怪獸」。

（二）龍類方面

　　「龍」的傳說相當多，牠們多半出沒在湖海之間，故事裡的「龍」既具有降雨的神奇能力，也擁有保護船隻航行的力量，因此宋人對「龍」多懷抱著崇敬的心態，有時甚至視為神祇。

　　沈括在《夢溪筆談》曾記載，宋神宗熙寧年間（1068～1077），彭蠡小龍登上王師的軍仗船，這些船欲從真州（江蘇儀徵）駛往湖南的洞庭湖，而彭蠡小龍的形象與一般小蛇很像，唯一辨別的方法是小龍「行走蜿蜒而直」，這隻小龍跟隨著軍仗船一路南行，船上的人皆恭敬侍奉，牠也保佑著船隻平安抵達洞庭湖，其後小龍還因功被封為「順濟王」。〔註 116〕

　　像這類管轄固定水域的「龍」，在筆記裡不乏其例，宋人搭乘船隻時，也經常遇見，例如郭三益樞密赴長沙，舟行大孤山下，船隻突然如被綁住般動彈不得，派人入水察看也查不出所以然，此時忽見柁上有一小兒，舟人覺得奇怪，立刻稟告郭樞密，郭命人焚香瀝酒禱告，不久，小兒化作一長蛇，沒入水中，船即能行。〔註 117〕

　　故事裡的郭樞密因及時祭祀「大孤龍」，才得順利航行，這種例子在告誡人們行舟前必須先行祭拜「龍神」。宋代南方水網繁密，許多物資或商人往往藉水運往來各地，水面運行一來須靠風向，二來需要靠水流平穩，如此才能夠平安順利航至彼岸，因此許多舟船停泊的港口，經常設有祭祀龍神的祠廟，這些祠廟有其地域性，每座祠廟裡的龍各有牠管轄的範圍，例如上述的〈彭蠡小龍〉所管理的範圍，乃是從真州到洞庭湖之間的長江水域，當地民間相傳洞庭湖以南即非其管區，故當小龍護送軍仗船至洞庭湖後，便依附另一艘

〔註 114〕《夷堅志》，夷堅支景卷 8，〈諸暨陸生妻〉，頁 940。
〔註 115〕《夷堅志》，夷堅丙志卷 17，〈闔山梟〉，頁 509。
〔註 116〕沈括，《夢溪筆談》（臺北：台灣商務印書館，1956 年），卷 20〈彭蠡小龍〉，頁 129～130。
〔註 117〕《夷堅志》，夷堅乙志卷 4，〈大孤龍〉，頁 217。

商人船舶北返。

　　各地港灣所建的龍祠，在水運旺季時往往香火鼎盛，到處充滿祈求旅途平安的人們，反之，一些不信、不敬的行為，則會招致災禍，例如紹興二十五年（1155），統制官趙圯率兵泊舟至順濟祠下，趙圯大作飲宴，且攜妓入廟飲酒，廟祝知龍神不樂，卻又不敢言明，只委婉說說：「龍王不在廟，出巡江矣，度一二日西歸。大軍若果行，懼或相值遇，不便也。」趙聽聞廟祝的勸說，殊不信，甚至叱曰：「師行何所畏？」執意如期行船，船隻行走江面，還未到達湖口縣三十里處，遙見前方似有一座大山擋道，趙竦身欲觀，突然間，風浪大起，水勢滔天，原來前方的大山竟是一隻赤斑龍。該龍無首無尾，身形巨大，趙命人射之，但都無效，而且斑龍還越來越靠近，趙害怕之餘，急命船隻掉頭躲入岸邊水道，斑龍直行江中而過，趙的船隊翻覆數十艘，數十名士卒為之喪命。〔註118〕

　　上述故事裡的趙圯因不敬龍神，招致覆舟命運的故事，屢見記載，許多宋人行舟的禁忌，也散見在這些紀事裡。如紹興十二年（1142），燕人程師回返北方，舟行過大孤山下，舟人曰：「凡舟過此者，不得作樂及煎油。或犯之，菩薩必怒。」師回曰：「菩薩為誰？」舟人不肯回答，師回逼問再三。舟人以龍告之，師回笑曰：「是何敢然？龍居水中，吾不能制其所為。吾在舟中，龍安能制我！」師回不顧舟人勸誡，反命僕擊鼓吹笛，燒油炸魚，香氣四播，舟人們相顧嘆曰：「吾曹為此胡所累，命盡今日矣，奈何！」不久，突起大風，震霆一聲，一巨物浮出水面，該物兩眼如金盤，形貌威猛，直往師回坐船而來。師回一無所懼，引弓發箭，射中一眼，怪獸便沒入水中，不久風浪平息，人皆嘆服其勇。〔註119〕

　　從上面的故事可知，舟人對行船的禁忌其實非常清楚，這些禁忌主要在祈求旅途平安。故事裡舟人要求程師回勿在船上作樂，避免打擾水中之龍，以示尊重。至於禁止船上烹油，也是宋代行船的普遍禁忌，從這篇〈程師回〉文末所載：「蛟螭之屬，聞油香則出，多騰入舟，舟必覆，或至於穿決隄岸乃去。」〔註120〕可見宋代船家多相信蛟龍經不起油香誘惑，容易出動覓食作怪，應避免遭惹牠們。

〔註118〕　《夷堅志》，夷堅乙志卷 10，〈湖口龍〉，頁 266。
〔註119〕　《夷堅志》，夷堅乙志卷 15，〈程師回〉，頁 315。
〔註120〕　《夷堅志》，夷堅乙志卷 15，〈程師回〉，頁 315。

除了禁奏樂、煎炸的禁忌外，還有許多有趣的情況，也暗示人們行船時必須保持虔誠的心態。譬如宋人皇甫自牧由長沙行舟長江，時逢六月酷暑，他和同行者在船上皆袒裼不冠，舉止隨便，終日下棋解悶，突然間，舟師之妻大喊：「急焚香，龍入船矣。」自牧定睛一看，果見一巨物首部靠船頭，腥涎四流，目光炯然。自牧倉皇中穿衣履鞋，百拜禱請，過了好一會兒，龍躍入水中，風浪才逐漸平息。〔註121〕這類航行遇龍的故事相當多，多提醒人們航行時千萬要對龍心存敬意，不可無禮，否則將會招致覆舟的命運。

宋代的龍除了有「庇佑航行」的傳說外，「降水行雨」也是另一個重要主題，這些故事裡的龍不住湖海，反而要上山才找得到。請看下面兩則故事：

〈蒼嶺二龍〉：淳熙十四年（1187），兩浙苦旱，朝廷詔逐郡守縣令至各名山大川求雨，台州邑宰蘇光庭率士民齋宿於當地蒼嶺潭旁。蘇仿效世俗通謁者，投刺字於潭中，不久，潭中出現一黑一黃二龍，盤辟俯首，意若相就，蘇急忙遣人設香茗果饌，虔誠禮拜，沒多久，一片烏雲自東南而來，大雨滂沱而下，足足下了三天三夜，一境霑淋，不復稱旱。蘇光庭感念二龍為民解亢陽之災，出捐公錢，在蒼嶺潭邊立廟十間，以修香火。〔註122〕

〈杉洋龍潭〉：淳熙十一年（1184），福州盛夏不雨，府帥趙子直下令對境內各神祠禱告祈雨，古田縣杉洋山有三潭，相傳有龍潛藏潭中。邑丞陳某前往該潭，焚香致詞，希望神龍顯靈降雨，不久，有一物從潭中躍出，仔細一看，竟是一條黃龍，移時，天降大雨，三日乃止，當地郡守上奏朝廷，詔加封立廟。〔註123〕

宋人苦旱時，第一個想到的就是「龍」，這一點不管在民間或官方都是一樣。宋人眼中，這些住在山裡的龍，具有呼風喚雨的能力，而牠們的形貌也跟江湖裡的龍稍有不同，從筆記描寫來看，江湖裡的龍略似鱷魚和蛇所結合成的水怪，而山裡的龍則比較像傳統信仰中，頭長雙角，且能飛天的龍。這些差異也反映出，宋代因地區不同，龍的形象也有差異。

跟唐代相比，宋代的龍雖具有神奇的能力，卻很少與人交往。至多像前述故事裡，宋人行舟時會想到祭龍，天候乾旱時也想到要祭龍，人與龍之間是建立在祈求和庇佑之上，彼此較少有親密的交流。但唐代故事裡，往往有龍下凡與凡人交往的傳說，例如唐傳奇〈柳毅傳〉記載龍女為了報恩下嫁柳

〔註121〕《夷堅志》，夷堅乙志卷15，〈皇甫自牧〉，頁314～315。
〔註122〕《夷堅志》，夷堅支戊卷7，〈蒼嶺二龍〉，頁1106。
〔註123〕《夷堅志》，夷堅支戊卷1，〈杉洋龍潭〉，頁1057～1058。

毅，最後兩人同住洞庭龍宮，斷絕了與凡間的往來。〔註124〕

　　這類人和龍有深刻交往的故事，在宋代筆記中未曾見到，換句話說，宋人對龍的想像和信仰，是很實際的，只將龍視作具有神奇力量的神獸，人們對牠的祈求，是出自生活上的需要和對平安的期待。

圖 2-1　九尾狐

九尾狐

資料來源：(明) 胡文煥，《山海經圖》，頁 281，引自《中國古代版畫叢刊二編》，
　　　　　第一輯 (上海：上海古籍出版社，1993 年)

<hr />

〔註124〕《太平廣記》9，卷 419，〈柳毅〉條引《異聞集》，頁 3410～3417。

圖 2-2　虎

資料來源：（清）汪紱釋，《山海經存》，光緒二十一年（1895），立雪齋印本，引自《古本山海經圖說》，（山東：山東畫報出版社，2002 年）

圖 2-3　巴蛇

資料來源：（明）胡文煥，《山海經圖》，頁 134，引自《中國古代版畫叢刊二編》，第一輯（上海：上海古籍出版社，1993 年）

圖 2-4　天狗

資料來源：（明）胡文煥，《山海經圖》，頁 254，引自《中國古代版畫叢刊二編》，
　　　　　第一輯（上海：上海古籍出版社，1993 年）

圖 2-5　猩猩

資料來源：（明）胡文煥，《山海經圖》，頁 224，引自《中國古代版畫叢刊二編》，
　　　　　第一輯（上海：上海古籍出版社，1993 年）

圖 2-6　應龍

資料來源：(明) 胡文煥，《山海經圖》，頁 130，引自《中國古代版畫叢刊二編》，
　　　　　第一輯 (上海：上海古籍出版社，1993 年)

第三章　宋代精怪傳說的深層意蘊

　　宋代文人的筆記裡，保留了不少很有特色的民間故事，其中，流傳各地的精怪傳說，讓人印象尤為深刻。牠們頻繁活躍在宋人生活周遭，出現的緣由不同，或戲謔凡人，或為求報恩，或為了報仇等等，不一而足，而精怪故事裡的因果報應傳說，最為人們所津津樂道。從物種來看，這些精怪雖屬異類，〔註1〕但成為精怪後，彷彿沾染上人類的生活習氣，也有忌妒、害怕，以及惡作劇等種種習性。宋代民間普遍流傳的果報觀念，同樣也出現在精怪故事裏，它經常透露諫戒殺生的意味。從佛教觀點來看，放生及不食肉，皆是積陰德的表現，就算是小小的助「蟻」之舉，也能得到莫大的福報。例如《善誘文》記載宋郊和宋祁兩兄弟的故事道：

　　　　（二宋）少時同在鶯宮，有胡僧相之曰：「小宋他日魁天下，大宋亦
　　　　不失甲科。」後十年，胡僧復至，執大宋手而驚曰：「公陰德文見於
　　　　面，如活數百萬人命者。」大宋笑曰：「寒儒豈能活人命。」僧曰：
　　　　「不然，蠢動之物皆命也。」大宋沉吟久之曰：「旬日前堂下有蟻穴
　　　　為暴雨所侵，群蟻繚繞穴旁，吾戲編竹橋以渡之。」僧曰：「是也。
　　　　小宋今歲當首捷，然公不出小宋之下。」比唱第，小宋果中魁選，
　　　　章憲太后臨朝，謂弟不可先兄，乃以大宋郊為第一，小宋祁為第十。
　　　　〔註2〕

「戒殺放生」故事裡的意涵，除了呈現宋人關懷有情生命外，也可窺見宋人

〔註 1〕　這裡的「異類」，指的是與人類相對而言。
〔註 2〕　陳錄，《善誘文》（臺北：藝文印書館，1965 年）〈活蟻魁天下〉引自《百川學
　　　　海第一函》，頁 9～10。

因果報應中的「賞罰觀念」。

　　此外，在宋代理學影響下，宋人對「物」有了進一步的看法，例如宋代大儒邵雍在《皇極經世書》中說：

　　　　夫所謂觀萬物者，非目視之，……觀之以理也。〔註3〕

邵雍的「觀物」，旨在觀察宇宙萬物和社會人事的道理，他以為認識事物，不可單憑肉眼，而是要從「以物觀物」的觀點出發，如此便會發現天地、人事、物我皆是歸趨於「道」、「太極」這個本源，易言之，所有萬物的本質皆相同。由此來看，宋儒對物我之間的看法，已然跳脫了感官上的限制，因而，精怪或異類的外型雖跟人類有所不同，但牠們的生命本質與人並無二致。

　　這一觀念影響了宋人看待異類的心態，使得宋人在面對精怪時，往往視其為一種自然存在，不像六朝人對精怪充滿厭惡，也不似唐人對精怪滿懷綺麗的遐想。宋人則是從實際層面看待精怪的存在，這種從現實面出發的體認模式，與佛教講求眾生平等的思想相結合後，在精怪故事裡，呈現出物我平等的理念，這也是宋代精怪故事的特色之一。

　　雖然精怪生命本質與人一致，但牠們的能力表現卻不同於人類。因此人們對這些具有神奇力量的異類，不免感到好奇和敬畏，尤其精怪能作人形、話人語，顯然已具有融入人類社會的奇異能力，加上精怪的原始形貌跟人不同，這一點確實讓人感到害怕。從宋代精怪故事內容來看，人們對於精怪的恐懼，主要是形貌差異招來的，易言之，人們雖然承認精怪在本質上與人類相同，卻無法拋開對精怪外在形貌的拒斥，這即是宋人對精怪產生恐懼的重要因素。

第一節　宋人的果報思想

　　中國早期即有「報」的觀念，但從實際生活經驗來看，現實中的許多事例，未必一一與因果報應相符，這種矛盾在佛教傳入後有了改變，佛家提出的「十二因緣」構成業報輪迴之說，〔註4〕提供立論基礎，這種「業報輪迴」

〔註3〕 紹雍，《皇極經世書》（臺北：中華書局四部備要本，子部，1982 年），冊 2，〈觀物篇 62，內篇之 12〉，卷 6，頁 26。

〔註4〕 杜繼文、任繼愈編，《佛教史》（臺北：曉原出版社，1995 年）謂：十二因緣是以「緣起」來解釋人生的本質和事物發生的過程，其間是由十二個概念所構成，包括「無明、行、識、名色、六入、觸、受、愛、取、有、生、老死」

的說法，為人生和社會現象的不公，提出周延的解釋，因此廣為民眾所接受。發展至宋代，因果報應的說法已流傳民間，也逐步改變了他們對事物的看法。此外，宋代精怪故事裡的果報現象，也呈現宋人如何看待惡報中「罪與罰」，以及善報裡「獎與賞」的對應關係。

一、果報觀念的起源和流行

「自然崇拜」是原始人類最早的信仰活動，也是認識世界的方法之一，遠古先民的祭祀活動，除了傳達自身的期望外，也藉此觀察「自然」的反應，在這一來一往的互動下，形成了中國「報」的觀念。〔註5〕殷商到周初，中國的「天」仍是一個擁有自我意志的「人格天」，祂不但能決定國家興衰，更能控制個人禍福。〔註6〕這種觀念在民間一直默默存續著，直到春秋中期，才有了較大的改變。當時的社會秩序混亂，子殺父、臣弒君的脫序演出時有所聞，一般庶民則飽受無情戰禍的侵害，不免對傳統的「天報」提出質疑。〔註7〕例如〈小雅·小弁〉曰：

> 民莫不穀，我獨于罹。何辜于天？我罪伊何？心之憂矣，云如之何。

〔註8〕

〈小雅·雨無正〉也說：

> 浩浩昊天，不駿其德。降喪饑饉，斬伐四國。昊天疾威，弗慮弗圖。
> 舍彼有罪，既伏其辜。〔註9〕

春秋戰國以來的長期戰亂，無辜的百姓往往最先受災罹難，善良者遭遇禍害，

等，這些概念是構成世間萬物出現與消失的要素，也稱為「十二支緣起」，頁17。

〔註5〕中國人「報」的觀念，來自對自然神祇和鬼魂世界的敬畏，遠古先民相信世間萬物皆有神靈，他們能夠操控人間的禍福獎懲，因此人們往往透過隆重的祭祀活動來取悅神祇，希望得到賜福和庇佑，這種充滿祈請意涵的祭祀行為，其實就是中國報應觀念的原始基因。參閱楊聯陞，〈報——中國社會關係的一個基礎〉引自《中國思想與制度論集》（臺北：聯經出版事業公司，1976年），頁363～364。

〔註6〕傅佩榮，《儒道天論發微》（臺北：台灣學生書局，1985年），頁9。

〔註7〕夏商以來，「人格天」一直是世間最高主宰，祂握有世間最高的權柄，人類只能透過單向的祭祀，祈禱求得上天的賜福，而祂回應人們的請求即是所謂的「天報」。參閱王祥齡，《中國古代崇祖敬天思想》（臺北：台灣學生書局，1992年），第3章，〈崇祖敬天思想的興革與發展〉，頁126～138。

〔註8〕屈萬里，《詩經詮釋》（臺北：聯經出版事業公司，1983年），頁372。

〔註9〕同上注，頁362。

因此，傳統的「天報」觀已經無法滿足人們的需求和期待，知識分子因而開始對傳統制度和觀念進行反思，並積極尋求解決之道。其中，以儒墨兩家對果報觀念的著墨最深。

儒家認為「天」即道德意識，人應透過內心道德的自覺，拉近與天之間的距離，進而領悟天命的意義，不過儒家也承認，道德實踐與因果現象未必一一對應，因果報應常受外在的客觀限制，而導出不符期望的結果。孟子曾說：「得之不得，曰有命。」〔註 10〕他認為儒者應「行所當行」，不去計較有無善果。這屬於強烈的入世思想，鼓勵人們努力成就自身的完美人格，並肯定了人心向善的本質，但這種說法顯然不足吸引廣大庶民。對下層民眾而言，現世中的賞善罰惡與社會正義的實現，才是他們視為當然的生活理念，不過儒家對「命」的詮釋，多少也撫慰了民眾在現實中的挫敗感。

此外，墨家思想也深刻影響民間果報思想的發展，墨子從上古以來的宗教思維裡汲取養分，他提倡「天志」和「明鬼」，企圖以看不見的神祕力量來約束人們的行為，《墨子·天志上》謂：

> 順天意者，兼相愛、交相利，必得賞。反天意者，別相惡、交相賊，
> 必得罰。〔註 11〕

但天罰究竟如何實行呢？依墨子的看法，神祕世界中的鬼神，正是協助上天實施賞罰的執行者，《墨子·明鬼下》載周宣王臣子杜伯無辜被殺，杜伯化作厲鬼「乘白馬素車，朱衣冠，執朱弓，挾朱矢，追周宣王，射之車上。」〔註 12〕墨子舉這樣的例子來證明鬼神乃一客觀的存在，並告誡人們不可違背良心、違逆天志，因為「鬼神之明，不可為幽閒廣澤，山林深谷，鬼神之明必知之。鬼神之罰，不可為富貴眾強，勇力強武，堅甲利兵，鬼神之罰必勝之。」〔註 13〕

從上所述可知，儒家「天命觀」提供人們面對生命無奈的出口，而墨家「天志之說」則宣示鬼神之報終會降臨，在這兩種看法的影響下，先秦的果報觀，逐漸出現了「善有善報，惡有惡報」的原始形態。後來的道教為了擴

〔註 10〕陳聖勤，《孟子文辭今析》（臺北：正中書局，1980 年），〈萬章上〉，頁 577。
〔註 11〕孫詒讓《墨子閒詁》（臺北：世界書局，1965 年），卷 7，〈天志上第 26〉，頁 120。
〔註 12〕同上注，卷 8，〈明鬼下第 31〉（臺北：世界書局，1965 年），頁 140。
〔註 13〕同上注，卷 8，〈明鬼下第 31〉（臺北：世界書局，1965 年），頁 151。

充果報的內涵，還提出了「承負」之說，〔註14〕只是這樣的果報理論，仍然不足以圓滿解釋人事中的不公與缺憾。

從時代演變來看，東漢末年以降，政治、社會和自然災害連綿不斷，漢初所建立起的人倫價值觀，遭到嚴重的摧毀，二次黨錮之禍致使社會清流大遭誅殺，讓許多人質疑善報實現的可能性，譬如《後漢書·范滂傳》：

古之循善，自求多福；今之循善，身陷大戮。〔註15〕

這樣的感嘆，顯然是對當時的政治現象，感到無力挽回。同時社會秩序則受到變亂的破壞，盜賊、兵災蜂起，各地百姓流離失所，充塞悲情與無奈，例如王粲的〈七哀詩〉云：

西京亂無象，豺虎方遘患，復棄中國去，遠身適荊蠻。親戚對我悲，
朋友相追攀；出門無所見，白骨蔽平原。路有飢婦人，抱子棄草間；
顧聞號泣聲，揮涕獨不還。未知身死處，何能兩相完；驅馬棄之去，
不忍聽此言。南登霸陵岸，迴首望長安；悟彼下泉人，喟然傷心肝。

〔註16〕

社會變亂使人們對現實世界充滿無力感，生命彷彿如螻蟻一般，人生中的福禍無從預期，在如此苦痛的環境裡，佛教的因果輪迴和三世因果之說，〔註17〕恰可提供人們解開生命謎團的疑惑。

佛法傳入中國後，佛教輪迴轉世的觀念，豐富了因果報應的體系，也讓善惡報應之說得到較圓滿的詮釋。佛家認為人的言行思想形成三種業力，分別為身業、語業、意業，人一生的命運禍福，皆是由業力所造成。從因果輪

〔註14〕 道教的「承負」指的是前人行善，後人得福；前人行惡，後人受禍。這種觀念流行於早期道教之中，《太平經》說：「承者為前，負者為後。承者，乃謂先人本承天心而行，小小失之，不自知，用日積久，相聚為多，今後生人反無辜蒙其過謫，連傳被其災，故前為承，後為負也。負者，乃先人負於後生者也。」這樣的說法也為「積善之家，必有餘慶；積不善之家，必有餘殃」提供了立論基礎。參閱黃海德、李剛編著《簡明道教辭典》（成都，四川大學出版社，1991 年），頁 53。

〔註15〕 范曄，《後漢書》（臺北：鼎文書局，1977 年），卷 67，〈范滂傳〉，頁 2205～2206。

〔註16〕 王粲，〈七哀詩〉引自逯欽立輯校，《先秦漢魏晉南北朝詩》（北京：中華書局，1983 年），上冊，頁 365。

〔註17〕 三世因果指的就是：過去、現在、未來三世而立之因果業感之理。蓋以過去之業為因，招感現在之果；復由現在之業為因，招感未來之果。如是因果相續，生死無窮，此即迷界流轉之相狀。參閱《佛光大辭典》（臺北：佛光出版社，1988 年），頁 538 中。

迴的角度來看，業力生生世世隨之流轉不已，所以人們此生的苦樂，乃是源
自過去世自己所種下的「因」；而今世所有的善惡行為，也將成為來世的
「果」。因此，為求來世得善果，今世必須多種善因，反之，累世積下的宿
業，亦可藉由今世努力修行，逐步將之化解。這種教義，給人們帶來積極且
具希望的生命價值觀，這也是自魏晉南北朝以來，佛法深受廣大庶民信仰的
重要原因。

　　到了唐代，佛教信仰盛行，各地廣建佛寺，翻譯佛經的工作大力進展，
不論質與量皆達高峰，〔註 18〕民間信佛風氣興盛。因果律是佛法中的重要教
理，唐代僧人釋道宣在談論人生福善厚薄時即云：

　　　命繫於業，業起於人，人稟命以窮通，命隨業而厚薄。厚薄之命，
　　　莫非由己。〔註 19〕

當然唐代佛教之所以能深入民間，也與宣傳方式有密切的關係。傳統中國民
間的識字率普遍不高，所以傳揚教義時，必須使用貼近民眾的傳播方法才能
收到效果，《高僧傳》中就提到以講唱表演來宣傳佛理：

　　　談無常，則心形戰慄；語地獄，則使怖淚交零；徵昔因，則如見往
　　　業；覈當果，則已示來報；談怡樂，則情抱暢悅；敘哀戚，則洒泣
　　　含酸。於是闔眾傾心，舉堂惻愴，五體輸席，碎首陳哀，各各彈指，
　　　人人唱佛。〔註 20〕

這種講唱的模式，除去艱深難懂的佛經義理，直接以故事的形式平鋪直述，
因而廣受民眾喜愛，此一方式在唐代大為風行，一般稱之為「變文」。〔註 21〕
唐流行的變文，以散文或駢文作講本，用韻文唱，將佛典的內容以講唱的方
式傳播民間，講唱生動活潑，用詞隨類變化，或譬喻，或徵引，或夾敘因果
報應，使得佛理貼近一般平民的生活，其後，講唱的內容更加包羅萬象，舉
凡佛教義理、歷史故事、人物傳說、政治時事等等，皆可藉此表達，尤其在

〔註 18〕湯用彤，《隋唐及五代佛教史》（臺北：慧炬出版社，1986 年），第 2 章，〈隋
　　　　唐傳譯之情形〉，頁 88：「佛書翻譯首稱唐代，其翻譯之所以佳盛約有四因：
　　　　一人才優美；二原本之完備；三譯場組織之精密；四翻譯律例之進步。」

〔註 19〕釋道宣，《廣弘明集》，卷 14〈內德論・通命篇〉收入《大正藏》（臺北：新文
　　　　豐出版公司，1987 年），第 52 冊，頁 192 上。

〔註 20〕慧皎，《高僧傳》，卷 13，引自《大正藏》（臺北：新文豐出版公司，1987 年），
　　　　第 50 冊，頁 417 下。

〔註 21〕葉慶炳，《中國文學史》（臺北：台灣學生書局，1997 年），上冊，頁 487：「變
　　　　文之『變』，乃指其變更佛經本文成為『俗講』之意，『俗講』見之文字即為
　　　　『變文』，而『變文』之現場講唱即為『俗講』。」

講唱佛教義理時，民眾「瘋行」的盛況，在詩句中往往可見：

> 街東街西講佛經，撞鐘吹螺鬧宮廷。廣張罪福資誘脅，聽眾狎洽排
> 浮萍。〔註22〕

而〈聽僧雲端講經〉中也載著：

> 無生深旨誠難解，唯是師言得正真。遠近持齋來諦聽，酒坊魚市盡
> 無人。〔註23〕

佛教的講唱演說，自唐代以來一直深受民間歡迎，對傳揚佛教的功效很大。但至宋真宗時（998～1022），變文的發展有了改變，當時除了佛道外的「異教」受到壓抑，而「變文」也因文意鄙陋，禁止在宮廷和寺廟裡講唱。然而民眾對佛法的需求並未因此而減低，特別是禪宗和淨土宗這二門佛教宗派，沒有繁瑣的義理，修行門檻較低，便利帶領下層百姓進入佛教信仰領域，由此盛行不已，宋代佛教能普遍為民眾所接受，此為其重要因素之一。

此外，宋代民間崇信佛教的情形，亦可由喪葬習慣看出，王栐在《燕翼詒謀錄》中說到：

> 喪家命僧道誦經，設齋作醮作佛事，曰資冥福也。出葬用以導引，
> 此何義也？……開寶三年（970）十月甲午，詔開封府禁止士庶之家，
> 喪葬不得用僧道威儀前引。……今所犯此禁者，所在皆是也。祖宗
> 於移風易俗留意如此，惜乎州縣間不能舉行之也。〔註24〕

另一方面，民眾受到佛家果報思想的影響，認為殺生將招致報應，而放生則能廣積陰德，因此宋代民間放生的風氣很盛。例如北宋王欽若上奏以杭州西湖為祝聖放生池，舉行放生大會，參加集會的人數多達數萬，放生的水族難以計數。〔註25〕

流行於民間的《太上感應篇》（以下簡稱《感應篇》）一書，也是宋代果報思想流行的因素之一，此書作者目前已難考證，產生時代約為北宋初期，南宋理宗時已有刊本流傳於世，全篇看似以《太平經》及魏晉道教理論為主，

〔註22〕　清聖祖御定：《全唐詩》（臺北：文史哲出版社，1987年），第5冊，卷341，
　　　　　頁3823。

〔註23〕　清聖祖御定：《全唐詩》（臺北：文史哲出版社，1987年），第8冊，卷502，
　　　　　頁5712。

〔註24〕　王栐，《燕翼詒謀錄》，卷3，〈喪葬不得用僧道〉引自《宋元筆記小說大觀》
　　　　　（上海：上海古籍出版社，2001年），頁4606。

〔註25〕　范熒，〈宋代民間信仰的佛教因素〉收入《宋史研究論文集》（保定：河北大
　　　　　學出版社，2002年），頁335。

但實際上已融合了儒、釋思想，其開宗篇云：「禍福無門，惟人自召；善惡之報，如影隨形。」接著講人求長生多福先須行善積德，並列舉了二十餘條善行，一百多條惡行作為檢驗善惡的標準。最後強調「諸惡莫作，眾善奉行」。〔註26〕

本書在南宋流傳廣泛，官刻和民間刊印的《感應篇》相當多，南宋大儒真德秀還曾為此篇作序，他說：

> 世謂感應之言，獨出於老佛氏，非也。《書》有作善降祥之訓，《易》
> 有積善餘慶之言……〔註27〕

從真氏的序言來看，顯然他並不將《感應篇》視為佛、道著作，反而認為，當時所流行的因果報應之說，其實在儒家經典中亦能找到根據，這點除了歸因於儒、釋、道三家的融合外，也跟宋代理學思想有關。

儒、釋、道三家經過長期的互相消融，逐步走向三家合一的趨勢，宋代理學即是以儒學為主，兼採佛、道之長的思想體系，儘管他們試圖從儒家經典找到相關例證，但他們的靈感仍不免來自佛、老。南宋葉水心曾這麼說道：

> 本朝承平時，禪說尤熾，儒釋共駕，異端會同。其間豪傑之士，有
> 欲修明吾說以勝之者，而周、張、二程出焉，自謂出入佛老甚久。
> 〔註28〕

從葉氏的說法來看，宋代士人雖以儒者自居，但他們與佛道的關係也難以切割，因此對佛教義理其實都相當熟悉，在這樣的思想背景下，知識份子對佛教的因果故事或神異傳說便不覺得奇怪，甚至深信不疑。因此，魯迅在《中國小說史略》指出：「宋代雖云崇儒，並容釋道，而信仰根本，夙在巫鬼，故……仍多變怪讖應之談。」〔註29〕魯氏的說法，點出了果報、鬼怪之說，能在宋代普遍流傳的重要根源。

二、精怪故事的果報與意涵

因果報應既是宋代民間故事的重要主題，精怪故事自然含有不少果報情節，但在故事裡是如何呈現的呢？由於精怪已修練成精，當然擁有特異功能，

〔註26〕《太上感應篇直講》（臺北：瑞成書局印行，1963年），頁1～7。
〔註27〕真德秀，《西山先生真文忠公文集》（臺北，台灣商務印書館，1968年），卷35，〈感應篇〉，頁549。
〔註28〕葉適，《習學記言》（臺北：中國子學名著集成編印基金會，1978），卷49，頁1557。
〔註29〕魯迅，《中國小說史略》（濟南：齊魯書社，1997年），頁82。

例如化作人形，或作人語等，這些能力對人來說相當不可思議，也可說已進入了一種「非常」的狀態。〔註 30〕然而牠們在故事中，卻未必能夠自保，反而時時遭受人類捕殺。例如《夷堅志》載：洪邁婦叔張宗正，性好狩獵，其父祖墳旁，林木茂密，有不少野獸棲息，張常與其徒帶著獵網前往捕獵，每次皆滿載而歸。紹興九年（1139），張宗正居無錫，有一天，在明陽觀旁抓到一隻缺耳兔後，不久精神即出現異常，自取獵具焚棄，另闢一室獨居。某日，張突然看見兩隻兔子闖入，其一曰：「我為兔三百年矣，住張氏東墳，為爾所殺。」另一隻曰：「我百八十歲矣，隱於明陽觀側，與橋人俱出入，嘗為鷹所搦，力竄得脫，傷吾耳焉。凡鷹犬罔罟，吾悉能避，不虞君之用弩弓也。今當以命見償。」張嚇得拼命求饒，兔子消失後，張就生了場大病，病癒後已如痴人一般，後十年乃死。〔註 31〕

　　佛教將殺生列為十惡之首，〔註 32〕突顯殺生罪孽之重，張宗正因貪獵好殺，無形中背負了許多動物的冤魂，他所殺的兩隻兔精，雖已修鍊上百年，卻無法躲過張宗正的捕殺，其中一隻甚至說：「凡鷹犬罔罟，吾悉能避，不虞君之用弩弓也。」顯見精怪成精後，依然懼怕人類的捕殺。從果報的角度來看，兔精被殺並非單純喪命了結，它意味著，遭人濫殺的精怪仍可以在果報系統中，為自己索討正義，藉此諫誡人們不可殺生，否則如張宗正，即便苟活一時，但往後的日子卻已無法正常生活，這類諫戒殺生的故事，是精怪果報故事中常見的典型。

　　至於果報故事裡，精怪雖擁有特殊的身分和能力，對牠們來說往往是福禍參半。例如鄱陽民汪乙以販賣魚鼈為業，乾道三年（1167），汪以兩千錢跟漁者買一巨鼈，回家後，半夜突然聽到呻吟哭泣的聲音，起床查看，發現竟是巨鼈所發出來的，巨鼈見到汪乙，昂首作人言曰：「願救殘命，放歸江湖，

〔註 30〕關於精怪故事裡的「常與非常」結構研究，可參見李豐楙相關著作。如〈六朝精怪傳說與道教法術思想〉收入《中國古典小說研究專集》（臺北：聯經出版事業公司，1981 年），第 3 卷，頁 1～36；〈不死的探求——從變化神話到神仙變化傳說〉收入《中外文學》（臺北：中外文學月刊社，1986 年）第 15卷，第 5 期，頁 36～57；〈先秦變化神話的結構性意義——一個「常與非常」觀點的考察〉收入《中國文哲研究集刊》（臺北：中央研究院中國文哲研究所，1994 年），第四期，頁 287～318。等。

〔註 31〕《夷堅志》，夷堅甲志卷 16，〈二兔索命〉，頁 141。

〔註 32〕佛家十惡分別為：1. 殺生。2. 偷盜。3. 邪淫。4. 妄語。5. 惡口。6. 兩舌。7. 綺語。8. 貪。9. 瞋。10. 癡。參閱《佛光大辭典》（臺北：佛光出版社，1999 年），頁 46 中。

當思所以報。」汪大以為怪，乃持木棒搥打巨鼈，巨鼈仍舊乞命不已。鄰居聽到汪家奇怪的聲響，好奇跑來查看，看到巨鼈的情況，便勸告汪乙將鼈給放了，但汪不聽，隔日，鄰居又率人來勸，並願意花錢贖買巨鼈，汪乙依然不肯，三日後，汪殺了巨鼈。沒多久，汪即坐事繫獄遭杖，家境日貧，最後和其妻雙雙餓死。〔註33〕

上面這則故事，汪乙遭遇一隻鼈精乞命，此一乞命的情節，在水族精怪裡經常可見。鼈精向汪乙乞求饒命，放生江湖，「當思所以報」，這種「回報」的行為，其實也是果報思想中的一環，只是鼈精作人語的「非常」表現，反而讓汪乙大為吃驚，不肯放過鼈精。但另一面，也因為鼈精能作人語，使得汪鄰對鼈精產生惻隱之心，屢勸汪乙將巨鼈放生，只是汪乙最後還是把鼈給殺了，結果汪家遭逢獄禍，家貧餓死。故事直指汪是因殺鼈而遭到報應，同樣情節也出現在第二章引的〈汪十四黿〉裡，該黿乞求汪十四妻放過牠，但汪十四家仍舊殺了黿，而遭致報應，這同樣顯示宋人視殺生為嚴重的罪孽，殺生者往往必須以自己生命作為代價，這點在上引〈二兔索命〉和〈汪乙鼈〉兩則中，都可以清楚發現。

除了殺生罹禍外，反之，也有許多種善因得好報的故事。例如《夷堅志》載：乳醫趙十五嫂某日傍晚，聞有人扣門請收生，這人背負起趙十五飛奔而走，且謂趙曰：「只閉眼，聽我所之，切勿問。」此人登高涉險，奔馳如風，在一石崖下謂趙曰：「吾乃虎也，汝不須怖。吾平生不傷人，遇神仙，授以至法，在山修持，已三百年，今能變化不測。緣吾妻臨蓐危困，叫號累日，知媼善此伎，所以相邀。儻能保全母子，當以黃金五兩謝。」趙與虎同入洞穴，果見一頭牝虎委頓且跪，趙助母虎成功生產後，其夫又背趙回家，隔夜，趙聽聞門外有人揚聲曰：「謝你救我妻，出此一里，他虎傷一僧，便袋內有金五兩，可往取之。」天亮後，趙如其言，果得金。〔註34〕

故事裡的趙乳醫受雄虎請託協助母虎生產，成功後雄虎以黃金五兩酬謝趙乳醫。從精怪能力來看，虎精雖能「變化不測」，但仍必須依靠人類的醫療技術，換句話說，精怪雖具變化的能力，但並非萬能，這一特色也經常出現在其他精怪故事裏。〔註35〕從果報的角度來說，趙乳醫因協助母虎產子而得

〔註33〕 《夷堅志》，夷堅支甲志卷3，〈汪乙 鼈〉，頁734。

〔註34〕 《夷堅志》，夷堅志補卷4，〈趙乳醫〉，頁1585。

〔註35〕 例如前述的〈二兔索命〉、〈汪乙鼈〉等皆然，這些故事裡的動物雖已成精，但牠們卻逃不過人類這一關，這樣的思維，主要還是來自人類本身的優越感，

到餽贈，這樣的餽贈即是一種「報酬」，它代表著好心有好報的思維模式。報酬應該多大、多少，也與現實社會的行為習慣，約略相稱，譬如趙乳醫提供醫療上的服務，盡己之力救治母虎，因此得到金錢上的報酬。民間習慣，生病看大夫，應付的報酬往往是金錢，這是合理而且必要的，報酬代表病人的感謝和心意，此一「報」的行為，也是傳統中國社會秩序的基本觀念，在楊聯陞〈報─中國社會關係的一個基礎〉一文中也說：

> 報應、報償、還報……應用於各種不同的社會關係上：早期的游俠、儒家思想中的『五倫』、自然與人之間的關係（包括上天的報應、佛教的因果論等）……它也可用於人與天的理性化關係上，與個人關係的相互報償上。〔註36〕

在這種觀念的影響下，趙乳醫救虎，一方面是行佛家的慈悲，視虎為芸芸眾生中的一份子，因此出手相救。另方面，雄虎以黃金作為報酬，既符合人類社會中醫療酬償的行為，也表現出佛教果報思想裡的「善有善報」。所以乳醫的故事不只是一則地方傳說而已，聽聞故事的宋人也不會覺得奇怪，因為虎精與乳醫之間的行為模式，符合常人的生活習慣和觀念，醫療故事只不過是將人類之間的對待行為模式，轉而用在精怪身上罷了。

上述人與精怪之間「好心有好報」的故事，在筆記中收錄很豐富，其中放生精怪所獲得的善果，在宋人的果報觀裡尤受重視。如下面這則故事的表述：

〈村叟夢鱉〉：

> 崑山縣東近海村中有一老叟，夢門前河內泊一大舟，舟中罪人充滿，皆繩索纏縛。見叟來，各哀呼求救。繼而舟師攜錢詣門糴米，寤而怪焉。迨旦啟戶，岸下果有一舟，舟子市米，與所夢合。亟趨視，滿艙皆鱉也。堆疊縲縛，莫知其數！詢其所之，曰：「將販往臨安鬻之。」叟悚悟此夢，問其直若干，為錢三萬，叟家頗富贍，如數買之，盡解縛放諸水。是夜，夢數百人被甲，於門外唱連珠喏，驚出視之，相率列拜，謝再生之恩，且云：「令君家五世大富，一生無疾，壽終生天。」自是叟日康寧，生計日益。〔註37〕

易言之，動物雖已成精，且具變化能力，但其物性未改，人類依舊可以依其物性之弱點來對付牠們。

〔註36〕 楊聯陞，〈報─中國社會關係的一個基礎〉引自《中國思想與制度論集》，頁349。

〔註37〕 《夷堅志》，夷堅志補卷4，〈村叟夢鱉〉，頁1577。

佛語說「救人一命,勝造七級浮屠」,這則故事裡,老叟救的不止一命,而是一群「鼈命」,老叟所得的善報是「五世大富,一生無疾,壽終生天。」這份福報從平民的眼光來看,可謂是極大的回饋,大抵一般庶民的理想期待,即是「身體健康,生活富裕」,人的一生若能達到這樣的境界,堪稱福壽雙全,因此,老叟所得的善報符合庶民生活中的願望,且對宣傳放生也有著極大的鼓勵作用。

由此可知,宋人顯然將放生視為莫大的功德,它不只是佛家慈悲的表現,也是獲得福報的方法,因此筆記中常見這類故事。

整體來說,精怪果報故事裡大致包含了「戒殺」、「救助」以及「放生」等果報思想,在這些故事裡,「精怪」被視為「物群」的代表,認為牠們跟人類一樣,都是大自然的一部份,不可任意殺害,換句話說,在果報體系下,人與精怪的地位是平等的。人類如果隨便殺害精怪,其實就是為自己造孽,這樣的觀念跟過去六朝時認為將精怪「殺之無害」的想法,有很大的差異。〔註38〕換言之,宋代的精怪傳說暗示人與精怪同樣受到因果律的支配,不管是作祟的精怪為人所殺,或者是人類殺害無辜的精怪而造孽,在宋人看來,這些作為都必然產生相稱的因果報應。

第二節　理性精神下的物類觀念

中國討論「物我」的起源很早,《莊子》的〈齊物論〉中就曾對物我的本質和變化有精彩的探討,〔註39〕其中〈莊周夢蝶〉所代表的意義就是:無論是人是蝶,皆屬物的一種,只要打破形象不同的迷思,不分彼此,不分種族,萬物即是齊一,這種「齊物思想」深深影響中國人對物類的觀念。到了宋代,在理性精神的影響下,宋人試圖對物類形成進行解釋,於是發展極具系統的宇宙本體論。這種宇宙論帶有很強的「氣化思想」。宋人相信世間萬物皆是由氣所形成,此一觀念可以用來解釋物我「形化」的問題,也讓宋人更加確信

〔註38〕《搜神記》云:「夫六畜之物,及龜蛇魚鼈草木之屬,神皆能為妖怪,故謂之五酉。五行之方,皆有其物。酉者老也,故物老則為怪矣!殺之則已,夫何患焉?」,卷19,頁148。

〔註39〕莊子的《齊物論》認為,萬物平等,要從「物論」的平等做起,在不齊之中,尋找可齊之道, 人與萬物之間雖有形貌、心性不齊之差異,但本質皆來自於「道」,人如果能夠了解這一點,則能夠超越生死形體上的限制,與自然合而為一。莊子的說法,除了影響後人對生命的看法外,也拉近了「物我」之間的距離。參閱王邦雄《莊子道》〈齊物論─物我的平等〉(臺北:漢藝色研文化事業有限公司,1993年),頁36~38。

精怪只是「非常」之氣所形化的「自然物」。

一、宋人的理性精神與氣化理論

（一）宋人的理性精神

中國傳統觀念中，「氣」是構成宇宙物質的重要分子，「氣」的變化，成就了世間萬物，莊子〈至樂篇〉說：

> 察其始而本無生，非徒無生也，而本無形。非徒無形也，而本無氣。
> 雜乎芒芴之間，變而有氣，氣變而有形，形變而有生。〔註40〕

荀子〈王制篇〉也說：

> 水火有氣而無生，草木有生而無知，禽獸有知而無義。人有氣，有生，有知，亦且有義。〔註41〕

「氣化」指的就是以「氣」作為宇宙生化的基礎，《黃帝內經素問》對「氣」化生「形」有著更進一步的解釋，〈五常政大論〉上云：

> 帝曰：「氣始而生化，氣散而有形，氣布而蕃育，氣終而象變，其致一也。」〔註42〕

這種「氣化」的觀念，自兩漢以來就被思想家普遍接受，降至宋代，經過理學家的補充、改進，形成了更具系統和理論性的「氣化宇宙論」，宋儒張載便是其中的重要人物。

宋代理學家以儒學為宗，兼取佛、道之長，發展出有系統且具理論性質的「理學」，而理學中的理性精神，影響了宋人看待萬物的心態。以「物理」的觀念來說，宋人的「物理」指的就是物質的客觀規律，其「物理之學」最重要的即是強調「理性」，邵雍云：

> 夫所謂觀萬物者，非目視之，觀之以心也；非觀之以心，觀之以理也。聖人所以能一萬物之情者，謂其能反觀也。天下之物，莫不有理焉，莫不有性焉，莫不有命焉。所以謂之理者，窮之而後可知也；所以謂之性者，盡之而後可知也，所以謂之命者，至之而後可知也；此三者天下之真知也。〔註43〕

〔註40〕莊子，《南華真經注疏》（北京：中華書局，1998年），〈至樂篇〉，頁359。

〔註41〕廖吉郎校注，《新編荀子》（臺北：鼎文書局，2002年）〈王制9〉，頁688。

〔註42〕陳太羲、莊宏達編著，《黃帝內經素問新解》（臺北：國立中國醫藥研究所，1995年），第5章，〈五常政大論第70〉，頁843。

〔註43〕邵雍，《皇極經世書》（臺北：中華書局四部備要本，子部，1982年），卷6，〈觀物篇62，內篇之12〉，頁26。

邵雍認為，要觀察物理，必先去己之私，以物之理觀物，才能真正明白物理，這種客觀的態度，充分表現出宋人理性的精神。即使面對天地、鬼神存在的疑問，邵雍相信用理性的態度，也可找出答案，他說：

> 以我徇物，則我亦物也。以物徇我，則物亦我也。我物皆致意，由
> 是天地亦萬物也。何物不我？何我不物？如是則可以宰天地、司鬼
> 神。〔註44〕

由此來看，邵雍認為理性可以用來洞察宇宙萬物的本質，這種充滿客觀與自信心態，也是前代所未見的。

除了邵雍以外，程顥、程頤兩人的「知識論」也對宋人「識物」的方式影響很大。但他們所持的方法有所不同。程顥強調從人的內心來體察萬物，他認為知識的形成皆是來自人的「仁心」，人只要以「仁心」來感通萬物，便能夠與萬物合為一體，進而能明白「物理」的真實面貌。

程頤則認為人的本心確有「識物」的能力，但知識的累積卻要從學習過程中獲得，所以他說：

> 知者，吾之所固有，然不致則不能得知，而致知必有道，故曰致知
> 在格物。〔註45〕

因此面對客觀事物，人應以「格物致知」的方式來認識「物理」，但是世間萬物如此之多，是否必須一一「格物」，才能明白其中的道理呢？對於這點，程頤解釋說：

> 格物窮理，非是要盡窮天下之物，但於一事上窮盡，其他可以類推。
> 至如言孝，其所以為孝者如何？窮理如一事上窮不得，且別窮一事，
> 或先其易者，或先其難者，各隨人深淺，如千蹊萬徑，皆可適國，
> 但得一道入得便可。所以能窮者，只為萬物皆是一理，至如一物一
> 事，雖小，皆有是理。〔註46〕

又說：

> 凡一物上有一理，須是窮致其理。窮理亦多端，或讀書，講明義理；
> 或論古今人物，別其是非；或應接事物而處其當，皆窮理也。〔註47〕

〔註44〕邵雍，《皇極經世書外書》（臺北：中國子學名著集成編印基金會，1978年）
〈漁樵問對〉，頁410。
〔註45〕朱熹編，《河南程氏遺書》（臺北：臺灣商務印書館，1965年），第25，頁347。
〔註46〕同上引書，第15，頁174。
〔註47〕同上引書，第18，頁209。

程頤認為格物致知的方法相當多種，或讀書、或論古今人物、或應接事物等，皆是得「物理」的方法，而萬事萬物的道理皆可在不斷格物中獲知，雖然無法盡格世間物，但卻可由「窮一物」後，類推其他。程頤的學說，在宋代相當流行，日後亦為朱熹所承襲。與程顥相較，程頤的說法較具客觀性，也較符合一般人生活上的認知，因而成為宋代觀察「物理」方法的主流。

　　此外，宋代科學家沈括也留下了許多關於「物理」的記載，這些記載往往留下「理性視物」的痕跡，而他本身也常用「理」字來表達事物的自然現象和變化法則，譬如他在《夢溪筆談》中描述植物的生長這麼說：

　　　用葉者，取葉初長足時；用芽者，自從本說；用花者，取花初敷時；
　　　用實者，成實時採，皆不可限以時月。緣土氣有早晚，天時有愆伏，
　　　如平地三月花者，深山中則四月花。白樂天〈遊大林寺詩〉云：『人
　　　間四月芳菲盡，山寺桃花始盛開。』蓋常理也，此地勢高下之不同
　　　也。〔註48〕

他認為植物開花的快慢和生長的地勢、天候，有相當大的關係。從現在地理學角度來看，海拔高低確實影響植物生長的速度，而沈括在一千多年前即對此自然現象有深刻的觀察，並用理性的態度來檢視白居易詩中，對花開快慢的描寫是否符合實情。如此繁瑣細碎的小事，一般人大都習而不察，但宋儒往往仔細觀察，並用理性態度的來探究「物理」的實相。這種實事求是的精神，不只用在觀察事物，甚至行文寫作，也強調必須合乎「理」的原則，如張耒所謂：

　　　文以意為車，意以理為馬；理勝意乃勝，氣盛文如駕。理惟當即止，
　　　妄說即虛假。〔註49〕

從以上的的論述來看，宋儒「講求理性」之風氣已成治學的共識，這種態度促使他們積極尋求萬事萬物背後的真理，並試圖提出解釋和看法，

　　（二）宋人的氣化理論

　　傳統儒家所關心的議題，主要著眼於現實生命的安頓，和個人道德修養的成聖問題，〔註50〕對宇宙本體的關注一向較少，易言之，儒者所關心的是

〔註48〕沈括，《夢溪筆談》（臺北：臺灣商務印書館，1956年），卷26，〈藥議〉，頁177。
〔註49〕張耒，《柯山集》（臺北：臺灣商務印書館，1973年）〈與友人論文因以詩投之〉，卷9，頁7。
〔註50〕蔡仁厚，《孔孟荀哲學》（臺北：臺灣學生局，1999年），緒論，頁7。

現實人生所遭遇的問題，這一傾向，使儒家偏向入世，對於出世議題的探討則顯不足。漢末魏晉以降，綱紀頹喪，社會混亂，傳統儒家思想難以全面安撫充滿困頓的人心，這時佛、道中對生命意義的探討，恰可滿足人們心靈上的需求，這也是佛道思想從六朝盛行至唐末的重要原因。

　　宋朝承五代亂後，百廢待興，宋太祖以文治國，穩定了社會綱紀，這一情勢，使儒學有了重新開展的機會。但儒者除了肩負恢復社會秩序的重任外，他們也必須面對來自佛、道的挑戰，尤其歷經戰亂後，宋人發現傳統儒家對生命形上意義以及宇宙生成的論述，明顯較佛、道來得薄弱，這點也正是儒家學說較難在亂世為苦難大眾接受的原因，因此宋儒們從儒家典籍裏的《易經》、《中庸》、《大學》等經典中，尋找例證並探究其意義，企圖回應佛、道在生命意義上的挑戰，例如周敦頤就從上述經書尋找例證，加上陰陽五行的理念，來解釋宇宙本體的真實樣貌，他發揮出：

> 無極而太極。太極動而生陽，動極而靜，靜而生陰。靜極復動，一動一靜，互為其根；分陰分陽，兩儀立焉。陽變陰合而生水火木金土，五氣順布，四時行焉。五行一陰陽也，陰陽一太極也，太極本無極也。五行之生也，各一其性。無極之真，二五之精，妙合而凝。乾道成男，坤道成女。二氣交感，生化萬物，萬物生生而變化無窮焉。〔註51〕

周氏的〈太極圖說〉，首先說明「太極」為宇宙生化之本源，他強調宇宙本體是「太極」，它是形而上的實有，既可作為萬物的本質，又有功能性的作用，〔註52〕因此跟佛、道說宇宙為「空」、「無」的概念並不一樣。另外，對於化生萬物的理論，周氏認為「太極」運行陰陽二氣，使其交感後化生宇宙萬物，他接受了「氣化成形」的觀念，這樣的說法在張載的補充下，變得更有系統。

〔註51〕 周敦儀，《周子全書》（臺北：臺灣商務印書館，1978 年），卷 1，〈太極圖說〉，頁 4～14。

〔註52〕 〈太極圖說〉認為太極是形而上的道體，而此道體並非一可見的物，所以用「無極」來詮釋它，另外，「無極而太極」不是指從「無極」生出「太極」，周氏之所以不特別解釋「無極」，是因為「無極」和「太極」本同於一物，只「無極」本身不足化生萬物，它在功能上無法掌握，故存而不論，但「太極」卻能運氣之陰陽，進而生化萬物，所以說「太極」有功能上的作用。參閱蔡仁厚《宋明理學北宋篇》（臺北：台灣學生書局，1988 年），第 3 章，〈周濂溪（三）太極圖說的形上思想〉，頁 57～64。

張載繼承周敦頤宇宙本體論的觀點，但他把宇宙本源「太極」解釋為「太虛」或「太和」，而且進一步將「氣」和「道體」綜合起起來，他認為「道」是推動氣化運行的根本，「氣」之所以活動，是因為道的作用，而氣的運行變化，不只表現出道的特性，也化生成宇宙的事事物物，因此他說：

> 太虛無形，氣之本體，其聚其散，變化之客形爾。〔註53〕

又說：

> 天地之氣，雖聚散攻取百塗，然其為理也，順而不妄。氣之為物，散入無形，適得吾體；聚為有象，不失吾常。太虛不能無氣，氣不能不聚而為萬物，萬物不能不散而為太虛。循是出入，是皆不得已而然也。〔註54〕

在張載來看，「太虛」乃是一無形的存有，也就是「道體」，而「氣」的變化活動都有道在其中作用，而這種氣化活動，不只能夠生化萬物，它也是「道」的呈現。周敦頤和張載所談論的宇宙本體論，除了具體描繪出儒家理想中的宇宙構成圖象之外，也將萬物生化的原因和過程融入其中，此一成就，除了展現宋儒探究「物理」的成果外，也回應了來自佛、道宇宙論的挑戰，讓宋人對「物類」形成原因，有了較清楚的理論依據。

綜合上述所論，宋儒強調理性觀察的社會風氣，除了養成實事求是的精神外，也讓他們時時關心週遭的萬事萬物。自晉代張華的《博物志》以來，歷代知識分子多有搜奇記異的喜好，舉凡各地風俗、珍禽奇獸、花草樹木、人事品評、神仙鬼怪之說，都能夠引起他們的注意，考究其道理，主要還是來自「君子恥一物不知」的心態，這種心態使他們細心觀察事物。宋人在理性精神的驅使下，更加關注生活週遭的事事物物，他們一方面喜於觀察，另方面又好發議論，這使他們面對精怪傳說和民間信仰時，也帶有強烈的求知企圖，希望能夠了解精怪與人類之間的異同，因此精怪的出現，帶給宋人的未必全是恐懼，他們反倒試著去了解精怪出現的原因，並視牠們為一種「自然物」，這樣的心態跟宋儒強烈的理性精神，實有很大的關係。

〔註53〕張載，《張子全書》（臺北：臺灣商務印書館，1968年），卷2，〈太和篇第1〉，頁22。

〔註54〕同上引書，頁22。

二、氣變形變與物類有知的觀念

（一）氣變形變的觀念

在「氣化萬物」觀念的詮釋下，宋人認為精怪與人在生命本質上相同，皆是理氣妙合而成，至於成物成人的關鍵，在於得氣是否靈秀，周敦頤說：

> 唯人也得其秀而最靈。形既生矣，神發知矣，五性感動而善惡分，
>
> 萬事出矣。〔註55〕

這一點說明了「人」與「物」之間的差異，乃在氣性的不同，當人有形後，就有神，而五行之氣感受到外在世界的變動，進而表現出善與惡等各種複雜的人事。只是精怪本質上雖與人類相同，「但其氣已變，故形亦能變化。」這種「非常」的「變化」往往使得牠們被視為「異類」。譬如第二章所舉〈鳴鶴山〉故事中，寺僧發現老人是鶴雀所變時便說：「汝精怪也，吾向觀汝輩在山中皆露真形為羽族，反以仙見給，謂吾不識邪！」對一般人來說，人與精怪最大的差異，即是在形貌上的不同，精怪原貌不只讓人害怕，也使人心生非我族類的感覺，但宋儒受到理性精神的影響，已有將鬼神精怪視為自然界一份子的觀念，例如宋人劉斧的〈青瑣高議序〉中說：

> 凡異物萃乎山澤，氣之聚散為鬼，又何足怪哉？故知鬼神之情狀者，
>
> 聖人也；見鬼神而驚懼者，常人也。〔註56〕

由此來看，宋人已然將鬼神精怪視為一種「自然存在」，不值得大驚小怪，這種心態已較過去來得理性，且充滿自信。

進一步觀察，在「氣變形變」及「果報輪迴」觀念影響下，物我之間能夠相互變化的看法，已被宋人普遍接受。例如漢陽三聖寺長老名為「守約」者死後，某夜弟子夢見守約長老對他說：「吾已託身異類，只在山下某人家，宜來視我。」弟子覺而泣，翌日，依夢中所言求訪，果然在某民家得一犬，該犬腹下白毛清楚標示「守約」兩字，弟子乃贖犬而歸。〔註57〕

在另一則故事裏也有類似情節：平江華嚴寺後有居民陳氏，某晚夢見寺僧至其家曰：「今來君宅託生，願見容。」說完便往牛房而去，陳氏驚覺，猜想寺僧必墜為畜類，隔日急往牛房查看，果然母牛已生下一頭小牛。〔註58〕

〔註55〕周敦儀，《周子全書》，卷2，〈太極圖說〉，頁19。

〔註56〕劉斧，《青瑣高議》（上海：上海古籍出版社，2001年），〈青瑣高議序〉，頁1007。

〔註57〕《夷堅志》，夷堅志丙卷2，〈守約長老〉，頁387。

〔註58〕《夷堅志》，夷堅支庚卷5，〈華嚴寺僧〉，頁1173～1174。

　　上面兩篇故事，雖然沒有交代僧人為何轉生畜類，但從守約弟子和陳氏的反應來看，他們對僧人轉生之事顯然深信不疑，這種由「人」轉生為「物」的說法，除了受到佛家「輪迴轉世」教義的影響外，也與宋代「氣變形變」觀念的流行有關。例如《夷堅志》載：

> 饒醫黃裳，以淳熙己亥歲（1179）九月，訪推官黃焯。見一蚵蚾跳入瓦堆中，坐客臧主簿曰：「是變且化。」俄瓦堆為物頂起，有鵪鶉飛出，直從屋檐翔空而去。三人同就其處觀之，但蚵蚾蛻皮存，其薄如紙。臧因言：「頃日嘗觀此異。」然萬物化形，固常理也。〔註59〕

從這則故事看來，物類能夠相互變化是宋人可以接受的看法，所以臧主簿見蚵蚾跳入瓦堆後即曰「是變且化」，這種肯定的語氣，除了他「頃日嘗觀此異」外，也跟「氣變形變」的思想有密切關係，這看法讓宋人得以解釋物類為何成精，也替萬物的變形找到立論的根據，故而洪邁才會在故事最後說：「然萬物化形，固常理也。」顯然這樣的觀念在宋代已頗為流行。

（二）物類有知的觀念

　　精怪與人的差異既然只在氣性不同，那牠們是否跟人同樣有知覺呢？唐朝詩人白居易寫道：

> 慈烏失其母，啞啞吐哀音，晝夜不飛去，經年守故林，
> 夜夜夜半啼，聞者為沾襟；聲中如告訴，未盡反哺心。
> 百鳥豈無母，爾獨哀怨深？應是母慈重，使爾悲不任；
> 昔有吳起者，母歿喪不臨，嗟哉斯徒輩，其心不如禽！
> 慈烏復慈烏，鳥中之曾參。〔註60〕

詩中藉由讚頌慈烏的孝心來斥責不孝之人，並相信物類跟人同樣有知。至宋代的張載更明白宣稱「民吾同胞，物吾與也」〔註61〕，類此都肯定了人與萬物的同質性，相信牠們跟人一樣有生命、有知覺、有感情。因此，精怪乞命故事裡，人也往往能感受到乞命者的悲悽。例如紹興二十九年（1159），浙西兵馬都監康滑夜晚為蛙鳴所擾，睡不安寢，於是命僕人抓青蛙，隔夜夢十三人前來乞命，滑曰：「吾職雖兵官，非能擅生殺者，何以能貸汝死？」曰：「但

〔註59〕　《夷堅志》，夷堅三志己卷 10，〈蚵蚾蛻化〉，頁 1378。
〔註60〕　白居易，《白居易集箋校》（上海：上海古籍出版社，1988 年），冊 1，〈慈烏夜啼〉，頁 52。
〔註61〕　張載，《張子全書》（臺北：臺灣商務印書館，1968 年），卷 1，〈西銘篇〉，頁 3。

公見許，無不可者。」康滑醒來後，將夢中的情形告訴妻子，妻子狐疑的說：「得非羣蛙乎？」滑檢視僕人所抓的青蛙，恰為十三隻，心中有所感悟，遂將群蛙放生。〔註62〕

乞命故事裡的精怪，化作人形與人交談，這般情節是一種物我溝通的模式，精怪化作人形後，一方面降低了人類的恐懼感，一方面也可讓自己與人站在同等地位，較方便與人類溝通。如此一來，物將不只是物，物也變得跟人一樣有知覺和感動。

宋儒進而認為，物類與人類同樣受自然律的規範，例如在《夷堅志》中就有一則有意思的案例：乾道七年（1171），江西、湖南發生飢荒，餓死相當多人，八年（1172）春，邵州吏蔣濟前往衡山岳市買物造甲，蔣濟乘馬以行，沿路踩踐麥田，還用米當馬飼料。後來蔣濟行經衡山內櫟崗，天色忽然轉變，雷聲大作，不久烏雲退去時，路人發現蔣濟與馬皆遭雷劈，橫死地上。邵州轉運判官還為此立牓示警。〔註63〕

〈蔣濟馬〉故事裏，蔣濟騎馬踐踏麥田，犯了糟蹋糧食之罪，這一罪狀自然無可饒恕。值得推敲的是蔣濟的馬在這篇故事中，到底扮演什麼樣的腳色？從情節來看，馬匹至多只是這件罪狀的幫兇，牠並無主動踐踏田或要求食米，這些都是蔣濟的意思，但上天的責罰卻不分人馬，對馬來說，牠只是和蔣濟同行，卻同樣遭到雷擊的命運，這意味著馬不只是受人驅使的物類，而是有知的物類，因此馬和蔣濟是「共犯結構」。

物類「擬人化」之後，宋代人相信牠們也具有人類的美德。請看下面兩則例子：〈章惠仲告虎〉：紹興二十六年（1156），成都人章惠仲與妹婿丘生同赴廷試，結果舟覆于江，丘生溺死，章則僥倖逃生。其後，章順利中第任井研縣主簿，得家書來報其弟病死，章乃兼程西行回家，在山路上遭遇一頭猛虎，虎銜其髻欲食，章大聲叫道：「汝虎有靈，幸聽我語。吾母年八十矣，生子二人，女一人。往年妹婿死於水，今年弟死於家，獨吾一身存，將以微祿充養，今汝食我，亦命也，無足惜，奈吾老母如何？」老虎聽了這番話後，竟然放了章生，且盤旋其旁，彷彿護衛一般，直送到章生下山為止。〔註64〕

〈全椒貓犬〉：紹興中（1131～1162），全椒縣外一處偏僻山庵，僧人豢養一貓一犬陪伴。某晚，兇盜入寺殺僧竊財。隔日，盜入縣城，僧人之犬偷偷

〔註62〕《夷堅志》，夷堅志乙志卷3，〈蛙乞命〉，頁203。
〔註63〕《夷堅志》，夷堅志丁志卷6，〈蔣濟馬〉，頁566。
〔註64〕《夷堅志》，夷堅志乙志卷12，〈章惠仲告虎〉，頁283。

跟蹤兇盜身後，走到人多之處，便大肆狂吠，且叫聲如泣如訴，縣內人多識庵中犬，便對兇盜說：「犬如有恨汝意，得非去庵中做罪過乎？」盜強辯不得，被眾人押至庵中察看，果見僧人已死，而貓守護僧旁，不讓老鼠靠近。真相大白後，眾人便將兇盜扭至官府問罪。〔註65〕

上舉第一則〈章惠仲告虎〉裡，章生告訴老虎，家中僅剩自己可以奉養母親，乞求老虎饒命，而老虎聽聞後不只放過他，還護衛他下山，讓人感受到異類不只有情，而且知義，因此洪邁還於文後寫道：「異類知義如此，與夫落陷穽不引手而擠之下石者遠矣，可以人而不如虎乎！」這樣的感嘆，除了告誡那些落井下石之人外，也相信這些物類跟人能有感應。易言之，人只要將真誠心傳遞出去，即便是異物或精怪，也能感受到人心的訊息，這也是宋人對異類的常態認知。

第二則〈全椒貓犬〉中，僧人所養的貓犬，彷彿有靈性，僧人死後，貓守護在僧人屍體旁，防止老鼠侵害，犬隻則引人逮捕兇手，這些都證明，物類不只有靈性，而且知恩義，為此洪邁在文後又寫道：「蠢動含靈，皆有佛性，此又可信云。」

這些物類有知、有靈的故事，反映出宋人相信物類具有靈性，認為牠們只是形貌上與人不同，人可以在某些機緣下，或以「至誠」來跟牠們進行交流，這一特色在六朝以至唐代頗為罕見，但在宋代卻成為一種常態，此應與佛家眾生平等的觀念，深入宋代社會有關。

此外，含靈的物類有時也被視為上天派來的使者，相信牠們能夠懲罰不忠不孝者，例如：乾道三年（1167），江西大水，百姓多遷居就食，豐城一對夫婦帶老母親和兩個小孩準備遷往他處，渡溪時，丈夫對妻子說：「方穀貴艱食，吾家五口難以偕生，我今負二兒先渡，汝可繼來。母已七十，老病無用，徒累人，但置之於此。渠必不能渡水，減得一口，亦幸事。」丈夫渡溪後，妻子不忍遺棄老人，帶著老母親準備過溪，不意在溪旁泥淖中發現一錠銀子，妻子大喜，跟老母親說：「本以貧故，轉徙他鄉，不謂天幸賜此，不惟足食，亦可做小生計，便當卻還。何用去？」於是妻子將老母親安置岸邊，獨自過溪準備將這好消息告訴丈夫。妻子渡溪後不見丈夫蹤影，便問小孩，小孩回答：「恰到此，為黃黑斑牛銜入林矣。」妻子急入林中尋找，發現丈夫已遭老虎所噬食，僅餘骨髮。〔註66〕

〔註65〕　《夷堅志》，夷堅支乙志卷9，〈全椒貓犬〉，頁865。
〔註66〕　《夷堅志》，夷堅支丁志卷11，〈豐城孝婦〉，頁627～628。

在宋人眼中,老虎是具有靈性的動物,能聽懂人類的話語,譬如前面〈章惠仲告虎〉即是一例。本則故事〈豐城孝婦〉中,虎類被當作上天懲罰不孝子的使者,這個故事除了告誡人們要孝順父母之外,也讓人更加相信虎類有靈性的傳說。

從上述可知,宋人對物類的看法,明顯是站在「物吾與也」的立場,孟子曰:「人之所以異於禽獸者幾希」這句話,〔註67〕可說就是宋人對物我之間的觀感,這樣的看法與六朝「殺之無患」,以及隋唐「綺麗夢幻」的觀念,有很大不同。如此的差異,主要還是跟佛家眾生「平等觀」流傳民間社會有關,而這正是影響宋人「物類觀」最重要的因素。

第三節　宋人對精怪的恐懼

一般人見到精怪的反應大多是「害怕」,但精怪為何讓人害怕?則是一個有趣的問題。筆記裡的精怪通常不以本來的形貌示現,牠們往往假化人形,以人類的模樣進入宋人的生活中,直到被人發現時,牠們才會現出原形,那些見著精怪原形的人,被嚇得魂飛魄散,懼怕遭到精怪攻擊,這種心態與他們尚未見到精怪原形時的平常心,實有天壤之別。反過來看,「物吾與也」和「眾生平等」的觀念雖然流行於宋代,實際上仍未根除民眾對精怪所抱持的疑懼心理。

另方面,人們除了害怕精怪特異的樣貌外,精怪們所具有的「特殊能力」也令人惴惴不安,這些「能力」大致包含了祟人、擾人,以及干擾正常氣候等等作為,人們的不安反應,主要是擔心精怪會引發災禍害人,或者直接傷害人類。

一、對精怪原形的恐懼

民間傳說中的精怪們出沒時,往往不動聲色,而且多半化作人形進入人類社會,因此人們很難知曉牠們真正的身分,必須在特殊機緣下,牠們本來面目才可能被識破。值得玩味的是在許多故事中,即便人們知曉了精怪的身分,但只要精怪不現出原形,人們仍舊願意跟其往來。請看下面兩個例子:

〈管秀才家〉:淳熙七年(1180),信州永豐縣管秀才家有精怪出沒,時而變成男子,或變為婦人進到管家搗蛋,管家召請巫師、道士驅除皆無效。

〔註67〕陳聖勤,《孟子文辭今析》(臺北:正中書局,1980年)〈離婁下〉,頁511。

某晚，精怪化作一美女造訪管家僕人，並誘惑僕人與之相好，僕人明知牠是精怪，卻貪圖美色而弗顧。幾天下來，僕人慮其終將致禍，於是暗中準備刀具捕殺，當晚，精怪又來，僕人奮力搏殺精怪，且拖出門外大喊「我已殺鬼」，管家家人爭來觀看，精怪化現出一隻大狸的原形。〔註68〕

〈蓬瀛真人〉：某祝氏子少年未娶，善邀紫姑，某日焚香致請，結果出現了一位女仙，自稱蓬瀛真人。祝子見之欣喜，留與共宿。此後，女仙每晚皆來，半年後，祝子身形消瘦，氣色甚差，其母密扣詰之曰：「汝父年過六十，日夜望汝成立，以光門閭。今惑於妖鬼，將為性命之憂。為我盡言，當早為之所。」祝子老實回答說：「此女來累月，無問寒暖，只著皂色衣。似言不欲艷裝袨服，以招窺看。其出入未嘗由戶，莫知所往。」其母知子遇怪，曰：「曷不詣其所居。」祝子依母親吩咐，女仙來臨時，便要求往其居所探訪。女仙亦不拒絕，帶著祝子一同回去，女仙宅中寬敞，但飲食惡薄，且有小童八九人在旁服侍，祝子回家後，將所見一切稟告母親，其母懷疑是淫祠木魅所為，派遣僕人在附近尋找女仙住宅，卻都無法找到。里中的老人聽聞後，便告訴祝家說：「郎君所苦，既不可究竟，吾聞之，物久亦能為妖，君家牝豬，已過十年，其豚在者八九輩耳。今此女常著皂衣，必是物也。」祝家人深以為然，便商請屠夫準備宰豬。當晚，女仙又來，與祝子訣別曰：「相從許時，緣分有訖。聞君家行且見逐。無由復奉慇懃之歡，子善自愛。」隔日，祝家豬隻皆消失不見。〔註69〕

從上面兩則故事來看，管家僕人與祝氏子其實都知道來交往者皆非人類，但他們並無抗拒的意思，甚至還跟牠們發生曖昧關係，這和一般人遇到精怪的反應有異。主要的原因，是精怪化作美女的人形，使得人們不覺間鬆弛戒心，甚至視為同類，而受其迷惑。這兩篇的主人翁都在意識清醒之下，自願與精怪發生關係，由此來看，精怪是否以人形出現，可決定人對精怪的感受和反應。

相反的，如果是相貌奇異，或是直接以精怪原形示現者，必定引起人們的恐慌，再看下面兩則例子：

〈山明遠〉：滄州人山明遠，一向貧困無以為生，某日坐在一棵大樹下，見到一隻兔子經過，山氏為飢餓所驅迫，抓到兔子就直接生吃起來。吃完後，

〔註68〕《夷堅志》，夷堅支乙卷1，〈管秀才家〉，頁801。
〔註69〕《夷堅志》，夷堅支庚卷2，〈蓬瀛真人〉，頁1148～1149。

便往野老黃若虛家求宿，黃素好客，置酒延留，兩人談天說地，欲罷不能，酒過三巡後，山明遠不覺間跟黃若虛說起自己生食兔子之事，大讚生食之美味，黃聽了大起疑心，仔細端詳山明遠的相貌，發現他的長相有異常人，氣質彷彿跟野獸一般，黃心裡覺得害怕，乃放狗群驅逐山明遠，山氏被趕出門後，呼鳴數聲，化作一隻黑狼，還咬走了一隻狗，此後就再也沒出現了。〔註70〕

〈許大郎〉：京師人許大郎，以賣麵為生，家有磨坊三處、驢三四十頭，但許素性貪多務得，磨坊工作無時少緩，每晚並派僕人守磨。某晚，許僕小二者，睡夢中突然聽到有人呼叫的聲音，起床一看，卻又無半個人影，而且呼叫的聲音越來越大，小二依著聲音尋找，發現竟有一頭驢子探首於磨臍中，作人語，小二嚇得整夜不敢睡。第二天急忙走報主人，曰：「怪物入室，不可復往。」許大郎問完原因後笑著說：「汝昏花妄言耳，安有是事？吾當自驗之！」當晚，許親往獨宿，到了半夜，果然聽到有人不斷呼喊「許大郎」，許起而呭之曰：「業畜做何等妖怪？」驢子回答曰：「也好，休得休。」許又呭曰：「業畜住便住，何消嚇人！我不怕汝。」許大郎罵完後，驢子便不再回應，隔日，許大郎至磨坊查看，發現所有石磨都崩裂不可用，此後生計日衰，不久，許亦憂死。〔註71〕

上述〈山明遠〉一則，黃若虛發現山明遠貌似野獸後，一改熱情款待的態度，直覺他是怪物，害怕之餘，為求自衛乃放狗驅趕。而〈許大郎〉一則中，僕人小二發現驢子會說人話，也嚇得魂飛魄散，雖然許大郎壯膽呭罵驢怪，但其內心仍不免驚慌。這兩篇故事都顯示，當人們見到這些精怪真實樣貌後，直接反應都是害怕、恐懼，實起於人們對精怪形貌的難以認同，易言之，也就是對「非我族類」的排斥心理。

古代先民對物類的劃分主要根據其外型，外型相同或相近者往往被劃成同一族群，不論是動物或植物皆然，這樣的劃分法原是人類的認知本能，對世間萬物先做分類區隔，藉以辨識各式各樣不同的物類，並藉此將物類的特徵予以固定化、規律化。這些被劃分為同種的物類形貌相似，牠們的行為能力也有相同的規律或限制。至於不同物類之間，則具有排他性，這樣的區分，一方面強調物種間的不同，另一方面也為確保同一種物類間的安定性與一致性。

〔註70〕《夷堅志》，夷堅支甲卷10，〈山明遠〉，頁788。
〔註71〕《夷堅志》，夷堅支戊卷7，〈許大郎〉，頁1110。

以精怪為例，在人們的認知裡，精怪的原形通常是動物、或植物、或形貌特殊的「自然物」，這些形貌的限制，人們可以明確區分物類與人之間的差異，藉此畫出一條區隔界線，但如果牠們以人類形貌出現，人們便會誤以為同類而失去戒心，甚至進一步接納牠，這點特質在許多精怪化成人形後，往往產生此類情節。例如紹興十二年（1142），安勵令幹僕魏璋買一頭母黃牛及牛子，牛牽回來後，牛子被製成肉乾，過了幾天，又準備殺母牛，當晚，安勵夢見一黃衣婦女前來，泣拜無數，懇言曰：「女子已遭官人剮了，乞恕妾命。」安勵醒來後，心裡覺得奇怪，急喚魏璋前來，才知道魏璋正準備被殺母牛，安勵便叫人將母牛送走，終身不再食牛肉。〔註72〕

上述故事中，黃牛化作人形向安勵乞命，有勸誡人們勿食牛肉的含意。但安勵之所以願意放過母牛，也因母牛化作人形來求情，換句話說，當精怪化作人形時，人類才可能接受他們的模樣，從而產生「同類感」，願與他們溝通，這也是宋代精怪故事中常見的情節。

反之，如果精怪以其原來的形貌倏忽現前，必使人惶恐不安，甚至由驚懼轉為憤怒。例如慶元元年（1195），鄱陽民汪三買了一頭大水牛，牽回家後便把牛給殺了，將牛頭跟牛蹄掛在房內後，轉往廚房煮牛肉，煮肉時突然聽見房內有人說「枉屈殺了吾！」汪三跑進房內察看，卻無半個人影，以為自己錯聽，便返回廚房，如此情況接連好幾次，汪才認為是牛在作怪，提著屠刀咒罵進房，此時突然看見牛頭開口說：「汪三哥，吾與汝無冤惡，今日卻殺我！」汪大怒，揮刀欲斬牛嘴，不料卻被牛蹄碰傷右脅，過了數日，傷口長出腫瘤，不久他竟因此死去。〔註73〕

從表面來看，〈汪三宰牛〉也是一篇勸戒人不可殺牛的故事，但如果我們留意汪三的舉動則可以發現，當他意識到屢次叫喚他的可能是牛頭時，他雖提刀咒罵，其實心中充滿恐懼，咒罵聲是為掩飾不安罷了，這一點跟許大郎見到驢怪時的壯膽反制舉動，可以說如出一轍。

從上述的例子來看，每當精怪出現時，不管地點是在人的夢中或是現實世界，牠們的樣貌是決定其遭遇逆順的重要關鍵，這種情節模式頗為固定。再從宋人的表述觀察，人們與這些精怪互動的契入點，往往也是從精怪化成人形那刻開始，一但精怪以原來的形貌現身，人們便難以接受，不是落荒而

〔註72〕　《夷堅志》，夷堅支丁卷2，〈黃衣婦人〉，頁978。
〔註73〕　《夷堅志》，夷堅三志壬卷10，〈汪三宰牛〉，頁1546～1547。

逃，就是全力反制，而這些情狀的底層因素，實是來自人們對「精怪原形」的恐懼與不安。

二、對精怪能力的恐懼

精怪能力各有不同，除了「變化為人」和「說人話」的能力外，「作祟能力」也極易引起人們對精怪的畏懼。請看下這則例子：

〈程山人女〉：

> 樂平螺坑市織紗盧匠，娶程山人女，屋後有林麓，薄晚出遊，逢一士人，風流醞藉，輒相戲狎，隨至其室，逼與同寢。家人有覘見者，就視之，乃為長蛇繳繞數匝，時吐舌於女唇吻中。盧大驚，撫几呼諭之，女笑曰：「爾何言之謬，此是好士大夫，愛怜我，故相擁持，豈汝賤愚工匠之比，奈何反謗以為妖類！」盧出外思其策。里中江巫言能治，即披髮跣足，跳梁而前，鳴鼓吹角，以張其勢，蛇睢睢自若。江命煎油大鍋，通夕作訣愈力，女怒告曰：「無眛我恩人。」舉衾覆之，蛇亦縮首衾下。江度其無能為，用繩串竹筒套其頸，使侶伴緋衣高冠十輩，分東西立，雜擊銅鐵器，五人拽女向東，五人拽蛇向西，如此者五，方得解女身之纏縛，遂與眾斫蛇碎之，投之油鍋內。程氏救之無及，洒淚移時，欲與俱死。於是使吞符以正其心神，餌藥以滌其腸胃，踰月始平。〔註74〕

上面這則例子中，很明顯的是「蛇精祟人」的故事，這類祟人的精怪因來得突然，常使當事人陷入精神迷惑或錯亂，幸運的人可藉由巫覡、道士或僧人之力來禳解，不幸者則喪失性命。在宋人筆記中，類此具祟人能力的精怪種類繁多，牠們也是最被人們所厭惡和害怕的。

除了祟人、惑人的方式之外，精怪亦會用騷擾的手段來達成其目的，造成人們生活上諸多困擾。例如乾道八年（1172），許子交至寶積寺謁僧，當晚留宿寺中，半夜時刻，寺僧忽然聽到許的驚叫聲，立刻跑來查看，許子交說：「為一物甚重，登床壓吾腹，體冷如冰，暗中略不見手足。吾困不能支，聞諸君踵至，始捨去。」寺僧聽完後曰：「此乃寺後山下一巨石，每出現光怪，為人害，無有宿客得安枕者。以其質幹頑重，未易除徙，故置之不問。」許知道後嚇得整晚無法入睡，天一亮便急忙離去，自此不敢再來。〔註75〕

〔註74〕《夷堅志》，夷堅三志辛卷5，〈程山人女〉，頁1425。
〔註75〕《夷堅志》，夷堅支戊卷8，〈許子交〉，頁1116。

　　另一則故事也有類似的情況：紹興十五年（1145），王崧和其弟經建陽道中驛舍投宿。四更後，突然有十幾個小孩從窗戶跳進來，在房裡四處奔跑，王崧被驚擾得無法安睡。此時，王崧的僕人也聽到主人房的異聲，急忙入房察探，看見這群奇怪的小孩，王僕拿起掃帚把小孩全部趕走，房內才平靜下來。隔日，王崧行經驛站東側的小廟，瞧見廟前恰立一排小孩泥像，仔細一看，原來就是昨夜跑來騷擾的孩子們，王崧不忍毀擲，但嘆異而去。〔註76〕

　　從上述兩則的擾人精怪出現時，都造成當事人極大的驚恐，但它們還只是單純嚇人，不像崇人精怪企圖誘惑人們甚或取人性命。它們的能力較弱，只能對人騷擾，無法造成致命的危害，如有遭遇者損壞其原形，它們便不能作怪了。例如《夷堅志》中即有一則記事云：鄱陽城民劉十二，某夜同家人在庭院乘涼，突然見到一個怪物從門外跑進來，怪物狀類人而頭如斛大，無肢體手足，雙眸睥睨，睛光閃爍，竦耳侈口。劉家大小驚駭逃入屋內，久而始敢窺看外面，然則怪物已消失不見了，隔夜怪物又來，如此連續好幾天，劉家人只得壯膽跟蹤怪物，怪物跑至屋後大樹下就不見蹤跡。隔天一早，劉家叫人挖掘該處，結果發現了一座古石甕，石甕齒多脫落，只剩兩眼，劉氏取斧砍之，石甕還留出鮮血，眾人將該甕丟入江中，怪物便不再出現。〔註77〕

　　這些崇人或擾人的精怪，牠們作怪時大都是針對個人或家庭，影響層面較小，但有些精怪的能力相當大，一個地區的居民為之恐慌。例如吳松江長橋下，每次漲潮時都造成舟船損失，當地皆相傳是橋下惡龍所為，百姓痛惡不已，縣人聽聞會稽桂百祥素有道術，於是派一名衛士請桂來治龍，桂曰：「若用我法，當具章上奏，則此龍必死，事體至大，吾所不忍，姑為其易者。」桂寫了一份牒狀交予衛士說：「汝歸，持往尋常覆舟處，語之曰：『桂真官問江龍何為輒害人，宜素改過自新。脫或再犯，當飛章天上，捕治行法矣。』」衛士回去後，依言在橋下投判牘，且具告以桂語。瞬息間，水面的潮頭便開始退卻，此後該地便風平浪靜，潮水不復為惡。〔註78〕

　　該故事中，居民痛恨的惡龍是能控制潮水的怪獸，毀壞往來船隻，其影響層面也較大，往往擴及整個地區，使得人們對牠留有共同的記憶。另在本文第二章所談到的龍，甚至能影響到一地區居民的安危，牠們的能力使人又

〔註76〕　《夷堅志》，夷堅支景卷3，〈建陽驛小兒〉，頁903。
〔註77〕　《夷堅志》，夷堅支甲卷4，〈劉十二〉，頁740。
〔註78〕　《夷堅志》，夷堅乙志卷15，〈桂真官〉，頁313。

敬又畏。另如《夷堅志》載：紹熙五年（1194），某日，華亭縣西北方突然有大片黑雲聚集，四更後，氣候快速轉變，只見雨勢大作，雷電交加，冰雹四處彈射，舟船蓬席，漂蕩殆盡，各方呼喊救命，震動一邑。過了許久，方才雲色開霽，但當地百姓屋舍皆遭摧塌，無得倖免。〔註 79〕

上述的情形，應與自然天象的變化有關，但當地民眾皆認定是龍在作怪，這種認知當然跟龍掌管降水有關，牠有左右天候變化的能力。這是百姓最感恐懼者，因一夕之間，可能導致家園全毀，親人離散，影響層面廣大，而人們對此又束手無策。

除了氣候突變的影響外，另有一些傳說中的精怪，則具有散布疾病的能力，這般作祟也經常讓百姓不寒而慄，《夷堅志》中就有這樣的例子：

〈易村婦人〉：

> 慶元元年（1195）五月，湖州南門外，一婦人顏色潔白，著皂弓鞋，踽踽獨行，呼貸小艇，欲從何山路往易村。既登舟，未幾即偃臥，自取葦席蔽其上。舟纔一葉，展轉謦欬必相聞，而寂然無聲。舟人訝焉，舉席視之，乃見烏蛇，可長尺許，凡數千條，蟠繞成聚，驚怛流汗，復覆之。凡行六十里，始抵岸步，扣舷警之。奮而起，則儼然人形，與初來時不少異，腰間取錢二百，償顧直。舟人不敢受，婦問其故，曰：「我適見汝如此，那敢接錢。」笑曰：「切莫說與人，我從城內來此行蛇瘟，一個月後卻歸矣。」徐行入竹林，數步而隱。彼村居人七百家，是夏死者殆半。初湖、常、秀三州，自春徂夏，疫癘大作，湖州尤甚，獨五月少寧，六月復然，當是蛇婦再還也。

〔註 80〕

上述故事中的婦女，即是散布癘疫的精怪，這種可怕的能力跟控制天候害人相比，可謂不遑多讓，牠們都具有極大的殺傷力，而且加害範圍廣闊，就如〈易村婦人〉為例，其行癘的地區遍及兩浙路三州之廣，對一般民眾而言，具有這種能力的精怪，最是可怕。

綜觀上述各種精怪的能力，以行癘和擾亂天候最為民眾所懼怕，恐懼的原因主要有二：第一是其為患層面廣大，也容易造成大批百姓的死傷。第二是這類精怪往往難以禳除，人們幾乎無力應付，只能消極的承受。至於具有

〔註 79〕《夷堅志》，夷堅三志己卷 7，〈華亭冰雹〉，頁 1357。
〔註 80〕《夷堅志》，夷堅支景卷 2，〈易村婦人〉，頁 892。

崇人或擾人能力的精怪，牠們的種類雖然較多，但擾害對象多限於少數個人，人們也比較容易設法對付，因此對牠們的懼怕程度，遠小於行癘或控制天候的精怪。

第四章　宋人的精怪信仰

　　人類早期的精怪觀念，大多與動植物有關，古人相信，自然萬物歷經長久時間後，便具有變化外型的能力，在《山海經》中，許多精怪呈現獸形，或半人半獸，這些精怪的形象反映出先民對自然界豐富的想像力。魏晉時期，戰亂頻繁，大批百姓紛紛入山避亂，闖進了原本屬於精怪的生活領域，於是各式各樣的精怪故事，大量誕生。在這段期間裡，精怪與鬼神間的性質逐漸被區分開來，人們對於精怪和鬼神間的來源，也有比較清楚的認識。但隨者精怪漸趨擬人化，牠們與人的交流，也愈來愈多，到了隋唐時代，精怪在情感與外型上，幾乎可以變得跟人一模一樣，使得精怪傳說更加貼近人類社會。

　　到了宋代，精怪們除了保有人性化的特色外，民間對精怪信仰的內容也豐富了起來，筆記中保存了許多祭祀精怪的記載，這些祭祀的廟宇未必很大，但大多香火鼎盛。人們願意前來祭祀，多是聽信牠們很靈驗，這種對「靈驗」的高度關切，不只百姓在意，甚至官方也相當重視。因此，我們可以說，宋人的精怪信仰是站在比較「現實」的立場。祭祀精怪的相關活動，不只表達民眾對精怪神祇的崇敬，歡樂的慶典活動，也使庶民生活增添許多樂趣。

　　至於宋代官員對精怪信仰的態度，主要是依據三項原則做評斷：一、是否靈驗，二、有無妨礙官方統治，三、有無妨害善良風俗。易言之，如果精怪信仰違反了以上標準時，官員們常採取毀祠禁信的行動，反之如果無所違犯，上述原則，宋代官員則會默許祭祀信仰繼續存在。

第一節　精怪信仰的思想淵源

　　人類的靈魂觀念出現後，開始將自然物擬人化，「萬物有靈」（animism）的觀念就此誕生，並成為人類解釋自然變化的依據。早期的精怪與鬼神差異不大，民眾常有混淆或混稱的情況，到了魏晉時期，其間的差異才轉趨明顯。雖然精怪源自動物、植物及非生物等類，各有不同，但這不影響精怪在一般人心中的地位，百姓深信牠們擁有變化的本事，以及降禍、賜福的力量，這也成為「精怪信仰」誕生的重要原因。

一、宋代以前的精怪觀念

　　自人類出現以後，人們對大自然及本身的認知，早期是處在懵懂的階段，到了人類開始意識到死亡的意義，靈魂觀念才逐漸產生，這一觀念也成為先民解釋自然萬物變化的重要依據。人類認為大自然跟人一樣，它有形上的精靈和喜怒的感情，自然界的各種現象就代表著許多不同的神靈，日、月、山、川、動物、植物都成為原始人類敬畏的對象。就如同法國人類學家克勞德・列維－斯特勞斯（Claude Lévi -St rauss）在其《野性的思維》一書中指出，古人的思維方式帶有「分類」和「秩序」的特點，他舉一位土著思想家的言論：

> 「一切神聖事物都應有其位置」……人們甚至可以說，使得它們成為神聖的東西就是各有其位，因為如果廢除其位，哪怕只是在思想中，宇宙的整個秩序就會被摧毀。因此神聖事物由於佔據著分配給它們的位置而有助於維持宇宙的秩序。〔註1〕

換言之，宇宙萬物都有其固定的地位，人類必須尊重且與他們和平共處，這種「萬物有靈」的觀念，即是宗教中有神論的最初形態，也為自然物變成精怪的觀念埋下種子。時至今日，有些地區的人們仍深信自然物具有神奇的魔力，而且跟人類一樣具有靈魂，例如法國著名人類學家路先・列維─布留爾（Lucién Lévy-Brühl）考察美洲地區印地安人之自然神靈信仰時，就記載著：

> 在契洛基人那裡，漁人必須先嚼一片捕蠅草，然後吐到魚餌和魚鉤上。接著，他臉朝順水方向站著，念著咒語並把魚餌掛在魚鉤上……這個方法應當使魚鉤具有引誘並釣住魚的能力，如同捕蠅草能捕捉

〔註1〕 克勞德・列維─斯特勞斯（Claude Lvi - Strauss）著，李幼蒸譯，《野性的思維》（*The Savage Mind*）（北京：商務印書館，1987年），頁14。

　　昆蟲，把它纏在自己的萼片裡一樣……咒語是直接對著魚念的，按

　　照土人們的觀念，魚是有家有戶定居著的。〔註2〕

隨著時間的推進，人類對大自然的敬畏心理，逐漸形成自然崇拜和自然神靈
的信仰，這些信仰中即包含了原始精怪的概念。

　　從商代甲骨文來看，商人的宗教信仰以「帝」為宇宙之主宰，自然山川、
風雨雷電諸神，以及王室祖先則列在輔佐地位。除此之外，商周青銅器上的
動物圖紋，也帶有神祕的宗教意義，如「饕餮」在青銅器上的形貌，大都猙
獰可怕，似乎是總合各類猛獸的形象後抽象融合而成，它應該就是古代精怪
最原始的樣貌之一，而「饕餮」的傳說也一直流傳於後世，《左傳》記載：

　　縉雲氏有不才子，貪于飲食，冒於貨賄，侵欲崇侈，不可盈厭；聚

　　斂積實，不知紀極；不分孤寡，不恤窮匱，天下之民以比三凶，謂

　　之「饕餮」。〔註3〕

《呂氏春秋》也載：「周鼎著饕餮，有首無身，食人未咽，害及其身，以言其
報更也。」〔註4〕意思是說，「饕餮」這種怪獸吃人卻來不及吞嚥，以致有害
其身，是為報應。這樣的記載，除了描述「饕餮」貪食的性格外，也有告誡
人們不可過於貪婪的意味。由此來看，「饕餮」不只是單純的食人怪獸，更被
當作貪欲無饜的象徵。另一尊精怪「螭」〔註5〕，也經常在商周的青銅器上出
現，劉仲宇《中國精怪文化》一書中說到：「『螭』在商周青銅器上出現的頻
率很高。這一紋飾在信仰上的含義尚未完全清楚。但對它的身分，卻可考定
為一種精靈。」〔註6〕劉氏並舉《說文》、《蜀都賦》及段玉裁《說文解字注》
中對「螭」的解釋來說明。總之，「螭」為一種神物，具獸形，似龍非龍，與
蛟同類，或為山神，或居水中，因此也被視為水神，在古人的眼中，屬於精
怪的一種。〔註7〕除「饕餮」、「螭」外，青銅器上的「夔紋」、〔註8〕「龍紋」

〔註2〕　路先・列維─布留爾（Lucién Lévy-Brühl）著，丁由譯，《原始思維》（北京：
　　　　　商務印書館，1981年），頁234。

〔註3〕　《春秋左傳正義》（臺北：藝文印書館，1991年），卷20，〈文公18年〉，頁
　　　　　355。

〔註4〕　林品石註譯，《呂氏春秋今註今譯》（臺北：台灣商務印書館，1990年），下冊，
　　　　　卷16，〈先識覽〉，頁461。

〔註5〕　螭，音彳，若龍而黃。引自《辭海》（臺灣：中華書局，1986年），頁3926。

〔註6〕　劉仲宇，《中國精怪文化》（上海：上海人民出版社，1997年），第1章，〈神
　　　　　秘世界的元老〉，頁46。

〔註7〕　同上注，頁46～47。

〔註8〕　夔，音ㄎㄨㄟˊ，牠是一種很古老的精怪，其形貌很早就出現在商周的青銅

〔註9〕等等，有時也被視作精怪來加以記載。

　　商周青銅器上的怪獸紋飾既然帶有信仰上的意義，是否也流行於一般平民百姓中呢？《詩經》有這麼一段記載：「為鬼為蜮，則不可得。有靦面目，視人罔極。」〔註10〕詩文的作者是名棄婦，她痛斥先生外遇云：倘若你如鬼、蜮，行徑難以猜測便罷。可你有頭有臉，行為表現卻沒有像良人一般的準則。易言之，她諷諭先生枉然生了一張人臉，心思險惡莫測，簡直勝過鬼、蜮！〔註11〕這樣的說法已可見「鬼物」和「精怪」的觀念，流行於當時了。《管子》一書更記載著當時流傳於世的精怪名稱及形貌：

> 或世見，或世不見者，生「蟡」與「慶忌」。故涸澤數百歲，穀之不徙，水之不絕著生「慶忌」。「慶忌」者，其狀若人，其長四寸，衣黃衣，冠黃蓋，乘小馬，好疾馳。以其名呼之，可使千里外一日反報，此涸澤之精也。涸川之精者，生於蟡。「蟡」者，一頭而兩身，其形如蛇，其長八尺。以其名呼之，可以取魚鱉，此涸川水之精也。〔註12〕

《莊子》也載：

> 沈有「履」，灶有「髻」。戶內之煩壤，雷霆處之；東北方之下者，倍阿鮭蠪躍之；西北方之下者，則泆陽處之。水有「罔象」，丘有「莘」，山有「夔」，野有「彷徨」，澤有「委蛇」。〔註13〕

從《管子》和《莊子》的記載來看，精怪的種類繁多，如「蟡」、「慶忌」、「履」、

　　　　器上，其形貌多樣或龍，或猴，或鼓，或為木石之怪，在《國語卷5・魯語下》（臺北：九思出版有限公司，1978年）就記載孔子對「夔」的描述：「丘聞之：木石之怪曰夔、魍魎（ㄨㄤˇ　ㄌㄧㄤˇ）。」《三國吳・韋昭注》：「木石，謂山也。或云『夔，一足，越人謂之山繰（ㄙㄠ）。或云獨足。』魍魎，山精，傚人聲而迷惑人也。」，頁201。
〔註9〕 關於「龍紋」的形象，可參見張貞海，〈宋前神話小說中龍的研究〉（臺北：中國文化大學中國文學研究所博士論文，1992年）。
〔註10〕毛亨，《毛詩正義》（北京：北京大學出版社，1999年），卷12之2，〈何人斯〉，頁763～765。
〔註11〕蜮，音ㄩˋ，蟲名，又稱「短狐」、「射工」、「射影」，因水而射人，或曰含沙射人，中人即發瘡，中影者亦病，是古代相傳的一種的精怪。引自《辭海》（臺北：中華書局，1986年），頁3914。
〔註12〕李勉註譯，《管子今註今譯》（臺北：台灣商務印書館，1988年），〈水地〉第39，頁766。
〔註13〕郭象注，《南華真經注疏》（北京：中華書局，1998年），外篇卷7，〈達生〉第19，頁376。

「夔」、「罔象」、「莘」、「蟡」、「仿偟」、「委蛇」，牠們居住在不同的環境和住所，且各具特色。民間信仰精怪之外，在國家祀典中也有相應的情形，《禮記》裡有一段文句可供我們參考：

> 燔柴於泰壇，祭天也；瘞埋於泰折，祭地也；用騂犢，埋少牢於泰昭，祭時也；相近於坎壇，祭寒暑也。王宮祭日也，夜明祭月也，幽宗祭星也，雩宗祭水旱也，四坎壇祭四方也。山林川谷丘林能出雲為風雨見怪物，皆曰神，有天下者祭百神，諸侯在其地則祭之，亡其地則不祭。〔註14〕

在周原甲骨文中所見的周代宗教信仰，大體上與商代相似。〔註15〕換句話說，周人的宗教信仰乃是因襲商代做部分改變罷了，周代除了「天」的信仰，有較為顯著的轉變外，〔註16〕在自然神祇信仰方面，並無太大變化，這些神祇也包含了「山林川谷丘林能出雲為風雨見怪物」者，而「怪物」可能就是精怪，這種亦精怪亦神祇的觀念，肇因於人們對自然物萬物的敬畏心理。另方面，從《管子》裡的「蟡」、「慶忌」或《莊子》所載的「夔」來看，這些精怪大都具有獸形或半人半獸的樣貌，因此先秦以前的精怪形象，大半仍是與動物有關，這點也可從《山海經》對精怪的描述得知。〔註17〕

　　由以上敘述，我們了解到周人祭祀對象，包含了山林川谷裡的精怪，精怪的存在是被肯定的。漢代司馬遷亦言：「學者多言無鬼神，然言有物。」〔註18〕證明了古代先民相信此一事實，倘若如此，假使我們仍用「知識階層、一般庶民」或「大傳統、小傳統」的方式，來劃分其信仰者的不同，這樣的說法並不妥當，因為精怪信仰的實際上是普遍性的信仰型態。

　　此外，古籍《山海經》、《白澤圖》所描繪的奇獸、怪物之形象，對民眾

〔註14〕 孫希旦，《禮記集解》（北京：中華書局，1998 年），卷 45，〈祭法第 23〉，頁 1194。

〔註15〕 陳方全，《周原與周文化》（上海：上海人民出版社，1988 年），頁 101～157。

〔註16〕 商人所信仰的「帝」為一人格神的象徵，主宰整個自然和社會的變化，人們只能透過祭祀祖先來與「帝」作溝通並祈求祂的庇佑。周人同樣接受了「帝」的觀念，但周克殷後逐漸將「天」、「帝」的地位提升為具道德判斷的世間最高裁判，而有了「天命靡常」的概念，因為「天」是依據道德性原則給予賞罰，而非以單純的喜好來施行其能力，這種道德性「天」的出現，被視為周代人文精神的顯現。參見牟鍾鑒、張踐，《中國宗教通史》（北京：社會科學文獻出版社，2000 年），上冊，114～115。

〔註17〕 徐顯之，《山海經探原》（武漢：武漢出版社，1991 年），頁 94～108。

〔註18〕 《史記會注考證》，卷 55，《留侯世家》，頁 810。

的精怪觀念也有影響。《山海經》之名首見《史記‧大宛列傳》，太史公於文末曰：「……故言九州山川，《尚書》近之矣，至《禹本紀》、《山海經》所有怪物，余不敢言之也。」〔註19〕可見該書在漢代已經出現，據近代學者袁珂考定，本書非一時一地一人之作，寫作的時間約自戰國初期至漢初的二百年多間，書中除了對中國的地理山川多有描述外，也記載了被認為是精怪的奇禽異獸，〔註20〕例如〈西山經〉云：「又西二百八十里……有獸焉，其狀如赤豹，五尾一角，其音如擊石，其名如猙。有鳥焉，其狀如鶴，一足，赤文青質而白喙，名曰畢方，其鳴自叫也，見則其邑有訛火。」〔註21〕這裡的「畢方」被視為一種會帶來火災奇獸，是掌管火的精怪之一，但《山海經》裏也有許多食人或降禍的精怪，〔註22〕牠們大都躲藏在窮山大澤之中，人們並不常見。至於《白澤圖》書中也收錄了許多精怪，「白澤」是一種神獸，傳說黃帝曾問牠天下鬼神之事，白澤談到天下精氣為物、游魂為變者，有一萬一千五百二十種，黃帝命令牠用圖畫出。人們只要帶圖入山，即能辨識這些精怪，說出其名字，精怪就不敢作祟了。〔註23〕易言之，《山海經》和《白澤圖》帶有「精怪圖鑑」的功能，這些記載顯示魏晉以前的精怪，大多散居在人煙罕至的地方。〔註24〕

魏晉以後，這樣的情形有了變化，原因之一是社會動盪不安，入山避亂的人增多，《抱朴子》載：「凡為道合藥，及避亂隱居者，莫不入山。」〔註25〕

〔註19〕 《史記會注考證》，卷 123，《大宛列傳》，頁 1316。

〔註20〕 袁珂，〈山海經寫作的時地篇目考〉，出自《神話論文集》（臺北：漢京文化，1987 年），頁 9〜19。

〔註21〕 袁珂，《山海經校注》，卷 2〈西山經〉（山海經第 2）（西次三經），章莪之山，頁 53。

〔註22〕 例如食人的精怪有所謂「狍鴞」，《山海經‧北山經》云：「其狀羊身人面，其目在腋下，虎齒人爪，其音如嬰兒，名曰狍鴞，是食人。」引自《山海經校注》，卷 3，〈北山經〉（山海經第 3）（北次二經），鉤吾山，頁 82。又有能帶來災禍的精怪如「跂踵」，《山海經‧中山經》云：「復州之山，其木多檀，其陽多黃金。有鳥焉，其狀如鴞，而一足彘尾，其名曰跂踵，見則其國大疫。」引自《山海經校注》，卷 5，〈中山經〉（山海經第 5）（中次十經），復州山，頁 162。

〔註23〕 江紹原，《中國古代旅行之研究》（上海：上海藝文出版社，1989 年），頁 41〜43。

〔註24〕 《抱朴子內篇校釋》〈對俗〉，頁 47。載：「然物之老者多智，率皆深藏遠處，故人少有見之耳。」

〔註25〕 同上引書，〈登涉〉，頁 299。

換句話說，人們入侵了精怪原本的生活領域，因此他們遇見精怪的機率大為提高。至於對精怪的看法，在《抱朴子》中有謂：「萬物之老者，其精悉能假托人形，以眩惑人目而常試人，唯不能於鏡中易其真形耳。」〔註 26〕精怪也許是性喜為亂，故而「常試人」。但值得注意者，葛洪認為「物老」是形成精怪的重要因素，只是「物究竟要多老」，才能成為精怪呢? 依《抱朴子》、《玄中記》的記載，有數種精怪可資參考：

表 4-1　《抱朴子》、《玄中記》記載之精怪成精時間及能力表

物類名稱	成精時間	所獲能力	資料來源
老鼠	百歲	化為神或化為蝙蝠	玄中記
老鼠	百歲	色白，善憑人而卜，能知一年中吉凶及千里外事	抱朴子
熊	五百歲	能變化	抱朴子
狐狸豺狼	五百歲	善變為人形	抱朴子
鶴	千歲	隨時鳴	玄中記
燕	千歲	戶北向	玄中記
鱉	千歲	能與人語	玄中記
龜	千歲	能與人語	玄中記
樹	千歲及萬歲	千歲可化青羊，萬歲可化青牛	玄中記

資料來源：葛洪著，王明校釋，《抱朴子內篇校釋》，頁 47～48。
　　　　　史仲文主編，《中國文言小說百部經典》之《玄中記》，頁 390～391。

　　從上表來看，魏晉人對精怪成精的時間和能力，都有明確的說明，顯見當時對「物類成精」已有深刻概念。除了「物老成精」外，物類受陰陽精氣的附著也會變成精怪，〔註 27〕此一觀念導致魏晉以後，器物或非生命類型精怪出現的機率增多，如木杵、金、銀、銅錢、掃帚等都能成為精怪。〔註 28〕此外，精怪和人類開始有較多互動，也可從當時志怪小說盛行看出端倪。魯迅在《中國小說史略》曾對魏晉六朝志怪風行的原因，有一番說明：「中國本信巫，秦漢以來，神仙之說盛行，漢末又大倡巫風，而鬼道愈熾；會小乘佛教亦入中土，漸見流傳。凡此張皇鬼神，稱道靈異，故自晉訖隋，特多鬼神

〔註 26〕 同上引書，〈登涉〉，頁 300。
〔註 27〕 《搜神記》云：「妖怪者，蓋精氣之依物者也，氣亂於中，物變於外。」，卷 6，頁 41。
〔註 28〕 木杵、金、銀、銅錢等精怪可見《搜神記》，卷 18，頁 135。掃帚精怪可見《太平廣記》8，卷 368，〈江淮婦人〉條引《幽明錄》，頁 2927。

志怪之書。」〔註29〕這樣的說法是在表明魏晉志怪傳說盛行的重要原因，但從精怪觀念的發展來觀察，志怪風行亦是民間精怪觀念已然成形的證明。

面對精怪橫行，魏晉人的態度表現得較不友善，依現存的志怪資料來看，當時人們將「精怪」幾乎皆視為「非善類」，〔註30〕故事的內容也符合葛洪所言：「其精悉能假托人形，以眩惑人目而常試人」，換句話說，魏晉六朝人認為精怪是調皮搗蛋的怪物，一但發現，最好將其殺掉以免留下後患，正如同《搜神記》中所言：「故物老則為怪矣，殺之則已，夫何患焉。」〔註31〕顯見魏晉六朝人對精怪抱持較為敵對的態度。

至隋唐時期的精怪傳說，已有人情化的趨勢，原因之一可能是文人為精怪故事修飾的結果，〔註32〕使得唐人的精怪傳說增添幾許浪漫的色彩，例如《玄怪錄》中記載「滕庭俊」在洛陽道旁一莊養病，結果遇上「和且耶」與「麻束禾」二人，三人吟詩作對，相處甚歡，待莊園主人回來後，「滕庭俊」才發現自己所遇者，原來是「蒼蠅精」和「掃帚精」。〔註33〕另一則故事主角「元無有」，入破屋避雨遭遇四人，此四人同「元無有」相互吟詩唱和，不異常人，隔日「元無有」離去時發現屋內僅有舊杵、燭臺、水桶、破鐺，才明白昨日所見乃此四精物所化。〔註34〕從這兩則故事來看，唐人對精怪存有更多的想像，尤其是文人，不論他們刻意與否，唐代文人筆下的精怪，多較魏晉時來得優雅，甚至極富感情。〔註35〕但這些精怪也非全然良善，譬如《朝

〔註29〕 魯迅，《中國小說史略》，頁39。

〔註30〕 在魏晉記載精怪的篇章中，精怪出現通常不是好事，牠們出現時往往帶來災異，例如精怪「畢方」，出現時會帶來火災。此外戲弄與害人的精怪更是不可勝數。參見張億平，〈魏晉南北朝民間信仰研究〉（臺北：台灣大學中國文學研究所碩士論文，2002年），頁126～130。

〔註31〕 《搜神記》，卷19，頁148。

〔註32〕 楊義認為隋唐的志怪小說有人情化的趨勢，因為唐代精怪大部分以精怪的外衣寫人情、世態，這些故事也可使我們更加了解唐代社會風氣及民間習慣。引自楊義，《中國古典小說史論》（北京：中國社會科學出版社，1995年），第6章，頁157～160。

〔註33〕 史仲文主編，《中國文言小說百部經典》（北京：北京出版社，2000年），冊8，條引牛僧孺，《玄怪錄》，卷2，〈滕庭俊〉，頁2503。

〔註34〕 同上引書，卷1，〈元無有〉，頁2490～2491。

〔註35〕 例如《纂異記》中，楊禎與火精發生情愛，火精「容色殊麗，姿華動人」，品行節操更非一般世俗女子可比擬，火精形象雖然可能經過文人修飾，但與精怪發生純情之愛的故事在魏晉仍是少見的。引自《太平廣記》8，卷373〈楊禎〉條引《纂異記》，頁2963～2964。

野僉載》載國子監助教張簡遭狐精幻化戲弄，結果錯殺自己的妹妹。〔註 36〕
《廣異記》中有老翁每夜以石投人，員外郎李華請人縱矢射翁，射殺後才發
現老翁是木盟器所化。〔註 37〕這說明唐代部分精怪仍保有魏晉時「常試人」
的性格。

　　此外，有些記載也透露出唐代民間精怪信仰熾盛的情形，例如《朝野僉
載》就說明唐初民間狐精崇拜盛行，到達「無狐媚，不成村」的情況，〔註 38〕
《玄怪錄》亦記載一頭豬精為某鄉人所祀奉，號稱「烏將軍」，唐代國公郭元
振殺了豬精後，鄉人不僅毫無感激之心，還對郭說：「烏將軍，此鄉鎮神。鄉
人奉之久矣，歲配以女，才無他虞。此禮少遲，即風雨雷雹為虐。奈何失路
之客，而傷我明神，至暴於人，此鄉何負！當殺公以祭烏將軍，不爾，亦縛
送本縣。」〔註 39〕由此來看，唐代精怪崇拜已深入百姓之間，也在民間信仰
裡佔有重要地位。

　　總體來說，唐代文人刻畫出充滿了世俗及人情特色的精怪世界，美化了
人們對精怪的想像，認為牠們具有肖似人類的性格，這項特點影響後人對精
怪的看法，也淡化魏晉以來精怪的恐怖形象，〔註 40〕精怪傳說變得活潑且美
麗起來，形成唐代精怪傳說的重要特色，這風格使民眾的精怪觀念，可謂是
注入一道活水。往後，宋代精怪故事充滿濃厚的果報思想，除佛教因果之說
暢行外，唐代精怪衍生出世俗化與人情化的風味，也使宋代民眾更加確信精
怪世界跟人類一樣，皆是建立在因果報償定律下的有情世界。

二、精怪與鬼神間的差異

　　商周的考古及文獻資料顯示人們相信鬼神存在，〔註 41〕對鬼神所擁有的
力量，也深信不疑，但這些資料卻無法告訴我們，當時鬼神是何性質？具有
什麼意義？牠們與精怪有何不同？從上一子題中的敘述我們得知，先秦以前

〔註 36〕　《朝野僉載》，補輯，〈張簡〉條，頁 167。
〔註 37〕　《太平廣記》8，卷 372〈李華〉條引《廣異記》，頁 2956。
〔註 38〕　《朝野僉載》載：「唐初已來，百姓多事狐神，房中祭祀以乞恩，食與人同之，
　　　　　事者非一主。當時有諺云曰：『無狐媚，不成村』。」見〈狐神〉條，頁 167。
〔註 39〕　《玄怪錄》，卷 1，〈郭代公〉，頁 2491～2493。
〔註 40〕　楊國榮，〈唐代精怪小說略說〉引自《閩西職業大學學報》（龍岩：閩西職業
　　　　　大學，2002 年），第 4 期，頁 26。
〔註 41〕　孫希旦，《禮記集解》載：「殷人尊神，率民以事神，先鬼而後禮。」卷 51，
　　　　　〈表記第 32〉，頁 1310。

精怪觀念混雜，形象多樣，祂們常被列在鬼神的範疇內。〔註42〕根據 1975 年和 1989 年出土的「日書」來觀察，當時鬼神種類很多，「鬼神」與「精怪」之間經常相混難分，〔註43〕這也可在《墨子》中找到例證：

> 昔者鄭穆公，當晝日中處乎廟，有神入門而左，鳥身，素服三絕，面狀正方。鄭穆公見之，乃恐懼，奔。神曰：「無懼，帝享女明德，使予錫女壽，十年有九，使若國家蕃昌，子孫茂，毋失鄭。」穆公再拜稽首曰：「敢問神名。」曰：「予為句芒。」〔註44〕

鄭穆公見到的神名為「句芒」，形貌半人半獸，顯見神明可以具有動物的形貌，而這種「神明」可能就是「精怪」，換句話說，這時候精怪與神明間的性質可以互換，神祇可以是精怪，而精怪也可以被當作神祇，這從《山海經》記載了不少具動物特徵神祇，也可以得到證明。〔註45〕

至於鬼的意涵也有兩種說法，墨子說：「古之今之為鬼，非他也。有天鬼，亦有山水鬼神者，亦有人死而為鬼者。」〔註46〕可見，墨子認為鬼的種類和意義是多元的，但《禮記‧祭法》則說：「大凡生於天地之間者皆曰命，其萬物死皆曰折，人死曰鬼。」〔註47〕至於鬼神的存在孔子則說：「鬼神之為德，其盛矣乎！視之而弗見，聽之而弗聞，體物而不可遺，使天下之人齋明盛服以承祭祀，洋洋乎如在其上，如在其左右。」〔註48〕從上面的引述來看，鬼

〔註42〕商周以來的宗教信仰對象大致可分為天神、地祇、人鬼三種，但這三種身分卻可以互相轉換，例如天神系統中的「五帝」原屬人鬼，因有功於民，人們並將其配之五行或五方，而地祇如山鬼、河伯也帶有精怪的形象，因此先秦時的信仰對象雖可分三種，但其間的分際卻相當複雜。參見蕭登福，《先秦兩漢冥界及神仙思想探源》（臺北：文津出版社，1990 年），頁 177～178。

〔註43〕在蒲慕州《追尋一己之福──中國古代的信仰世界》一書說：「這種人鬼雜處，鬼神性質又相同的觀念其實並不是《日書》特有的。大抵在先秦文獻中，鬼神並稱為常事。」（臺北：允晨文化實業股份有限公司，1995 年），頁 105。但實際上，先秦鬼神往往帶有精怪的影子，換句話說，當時鬼神與精怪間的分際並不明顯，其間的異同很難明確劃分。

〔註44〕孫詒讓，《墨子閒詁》（臺北：河洛圖書出版社，1975 年），卷 8，〈明鬼下〉，頁 6～7。

〔註45〕如「蛇身人面神」曰：「自管涔之山至于敦題之山，五千六百九十里，凡十七山，其神皆蛇身人面。」引自袁珂，《山海經校注》，卷 3，〈北山經〉（山海經第 3）（北次二經），管涔山，頁 84。

〔註46〕《墨子閒詁》〈明鬼下〉，卷 8，〈明鬼下〉，頁 28。

〔註47〕《禮記集解》，卷 45，〈祭法第 23〉，頁 1197。

〔註48〕宋天正譯註，楊亮功校訂，《中庸今註今譯》（臺北：臺灣商務印書館，1980 年），第 16 章，頁 25。

的來源有兩種，一是來自自然萬物，二是人死為鬼，而且鬼神是看不見、摸不著的。不過這種抽象的論述未必能夠說服一般民眾，因為具象的東西容易讓人們所理解和辨識，鬼神既然為民眾相信，必是有人見到且流傳開來，才為人所信，例如《左傳》載晉侯夢見厲鬼闖入寢宮，該鬼魅披髮及地，頗具人形，〔註49〕而《韓非子》也記有一則關於見鬼的故事：

> 燕人李季好遠出，其妻私有通於士，季突至，士在內中，妻患之。其室婦曰：「令公子裸而解髮，直出門，吾屬佯不見也。」於是公子從其計，疾走出門，季曰：「是何人也？」家室皆曰無有。季曰：「吾見鬼乎？」婦人曰：「然！」「為之奈何？」曰：「取五牲之矢，浴之。」季曰：「諾！」乃浴以矢。〔註50〕

從這兩則故事來看，鬼可能是一被髮人形的東西，因此人們易將鬼視為人所變化。但在墨子的看法中，鬼也可以是自然萬物所變，譬如《日書》中就記載了數種惡鬼的名字如「棘鬼」、「丘鬼」，這些鬼是動物、或植物、或非生物所變，〔註51〕看得出牠們的來源跟精怪相近，換句話說，這裡的「鬼」可以視為一個普通名詞，不只代表人鬼，亦可用來稱呼精怪。由此可知，先秦時精怪與鬼神間的差異難以劃分，牠們同樣被視為具有超自然力量，但彼此的界線卻又模糊不清。在鬼的部份，除了人死為鬼之外，萬物變化也可以被視為鬼，這類鬼實際上多屬於精怪。

漢代人們將世界分為天上和地下，大抵來說，神仙居於天上，〔註52〕人死後歸地下（冥界）。但現存的資料顯示，當時人們未必全都認為人死後會變成鬼，例如王充就認為鬼的來源有下列數種：病氣所化、老物成精化作鬼、鬼出於人、神靈生鬼、世間本有鬼物、百怪生鬼，〔註53〕在這些眾多成因中，鬼出於人的說法相近於人死為鬼，而且按照《禮記》所云「人死曰鬼」的記載，應是當時眾多說法之一，至於王充所說「老物成精化作鬼」的部份，則是承襲先秦以來部分精怪被視為鬼的一種看法。

〔註49〕《春秋左傳正義》，卷第 26，〈成公 10 年〉，頁 450。
〔註50〕邵增樺註譯，《韓非子今註今譯》（臺北：臺灣商務印書館，1990 年），〈內儲說下六微〉，頁 843。
〔註51〕參見蒲慕州《追尋一己之福──中國古代的信仰世界》，頁 101～102。
〔註52〕這些神仙包含天帝、太一與五帝，女媧、伏羲等，參見蕭登福，《先秦兩漢冥界及神仙思想探源》，頁 99～103。但其中如女媧、伏羲等少數神祇依舊帶有精怪及神祇的雙重性質。
〔註53〕《論衡集解》，卷第 22，〈訂鬼第 65〉，頁 449。

　　再則，觀察漢代的精怪傳說，即可發現牠們活動的範圍在人間，很少見到飛升成神或跟冥界有何瓜葛，譬如《風俗通義》載：「桂陽太守汝南李叔堅，少時為從事，在家，狗立人行，家言當殺之。……叔堅見縣令還，解冠榻上，狗戴持走，家大驚。」〔註54〕又載：「司空南陽來季德，停喪在殯，忽然坐祭床上，顏色服飾聲氣，熟是也。……飲食飽滿，辭訣而去。家人大哀剝斷絕，如是三四，家益厭苦，其後飲醉形壞，但得老狗，便朴殺之，推問，里頭沽酒家狗。」〔註55〕應劭的《風俗通義》保存了許多當時流傳的精怪傳說，除了上述的狗精怪外，還有木石怪、狐狸精怪、植物精怪等等，牠們雖與鬼神不盡相同，但卻同樣具有變化的能力。總體來看，漢代對精怪與鬼神性質的劃分仍不明確，精怪與神鬼之間的性質仍有部分相重疊，而「鬼」也不完全指稱「人鬼」，這樣的習慣應是先秦以來「鬼神」、「精怪」不分的遺留。

　　魏晉時期，談奇說怪的風氣興盛，人們對精怪與鬼神間的差異，也開始有較清楚的區分。首先，「物老成精」的觀念已趨向定論，再者，精怪的「原型」也逐漸被披露出來，例如《抱朴子》就將精怪可能變化的樣子記載下來：

> 山中寅日，有自稱虞使者，虎也；稱當路君者，狼也；稱令長者，老狸也。卯日稱丈人者，兔也；稱東王父者，麋也；稱西王母者，鹿也。……午日稱三公者，馬也；稱仙人者，老樹也。……但知其物名，則不能為害也。〔註56〕

《撿太山文》也載：

> 夫自稱山嶽神者，必是蟒蛇。自稱江海神者，必是黿鼉魚鱉。自稱天地父母神者，必是貓狸野獸。自稱將軍者，必是熊羆虎豹。鬼魅假形，皆稱為神。〔註57〕

從上述說法可知，精怪原型皆為「動物」、「草木」之屬，這些記載使得人們進一步確定精怪的來源。

〔註54〕應劭撰，吳樹平校釋，《風俗通義校釋》（天津：天津古籍出版社，1980年），怪神第9，348～349。

〔註55〕同上註，頁349。

〔註56〕《抱朴子內篇校釋》〈登涉〉，頁304。

〔註57〕竺道爽，《撿太山文》引自《弘明集》（臺北：台灣商務印書館，1965年），卷14，頁178。

　　另一方面，用鬼來指稱精怪的說法也逐漸減少，人死化成鬼回到陽間作祟的傳說，則在社會廣泛流傳，例如《幽明錄》載一新死之鬼身形消瘦，死及二十年之友鬼，教他到民宅嚇人，以獲取祭品享用。〔註58〕《列異傳》也載宋定伯假裝自己是新死之鬼，欺騙真鬼的故事。〔註59〕這些都加深了民眾「人死為鬼」的印象。

　　神祇方面，舊有的日月山川或精怪神祇仍為百姓所崇拜外，也出現擬人化的情形。〔註60〕同時「人物神祇」的數量開始增加，除了黃帝、五帝、老子、孔子外，許多功業彪炳或德性出眾的人，死後也被尊奉為神，如曹操、鄧艾、賈逵、〔註61〕諸葛亮、鄧芝、孫堅等〔註62〕，皆被當做神祇。此外，許多修道人或具道術者也被立祠祭祀，如《搜神記》載：「趙昞嘗臨水求渡，船人不許。乃張帷蓋，坐其中，長嘯呼風，亂流而濟，於是百姓敬服，從者如歸。章安令惡其惑眾，收殺之。民為立祠於永康，至今蚊蚋不能入。」〔註63〕這些新的人物神其實都是「人鬼」，但民間卻視其為具保護力量的神祇，顯見祂們的地位已被提高，這與道教信仰的散佈有關。魏晉時，道教除將自然神祇納入神靈體系並以予人格化外，而其修練成仙的夢想也風行於當時，許多修道人相信煉丹服食可以飛升成仙，《抱朴子》一書對如何成仙的理論就有詳細的說明，民眾普遍相信人可以成仙，這類神奇傳說籠罩整個社會，催化了「人物神」增加的速度，葛洪甚至還作《神仙傳》，為道教的神仙立下譜系及來歷，〔註64〕讓祂們具有人間般的位階和司職，於是「神祇」的地位逐漸高於「鬼」和「精怪」，使得先秦以來三者混雜的情況產生了區隔。

　　至隋唐時期，「物老成精」的觀念依舊盛行，異於魏晉者是此時精怪趨向「人性化」，易言之，精怪除了原型非人，在情感及意念上幾乎跟人無異。譬

〔註58〕《太平廣記》7，卷321〈新鬼〉條引《幽明錄》，頁2544。

〔註59〕《太平廣記》7，卷321〈宋定伯〉條引《列異傳》，頁2548～2549。

〔註60〕如東晉時，前燕慕容儁遣使祭祀遏徑山，並尊封為「武悼天王」，參見蔡宗憲，〈北朝的祠祀信仰〉（臺北：台灣大學歷史學研究所碩士論文，1999年），頁90～95。

〔註61〕陳壽，《三國志‧魏書‧王凌傳》（臺北：鼎文書局，1976年）引干寶《晉紀》，卷28，頁760。

〔註62〕同上引書〈諸葛誕傳〉引《世語》，卷28，頁771。

〔註63〕《搜神記》，卷2，頁13。

〔註64〕張億平，〈魏晉南北朝民間信仰研究〉，（臺北：台灣大學中國文學研究所碩士論文，2002年），頁137。

如《宣室志》載「計真」與其狐妻兩人結婚十餘年，狐妻行事周到，有婦德，臨死前托孤計真，並坦承自己是狐狸精，計真聽聞後非但不害怕，反而更加感念狐妻。〔註65〕

鬼的來源方面，唐人大多相信人死為鬼，也很少將精怪指稱為鬼，只是鬼出現時多半不是好事，譬如貞觀年間（627～649）長安城西漕店人，為父母舉辦奢華的葬禮，一、二年後，其亡弟來說：「言為兄厚葬父母，被差為林皋驛馬祗承，困苦不堪，故來請兄代。」兄大懼，連忙承諾燒紙錢協助其弟，後數月，亡弟又來云：「祗承不濟，兄遂不免去。」其兄應聲而卒。〔註66〕此外，唐代的鬼也多能詩能歌，具有文人的風采，這點跟魏晉的鬼氣象不同。

至於神祇方面唐代祭祀的對象仍舊相當廣泛，《唐六典》載：

> 若昊天上帝、五方帝皇、地祇、神州宗廟為大祀。日、月、星辰、社稷、先代帝王、岳、鎮、海、瀆、帝社、先蠶、孔宣父、齊太公、諸太子廟為中祀。司中、司命、風師、雨師、眾星、山林、川澤、五龍祠等及州縣社稷、釋奠為小祀。〔註67〕

在唐人小說中，這些神祇的性格逐漸接近人類，具有喜怒哀樂的特色，〔註68〕甚至也常現身人間與人互動，譬如《續玄怪錄》就記載唐衛國公李靖在山中打獵迷路，途中遇見龍王，龍王拜託李靖行雨的故事。〔註69〕如此生活化的傳說，也拉近了人與神祇間的距離。

大體來說，唐代「精怪」與「鬼」、「神」皆充滿人性，這一點成為他們最大的共同點，三者在唐代的差異，主要仍在來源上的不同，其中「鬼」的來歷最為明確，幾乎都指向人死後的狀態，「精怪」雖被視為物類，但卻常常帶有人性化的色彩；至於「神祇」部分，也逐漸褪去高高在上的神性，走往神格人性化的道路了。

〔註65〕《太平廣記》10，卷454〈計真〉條引《宣室志》，頁3707～3709。
〔註66〕《太平廣記》7，卷328〈漕店人〉條引《異聞錄》，頁2602。
〔註67〕張九齡，《唐六典》（臺北：台灣商務印書館，1976年），卷4〈祠部郎中條〉，頁17。
〔註68〕鄭惠璟，〈唐代志怪小說研究〉（臺北：台灣大學中國文學研究所碩士論文，1989年），頁90～92。
〔註69〕《太平廣記》9，卷418〈李靖〉條引《續玄怪錄》，頁3407～3409。

第二節　宋人筆記中的精怪信仰活動

　　精怪活動記載之外，宋人筆記也保存許多人們祭祀精怪的記錄，這些祭祀的廟宇未必很大，卻香火興盛。人們願意前來祭祀，主要是採信牠們的靈驗並有所祈求，精怪的祭祀盛況，有時還不下於國家祀典，這可看出宋代民間信仰需求的多樣化，愈多元的神祇，才能夠滿足民眾不同的需要。

一、宋代的精怪信仰

　　祭祀活動屬於禮制的一環，從官府角度看，祭祀禮儀及規範不可忽略，任何祭祀活動和神祇祭拜皆有規制，《禮記‧祭法》載：

　　　　夫聖王之制祭祀也，法施於民則祀之，以死勤事則祀之，以勞定國
　　　　則祀之，能禦大菑則祀之，能和大患則祀之。……及夫日月星辰，
　　　　民所瞻仰也，山林川谷丘陵，民所取財用也，非此族也，不在祀典。
　　　　〔註70〕

從段文字可知，列入國家祀典的資格有兩種：一是具護國佑民能力者，二是自然物中為民敬仰者。不在祀典之列者，則屬非法的「淫祀」。〔註71〕但從民間淫祠盛行的情形看來，這些限制往往形同具文。

　　宋代建國後對祭祀相當重視，宋太祖開寶四年（971），即下詔重修前代祠宇，〔註72〕此後歷朝不只修廟，還大開祀典之門，如《宋史》載：「自開寶、皇祐以來，凡天下名在地志，功及生民，宮觀陵廟，名山大川能興雲雨者，並加崇飾，增入祀典。」〔註73〕熙寧七年（1074），神宗又下詔：「應天下祠廟，祈禱靈驗，未有爵號者，並以名聞，當議特加禮命。內雖有爵號，而褒崇未稱者，亦具以聞。」〔註74〕由上面兩道詔書來看，宋廷對神祇的來歷並不考究，大抵採開放態度，這也間接促成民間非法祠廟的興盛，神祇只要能符合民眾的利益，大家便願意祭祀牠。許多精怪也藉此機緣，被帶進民間信仰的體系之中。

〔註70〕　《禮記集解》，卷45，〈祭法第23〉，頁1204～1025。
〔註71〕　《禮記集解》，卷6，〈曲禮下第2之2〉載：「非其所祭而祭之，名曰：淫祀，
　　　　淫祀無福。」，頁152～153。
〔註72〕　徐松，《宋會要輯搞》（北京：中華書局，1987年），禮20之1，開寶四年二
　　　　月二十五日條，頁765。
〔註73〕　脫脫《宋史》（臺北：鼎文書局，1980年），卷105，〈禮八〉，頁2561。
〔註74〕　《宋會要》，禮20之2，熙寧七年十一月二十五日條，頁765。

　　宋人筆記裡的精怪，往往神出鬼沒，行蹤飄邈不定，似乎居無定所。實際上許多精怪仍有固定的活動範圍，同時伴隨一群信仰祂的追隨者。從地域特性來看，北方以「狐精信仰」比較有名，[註 75]例如《澠水燕談錄》載：陝西邠州城東有座「靈應公廟」，廟旁洞穴住了許多狐狸，當地巫者挾狐狸為人禍福，民無不信，水旱疫疾悉禱之，民語為之諱"狐"。歷來此地為官者，莫不先至「靈應公廟」祭拜後，才敢上任視事。後因邠州知州王嗣宗的大力取締，派人毀其廟，縱火焚燒狐狸洞，將狐狸殺光，淫祀方息。[註 76]「靈應公廟」就是「狐精廟」，巫者利用狐精的名義作威作福，造成當地百姓心理的恐懼，故而引來地方長吏毀廟殺狐之舉。

　　另外，北宋宣和七年（1125）也有關於「狐王廟」的傳說，《大宋宣和遺事》載：

> 萬歲山羣狐於宮殿間陳設器皿對飲，遣兵士逐之，徬徨不去。九月，有狐自艮岳山直入中禁，據御榻而坐，殿帥遣殿司張山逐之，徘徊不去。徽宗心知其為不祥之徵，而蔡攸曲為邪說，稱艮岳有狐王求血食乃爾。遂下詔毀狐王廟。[註 77]

從狐狸據榻而坐，徽宗心知其為不祥的敘述來看，徽宗對狐精傳說應該並不陌生，而且「狐」與「胡」同音，讓人聯想到是否將有「胡禍」發生。從另外一個角度看，當時的狐精信仰與「狐王廟」應該頗具名氣，若只是蕞爾小廟，徽宗或許根本不會知道有一間「狐王廟」。

　　南方地區則以「蛇精信仰」較具代表，《宋史》載：

> 潮州僧寺有大蛇能驚人，前後仕於潮者皆信奉之。前守去，州人心疑焉，以為未嘗詣也。已而旱，咸咎守不敬蛇神故致此，後守不得已詣焉，已而蛇蜿蜒而出，守大驚得疾，旋卒。[註 78]

[註 75] 劉仲宇在《中國精怪文化》一書認為，中國狐精的信仰起源很早，唐時已有「無狐媚，不成村。」的說法，可見唐代狐精信仰早已深入民間，另外，從唐宋狐精傳說來看，不少故事地點都是在北方，因而推測北方為狐精信仰的中心。參見，《中國精怪文化》，頁 135。及江慧琪，〈先秦至唐狐狸精怪故事研究〉（臺中：中興大學中國文學研究所碩士論文，2002 年），頁 104。

[註 76] 王闢之，《澠水燕談錄》（宋元筆記小說大觀）（上海：上海古籍出版社，2001 年），卷 9，頁 1298。

[註 77] 佚名，《新刊大宋宣和遺事》（臺北：河洛圖書出版社，1981 年），利集，出自《宋元平話五種》頁 438。

[註 78] 《宋史》，卷 416，〈胡穎傳〉，頁 12479。

南宋高宗時（1107～1187），龍圖閣待制王剛中任官蜀地，遇有妖人王思聰，挾女巫，蓄一蛇，晝夜聚男女為妖，王剛中認為此「左道惑眾，亂之萌也」，遂下令殺蛇，黥思聰，徙之遠方，而境內淫巫為妖的風氣才稍戢。〔註79〕

王剛中的墓誌中說女巫「蓄蛇」惑眾，這應該是挾精怪的一種方法，只是如何「蓄」則令人感好奇，在《夷堅志》裡有一則故事可供我們參考：

〈石牌古廟〉：浮梁縣石牌村民胡三妻董氏暴死，慶元元年（1195）二月某日黃昏，胡三於睡夢中見其妻董氏來，驚問曰：「汝不幸下世，將及兩年，何故又到此？」董氏哭著說：「好教你知，舊日有何師者，得一獼猴，縛之高木上，餓數日了，乃煉製熟泥，塑于案上，送入山後古廟，祭以為神。後來成精怪發靈，我遂被他取去。」說完便離開。胡三醒後，周訪鄰近父老，得知山後有一古廟，入廟一探，果然看到妻子說的獼猴神像，胡三憤而用刃揮砍，毀廟而去。〔註80〕

上述故事裡的何師者應該就是巫者，他將獼猴塑上熟泥，置之古廟案上祭以為神，結果獼猴就成了精怪，這樣的方式相當特別，是「蓄精怪」的方法之一，只可惜故事中並未交代該廟遭毀的後情，也不知巫者的反應為何，使人無從一探究竟。

此外，江南地區著名的精怪信仰還有「五通神」，據《夷堅志》載：

大江以南地多山，而俗機鬼，其神怪甚佹異，多以巖石樹木為叢祠，村村有之。二浙、江東曰「五通」，江西、閩中曰「木下三郎」，又曰「木客」，一足者曰「獨腳五通」，名雖不同，其實則一。考之傳記，所謂木石之怪夔罔兩及山𤢖巢是也。……變幻妖惑，大抵與北方狐魅相似。〔註81〕

「五通神」形貌多變，或猴或蛇皆有，江南各地對祂的稱呼也不一致，〔註82〕但祂卻是南方精怪信仰中最重要的代表。美國學者萬志英（Richard von Glahn）曾對宋代「五通神」信仰做過研究，他認為南宋以前「五通神」被多數人視為

〔註79〕孫覿，《鴻慶居士集》（臺北：台灣商務印書館，1982），卷38，《宋故資政殿大學士王公墓誌銘》，頁6。
〔註80〕《夷堅志》，夷堅三志己卷9，〈石牌古廟〉，頁1374。
〔註81〕《夷堅志》，夷堅丁志卷19，〈江南木客〉，頁695。
〔註82〕除了五通、木下三郎、木客、木下三神的稱呼之外，在《夷堅志》還出現：花果五郎、護界五郎、獨腳五通、五聖、五顯、五侯等名號，皆是對五通神的稱呼。參見劉仲宇《中國精怪文化》，頁135～139。

精怪，其信仰也流行於南方，南宋後，「五通神」則有神格化的傾向。〔註83〕
「五通神」之所以受百姓膜拜，應是跟祂能替人帶來橫財致富有關，洪邁說五
通神「或能使人乍富，故小人好迎致奉事，以祈無妄之福。若稍微忤其意，則
又移奪而之他。」〔註84〕許多故事也記載「五通神」靈應如響，如《夷堅志》
載：「臨川水東小民吳二，事五通神甚靈，凡財貨之出入虧贏必先陰告。」《朱
子語類》也載其家鄉：

> 風俗尚鬼，如新安等處，朝夕如在鬼窟。某亦番歸鄉里，有所謂
> 「五通廟」，最靈怪。眾人捧擁，謂禍福立見。居民纔出門，便帶
> 片紙入廟，祈祝而後行。士人之過者，必以名紙稱：門生某人謁
> 廟。〔註85〕

由此來看，「五通神」的靈驗已經得到南方百姓的信服，其信仰熱情已到了瘋
狂的地步。大觀三年（1109）徽宗甚至分封「五通神」為通貺侯、通佑侯、通
澤侯、通惠侯、通濟侯。南宋高宗則增封為四字侯，孝宗時更將五通的地位
提升至公爵。〔註86〕

然而「五通神」畢竟是精怪，而且常有為崇擾人的傳聞，即便其相當靈
驗，仍有許多宋人害怕五通神，請看下面兩則故事：

〈連少連書生〉：饒州仁安書生連少連寄居近村富家，某晚舉燈誦讀，
一紫衣老婦突然出現對連生說：「媒人也，東里蕭家有小娘子，姿色絕艷，
如神仙中人，慕秀才容儀，請於父母，願為夫婦，使我來達意，其家快性，
纔說便要成，幸勿遲緩。」連生答應後，老婦帶他入一室，果真見一美女在
旁侍候，老婦準備酒宴款待連生，酒酣後，一牛頭人突然自外頭闖入，喝曰：
「不得無禮。」當下酒宴及房間皆消失不見，但卻隱約聽見樂聲在富家主人
祠堂內，連生惶惑，隔日走告主人，主人驚嘆云：「是吾家所事蕭家木下三
郎是也。」連生驚駭，急忙收拾行囊離去。〔註87〕

〔註83〕 Richard von Glahn, "The Enchantment of Wealth：The God Wutong in the Social
History of Jiangnan" Harvard Journal of Asiatic Studies,51：2（1991），pp.651
～660.

〔註84〕 《夷堅志》，夷堅丁志卷19，〈江南木客〉，頁695。

〔註85〕 黎靖德編，王星賢點校，《朱子語類》（北京：中華書局，1999年），卷3，〈鬼
神〉，頁53。

〔註86〕 《宋會要》，禮20之157～158，大觀三年三月條、紹興十五年八月條、淳熙
元年五月條，頁843。

〔註87〕 《夷堅志》，夷堅支癸卷5，〈連少連書生〉，頁1255。

〈江南木客〉：宜黃縣袁氏女在門外井中汲水，一大蛇纏繞袁女與交接，家人驚召巫者解救，巫者云：「是為木客所為，不可殺，久當自去。」傍晚大蛇離開，但袁女顏狀終不復舊，成痴人矣。〔註88〕

從這些紀錄可知，「五通神」雖為人所奉祀，卻帶有相當危險的因子，故洪邁說江南人對五通「人絕畏懼，至不敢斥言，祀賽惟謹」，就是這個道理。〔註89〕

除了上述二大區域的精怪信仰外，宋代文獻中還有不少精怪信仰案例值得注意，以祈雨活動來說，地方上如果遭遇旱災，多半會向「龍」祈雨，因此不論民間或官府對「龍」都相當尊崇，有些龍還被賜予爵位，以表彰其功績，例如宋徽宗建中靖國四年（1104）八月，就下詔冊封天下「五龍神」為王，封青龍為廣仁王，赤龍為嘉澤王，黃龍為孚應王，白龍為義濟王，黑龍為靈澤王。〔註90〕冊封龍王的用意主要在於感念普降甘霖的功德，並祈求風調雨順。除了官府向龍王祈雨外，民眾也會向精怪祈求，例如紹聖四年（1097），宋哲宗對西夏用兵，兵民奉命築平夏城，築城時發現三隻蜥蜴，當地居民便立「三神祠」，將蜥蜴供奉起來，水旱禱之即應，〔註91〕不僅如此，西夏入侵平夏時，居民向蜥蜴神祠祈禱，結果起大風吹斷了西夏攻城之梯，解了平夏之危。〔註92〕當地百姓眼裏，這三隻蜥蜴具有精怪的神奇能力了，民眾深信牠們能治水旱並帶來平安，因而虔誠奉祀，崇寧四年（1105），徽宗特賜廟額「昭順」，並分封三者為順應侯、順貺侯、順佑侯，〔註93〕列入國家祀典之列，享有民間血食，足見蜥蜴精已成為當地重要的信仰對象。

此外，宣州南陵縣也有「蜂王精」信仰，《夷堅志》載：

宣州南陵縣舊有「蜂王祠」，莫知所起，巫祝因以鼓眾，謂為至靈，里俗奉事甚謹，既立廟，又崇飾龕堂貯之，遇時節嬉遊，必迎以出。紹興初，臨安錢讜為縣宰，到官未久，因閔雨有祈，吏民啟曰：「此神可恃賴。」乃為具儀導入縣治，才升廳，錢焚香致敬，望其中無他像設，獨一蜂，大如拳，飛走自若。〔註94〕

〔註88〕　《夷堅志》，夷堅丁志卷19，〈江南木客〉，頁697。
〔註89〕　《夷堅志》，夷堅丁志卷19，〈江南木客〉，頁696。
〔註90〕　《宋會要》，禮21之4，建中靖國四年八月條，頁852。
〔註91〕　《宋會要》，禮20之143，紹聖四年條，頁836。
〔註92〕　《宋會要》，禮20之3，崇寧四年十一月二十二日條，頁766。
〔註93〕　《宋會要》，禮20之144，崇寧四年十一月條，頁836。
〔註94〕　《夷堅志》，夷堅支乙卷5，〈南陵蜂王〉，頁830。

從「蜂王祠」的規模來看，應屬中型廟宇，再加上有巫祝的主持和背書，因此能博得民眾崇信，甚至當地進行祈雨活動時，吏民未先禱求主管降雨的龍神祠廟，還向官員推薦「蜂王祠」，認為「此神可恃賴」，蜂王受尊崇的情形可見一斑。

　　宋代的精怪信仰，還值得注意「巫祝」在其中所扮演角色。在一般人心中，巫祝的主要工作是為信眾進行禳災祈福，但在精怪信仰的記載裡卻不全然如此，許多巫祝常利用精怪信仰來謀取私利或進行非法活動。例如邠州狐精、四川蛇精，以及宣州蜂王廟等案例，都有巫祝在其中操作或煽動的情形，可見精怪的信仰跟巫者的推動，有很大的關係。巫者挾精怪以壯其術，讓老百姓心存畏懼而膜拜不已，甚至造成官府統治施政的阻礙，無怪宋仁宗（1010～1063）時，洪州知州夏竦云：「黔黎無知，黷神右鬼，妖巫憑之，詐降靈異。……誠當峻示科條，禁其詭誕，杜齊民蠹耗之源，抑巫覡妖怪之本。」〔註95〕由此可見巫祝在精怪信仰中的影響力，確實不可忽視。

　　從上述的文獻和論述顯示，宋代的精怪信仰活動已相當普遍，有些甚至成為地方重要的崇拜對象或信仰特色，如邠州狐精信仰的例子裡，地方的官員上任前，都得到「靈應公廟」祭祀，祈求平安，〔註96〕顯示當地的狐精信仰已經深入人心，足以影響官員的舉措，宣州的「蜂王信仰」也有相似的情形，讓人不禁想問何以宋代的精怪信仰如此發達？美國學者韓森（Valerie Hansen）在《變遷之神─南宋時期的民間信仰》一書中認為，宋代神祇與人之間的關係，是建立在互惠的條件上，易言之「人需要神祇的庇護與顯靈，神則需要人的承認與報答。」〔註97〕這一說法頗符合宋代精怪信仰的特質，譬如在「五通神」的信仰中，洪邁、朱熹都不約而同地指出大眾膜拜的理由，不是因為五通神格偉大，而是因為祂們的靈驗，這種心態讓民眾不在乎神祇的來源，只要能夠達成人們的願望者，都肯祭祀。至於朝廷對精怪廟宇的賜額、授爵，除了「加持」該廟的靈驗外，也讓精怪祠廟有機會從非法的淫祀

〔註95〕夏竦，《文莊集》（臺北：台灣商務印書館，1969 年），卷 13，〈禁淫祀〉，頁 15。

〔註96〕這裡的「平安」筆者認為有兩種意義，一是求得任官平安，這一部份屬於私。二是求境內平安，這一部分屬於公。但不論於公於私，顯然狐精信仰對當地的個人或地方來說都有很大的影響力，也迫使官員也必須前來祭祀，以求平安無事。

〔註97〕韓森（Valerie Hansen）著，包偉民譯，《變遷之神──南宋時期的民間信仰》（浙江：浙江人民出版社，1999 年），頁 45。

躋升國家祀典之列，這兩大因素催化下，宋代的精怪信仰在民間蓬勃發展而
緜延不斷。

表 4-2 宋代精怪信仰一覽表

精　　怪	祠廟名稱或稱號	地　點	事　　蹟	資料來源
蛇精	不詳	成都府路	妖人王思聰，挾女巫，蓄一蛇，晝夜聚男女為妖。	《鴻慶居士集》，卷 38，《宋故資政殿大學士王公墓誌銘》
蛇精	不詳	英州	巫者蓄養蛇精為妖。	《輿地紀勝》，卷 95，〈陸起墓誌銘〉
蛇精	不詳	潮州	潮州僧寺有大蛇能驚人，前後仕於潮者皆信奉之。	《宋史》，卷 416，〈胡穎傳〉
蛇精	佑聖觀	衢州	主祀祠黃冠遇大蛇於道，謂神所憑，率民以禱。	《癸辛雜誌》後集，〈趙春谷斬蛇〉
蛇精	府軍神祠	京兆府	巫覡蓄蛇怪，日言禍福，簫鼓歌舞通晝夜，男女往來，輸金繪木石為之立廟。	《蔡襄集》，卷 38，〈太常丞管勾河東安撫使機宜文字蒲君墓誌銘〉
蛇精	白馬大王廟	湘潭地區	或言湘潭境內白馬大廟，廟神靈威怖人。	《夷堅志》，夷堅支景卷 5，〈南岳廟梁〉
蛇精	曹村埽神祠	濮陽縣	賜額靈澤。神宗元豐元年（1078）河決曹村，有赤蛇見于埽，官吏迎置盤中祝之。	《宋會要》，禮 20 之 165，元豐元年條
蛇精	不詳	不詳	廟塑一蛇，時邑人敬奉此妖，至不敢斥其姓。	《夷堅志》，夷堅支戊卷 3，〈錢林宗〉
五通神（蛇）	木下三郎廟	池州	五通神至倡女李妙家吃喝，李妙向其索費，五通神化做大白蛇離去。	《夷堅志》，夷堅支戊志卷 3，〈池州白衣男子〉
五通神	三聖廟（木下三郎）	建康	靈威頗著，吏民奉之尤謹。	《夷堅志》，夷堅支景卷 9
五通神	五通祠	會稽城	會稽城內有五通祠，極寬大，雖不預春秋祭典，而民俗甚敬畏。	《夷堅志》，夷堅三志己卷 8，〈五通祠醉人〉
五通神	五顯靈觀祠	寧國府	賜額靈順。〔註98〕	《宋會要》，禮 20 之 157，大觀三年三月條
五通神	七姑子廟	贛州	蓋山鬼也，遍城郭邑聚，多立祠宇，其狀乃七婦人，頗能興禍咎。	《夷堅志》，夷堅甲支卷 6

〔註98〕　《宋會要》，禮二十之一五七～一五八，大觀三年三月條，頁 843。

五通神	七姑子廟	汀州	汀州多山魈,其居郡治者為七姑子。	《夷堅志》,夷堅乙志卷 7
五通神	五侯廟	婺源	五通神至李五七家白吃白喝。	《夷堅志》,夷堅志補卷 15
狐精	靈應公廟	邠州	妖巫挾狐,為人禍福,風俗尤信。	《續資治通鑑長編》,卷 75,真宗大中祥符四年正月辛巳條
狐精	狐王廟	不詳	蔡攸曲為邪說,稱艮岳有狐王求血食乃爾。遂下詔毀狐王廟。	《宣和遺事》,利集,〈萬歲山群狐對飲,狐升御榻詔毀狐王廟〉
獼猴精	石牌古廟	浮梁縣	為巫所蓄,祭以為神。	《夷堅志》,夷堅三志己卷 9,〈石牌古廟〉
獼猴精	能仁寺	福州	村俗怖聞其名,遭之者初作大寒熱,見病狂不食,緣籬升木,自投於地,往往致死,小兒被害尤甚。……祠者益眾,祭血未嘗一日乾也。	《夷堅志》,夷堅甲志卷 6,〈宗演去猴妖〉
鶖鳥精	護國大將軍	徐州泗州	紹興二十六年(1156),淮、宋之地蝗蟲大起,有水鳥名鶖百千,共啄蝗,民眾上奏虜廷,制封鶖為護國大將軍。	《夷堅志》,夷堅支甲卷 1,〈護國大將軍〉
鶴精	白鶴祠	新昌	新昌旱,禱雨白鶴祠。	《鴻慶居士集》,卷 41,〈右從政郎台州黃巖縣令楊元光墓表〉
鼈精	古靈鼈祠	城都府	賜額「開福」。	《宋會要》,禮 20 之 168,崇寧三年正月條
烏龜精	烏龜大王廟	不詳	廟中有木鬼戲。	《名公書判清明集》,卷 14,〈懲惡門・巫覡〉
蝦蟆精	不詳	不詳	蝦蟆精授治河之法,民眾立廟祠之。	《睽車志》,卷 3
貓精	不詳	溫州	貓鬼詛咒殺人。	《宋會要》刑法 4 之 2,太平興國五年二月四日條
虎精	不詳	嵊縣	傳言虎久有神,變幻莫測。	《宋史翼》,卷 14〈黃由傳〉
獅子精	師子神祠	府谷縣	州西有師子神,愆雨祈求甚有靈應,封「昭佑侯」。〔註99〕	《宋會要》,禮 20 之 141,建炎三年十月條

〔註99〕此地之「師子廟」即為「獅子廟」,因為「師」與「獅」兩字互通。漢書西域志云:「烏弋有桃拔、師子、犀牛」參見《辭海》(臺灣:中華書局,1986 年),師子條,頁 1606。

白馬精	白馬仙祠	福州	白馬之祠，靈應彰灼。	《西山先生真文忠公文集》，卷第 50，〈白馬仙祠〉
蜥蜴精	平夏三神祠	平夏城	哲宗紹聖四年（1097），築平夏城，有三蜥蜴見于此，居民祠之，水旱禱即應。	《宋會要》，禮 20 之 143，紹聖四年條
蜂精	蜂王祠	宣州	宣州南陵縣舊有蜂王祠，莫知所起，巫祝因以鼓眾，謂為至靈，里俗奉事甚謹。	《夷堅志》，夷堅支乙卷 5，〈南陵蜂王〉
紫荊樹精	紫相公	涇陽	紫荊樹村民祠以為神，呼曰「紫相公」。	《清異錄》，卷下，神門，〈紫相公〉
花精	百花大王廟	平江	百花大王生日，府民皆循年例獻壽。	《夷堅志》，夷堅補卷 15，〈百花大王〉
石頭公	石公廟	衡州	衡州仁安縣新渡石公廟素靈。	《夷堅志》，夷堅志三補，〈廟神周貧士〉
石頭公	不詳	汝州	汝州葉縣大井洞，忽得一石，上刻四句云：「葉邑之陰，汝潁之東，茲有國寶，永藏其中。」葉人大惑，謂之神石，寘於縣祠中，響禱日盛。	《湘山野錄》，卷中
石頭公	護國石人大公祠	信州	封「靈助侯」。	《宋會要》，禮 20 之 139，建炎三年十月條
石頭公	石蟾神祠	邛州	賜額「貞濟」，封「昭應侯」。	《宋會要》，禮 20 之 146，崇寧年四年三月條
石頭公	石柱神祠	福州	賜額「顯應」，封「淵肅侯」。	《宋會要》，禮 20 之 155，紹興三年六月條
石頭公	三石神祠	江山縣	賜額「靈石」，分封為「博濟廣澤公」、「豐潤周施公」、「惠浹普洽公」。	《宋會要》，禮 20 之 156，大觀四年三月條
石鼓精	石鼓神祠	福州	石鼓之祠，靈應彰灼。	《西山先生真文忠公文集》，卷 50，〈石鼓神祠〉
壁鏡精	皮場大王廟	京師	其質或白黑，有五足，疾病疢瘍者造為其所，香火輒愈。	《宋會要》，禮 20 之 3，崇寧四年十一月二十二日條

二、祭祀心理與祭祀活動

（一）祭祀心理方面

　　廣義來看，祭祀代表人們對超自然力量的期待，人既無法掌握生命中的所有事物，於是透過祭祀，人們相信可以聯結超自然力，並獲得協助。對此一信仰心理，學者蒲慕州曾提出：「中國古代宗教信仰中最根本而持久的目標，是如

何得到個人和家族的福祉。」〔註100〕而個人又如何能接觸,甚至控制超自然力量呢?答案是透過祭祀。易言之,民眾的信仰心態是在乞求幫助,神祇是否靈驗、賜予協助,成為信仰的重要關鍵,這種實用心態正是中國民間信仰的特色。

　　宋代列入國家祭祀的準則,「凡天下名在地志,功及生民,宮觀陵廟,名山大川能興雲雨者,並加崇飾,增入祀典。」〔註101〕祭祀的用意在祈求國家平安,官府祭祀的願望偏向「公利」,但宋代民眾祭祀精怪,多是從「私利」的角度出發,他們的祈求都是非常具體的利益。譬如:衡州仁安縣新渡石公廟以靈驗著稱,某士人宿於石公祠禱曰:「旅中困乏,冀神指迷。」石公顯靈曰:「湖北有巨商,見在本縣城中,足瘡苦甚,已出五百千求醫,而醫者盡其伎不能效,汝往與醫。」士人回答:「某素不善醫,奈何!」石公曰:「此商嘗乘船,在吾廟前對吾廟尿,吾怒之,令小鬼以針刺其脛故爾。汝以吾殿香爐灰與擦其瘡,即癒。若如所酬,盡可為旅費。却望隱吾言,不然,汝所得隨喪,而吾之香火亦不隆矣。」士人依石公指示前往,果然找到該名巨商,如其言用之,巨商足瘡便痊癒,而士人所得如數。之後,巨商與士人成為刎頸之交。某日,巨商向士人詢問當時治瘡之法,士人忘卻了石公的交代,透露其中的實情。巨商聞之忿忿不平,遂於城隍廟,拜許水陸齋十筵以訟石公,至四筵時,石公托夢告訴士人:「當初憫汝之貧,故以見告而周急。已嘗戒祝毋泄,今又言之,我亦遭禍,而汝所得亦喪。」設齋至第五筵,一陣巨雷焚毀石公廟,而士人亦得病喪命。〔註102〕

　　故事裡的士人不像是經常前往石公廟祭祀者,換句話說,他並非石公廟的信徒,只因他在旅途欠缺盤纏,前往祈求度過難關,顯見石公廟靈驗的說法對他有很大的吸引力。再從石公的作為來看,祂雖能完成士人的願望,用的卻不是正當的方法,讓巨商患足瘡只為報復他「尿吾廟前」的行為,而給士人一個順水人情。由此觀之,即便石公已被人立祠奉祀,但神格仍舊不高,能力有限且帶些人類的習性,這項特色在宋代的精怪故事裏經常可見。其次士人向石公祈求的內容來看,他說明自己旅途困乏,狼狽不堪,希望石公速指迷津,這樣的遭遇雖令人同情,其心態卻很現實,冀望立即達成個人的願望,無疑是祈求「天上掉下來的禮物」,這也可看出民眾期盼精怪能夠帶來「意

〔註100〕蒲慕州,《追尋一己之福──中國古代的信仰世界》(臺北:允晨文化實業股份有限公司,1995年),頁16。

〔註101〕《宋史》,卷105,〈禮八〉,頁2561。

〔註102〕《夷堅志》,夷堅志三補,〈廟神周貧士〉,頁1812。

外的驚喜」；再者從石公與士人間的約定來看，算是一種交換約定，這類行為模式也經常出現在精怪信仰的場合裡。請看下面這則故事：

〈孔勞蟲〉：荊南劉五客者，往來江湖間做生意，其妻頓氏與二子在家，某夜她聽到窗外有人問：「劉五郎在否？」頓氏未見人影不敢應。劉五客返家後，妻子將這件事告訴他並商議搬家，忽然間聽見空中有人說：「五郎在路不易。」劉叱曰：「何物怪鬼，頻來我家？我元不畏汝！」對方笑曰：「吾即五通神，非怪也。今將有求於君，苟能祀我，當使君畢世鉅富，無用長年賈販，汩沒風波間，獲利幾何，而蹈性命不可測之險？二者君宜詳思，可否在君，何必怒？」劉五客考慮後便答應五通神的建議，於屋側建小祠。不久，即有高車駿馬傳呼而來，曰：「郎君奉謁。」劉五客出門一看，有一人衣黃衫帶烏帽，容狀華楚。此後黃衣人每天都來，下棋嬉戲熱鬧不已，而劉家的金銀錢帛也日漸增加。某日，黃衣人因奕棋爭先，忿劉不假借，推局而起，隔天，劉五客檢視家中篋櫃，所有金銀財寶都消失不見，忿而請孔思文道士治之。孔至祠所，焚香曰：「吾聞此家有祟，豈汝乎？」空中大笑曰：「然！知劉五命君治我，君欲何為？不過效書符小技。吾正神也，何懼朱砂為？」孔曰：「聞神至靈，故修敬審實，何治之云？」問答良久，孔誚之曰：「吾來見神，是客也，獨不能設茶相待耶？」指顧間，茶已在桌上。孔曰：「果不與劉宅作祟，盍供狀授我。」初頗作難，既而言：「供與不妨。」孔謝去，慰以好語曰：「今日定知為正神，劉五妄訴，勿恤也。適過相觸突，敢請罪。」半夜，孔仗劍埋伏在劉家門後，不久，黃衣人出現，孔舉劍揮砍，只見血中墮黃鼠半體，明日前往小祠一看則發現另一半鼠體，之後五通神便不再出現。〔註103〕

〈孔勞蟲〉中，五通神看準了民眾嗜利的天性，用錢財引誘劉五客立廟祭祀祂，劉答應後，彼此間成為條件交換的關係，我祭祀祢，你給我好處，這種互相利用也是精怪信仰的型態之一，故民眾常向精怪祈求私利，換句話說，人們祭祀精怪常帶有「不勞而獲」的心態，只是這種不勞而獲的福分，通常也消失得很快，〈廟神周賓士〉及〈孔勞蟲〉都顯示向精怪求財的後果，往往需要付出代價，或者難以積存，故洪邁對五通神信仰曾云：「或能使人乍富，故小人好迎致奉事，以祈無妄之福。若稍微忤其意，則又移奪而之他。」〔註104〕這種情況不只出現在五通神案例上，其他精怪信

〔註103〕《夷堅志》，夷堅志丁志卷13〈孔勞蟲〉，頁647～648。
〔註104〕《夷堅志》，夷堅丁志卷19，〈江南木客〉，頁685。

仰也相彷彿。

對一般人而言，求乞錢財是主要訴求，但對士人來說，金榜題名、光宗耀祖更是他們畢生的願望。朱熹在談論福建家鄉的風俗時，曾說當地五通神祠信仰盛行，士人每過神祠必用名紙稱「門生某人謁廟」〔註 105〕，換言之，士人也拿功名科考向精怪詢問和祈求，《夷堅志》裡就有這麼一則故事：

〈夏氏靈骰〉：崇寧、大觀年間，衛州汲縣人夏廙久居太學，未成名，家貧無一錢，同舍生相聚賭博，夏則袖手旁觀，等待勝者給予吃紅。某日，夏廙束帶焚香，對骰子祈禱說：「廙聞博具有靈，敢以身事敬卜。今年或中選，願於十擲內賜之渾化。不然，將束書歸耕，無復進矣。」說完，即捼莎擲骰，六子皆赤。夏驚喜卻又不敢相信，又說：「廙至誠齋心，以平生為禱，恐適者偶然，願更以告。」於是再擲骰三次，三次皆是同樣結果，夏廙高興的祭拜感謝骰子，當年夏廙果然登科，官至中大夫川陝宣撫司參議官。其家人將當初的骰子供奉起來，祀奉恭謹。〔註 106〕

上述故事裡，夏廙聽聞博具有靈，故而向骰子祈禱，他卜問能否考上科舉，但其實也是祈求有個好消息，所以當骰子一再顯示中舉兆頭，他將骰子視如神靈般的再次拜謝。夏氏為官後供奉骰子甚謹，可見骰子對他不單是預告金榜提名而已，連中舉也是受到其暗助，故而將它祀奉於家。

一般人祭祀精怪，大多是祈求金錢，冀望帶來意外之財，為此才將精怪祀奉在家中，《夷堅志》所載：「鄱陽人王公，居魏家井側，好事邪神以求媚，至奉五侯泥像於室，香火甚謹。」〔註 107〕更甚者還將精怪神祇隨身攜帶以便不時祈求，見者也不以為怪。〔註 108〕這般舉動，顯示當時迷信精怪外，也透露人們渴求私利的慾望，十分強烈。

（二）祭祀活動方面

在信仰世界裡，祭祀活動是極其重要的一環，民眾相信透過祭祀可使神

〔註 105〕《朱子語類》，卷 3，〈鬼神〉，頁 53。
〔註 106〕《夷堅志》，夷堅丁志卷 1〈夏氏骰子〉，頁 541。
〔註 107〕《夷堅志》，夷堅支甲卷 8〈王公家怪〉，頁 541。
〔註 108〕《夷堅志》載：「樂平故老吳曾……，里社稱為長者，嘗有異鄉客泊旅邸，置傘於房外，遂失之，來見吳曰：微物不足惜，但貯五通神像，奉事多年，一旦屬他人，道塗無所倚，知公長者，能為我訪索乎？吳即為尋覓。」由此可見，當時人們認為隨身攜帶精怪神像，也是常見的行為。引自夷堅支甲卷 8，〈吳長者〉，頁 1418。

祇感受到自己的心意，甚至直接與祂們接觸。宋代祭祀的禮制以「五禮」為主，而「吉禮」因與祭祀神祇有關，所以也最常為人所討論，在《宋會要輯稿》中便記載了祭神祈請的相關規定：

> 國朝凡有水旱災異，有祈報之禮，祈用酒脯醢，如常祀。宮觀，以香茶素饌。〔註109〕

意即國家遭遇自然災害時，政府應當採用的祭品，有酒脯醢之類，至於在宮觀等處則以香茶素饌代替，亦即隨著受祭對象不同、場所不同，祭祀的規定有所差異。

國家祭祀的儀式和器物可在文獻上查知外，民間信仰的祭祀活動，又是何種風貌呢？南宋陳淳曾對漳州地方祠廟的祭祀活動，作了一番生動的描述：

> 四境聞風鼓動，復為優戲隊相勝以應之。人各全身新製羅帛金翠，務以悅神，或陰策其馬而縱之，謂之「神走馬」，或陰驅其篙而奔之，謂之「神走篙」，以誣罔百姓。男女聚觀淫奔酣鬥，夫不暇及耕，婦不暇及織，而一惟淫鬼之玩。……不惟在城皆然，而諸鄉下亦莫非同此一習。〔註110〕

類此祭神活動熱鬧非凡，參加者莫不盛飾裝扮，來達到悅神的目的。活動展開時，「男女聚觀，淫奔酣鬥，夫不暇及耕，婦不暇及織，而一惟淫鬼之玩」，民間的日常生活也受到祭祀活動所影響。

宋人敘述祭祀精怪的活動，大略與此相仿而記錄較為簡要，譬如在〈南陵蜂王廟〉中說到：「里俗奉事甚謹，既立廟，又崇飾龕堂貯之，遇時節嬉遊，必迎以出。」〔註111〕祭拜精怪的時間比春秋大祭之類的國家祀典，彈性較大，舉凡民間節慶，都有可能被當作迎祭精怪神祇的日子，這些精怪多半不在國家祀典之列，因此也會避開官方的祭祀時間。〔註112〕除了日期較具彈性外，祭祀的時間也未必都在白天舉行，例如韓子師任官平江時，某夜突然聽見熱鬧的鼓笛喧囂之聲，彷彿慶典一般，心中覺得奇怪，召來老兵詢問，老兵回

〔註109〕《宋會要》，禮18之2，頁733。

〔註110〕陳淳，《北溪大全集》（臺北：台灣商務印書館，1973年），卷43，〈上趙寺丞論淫祠〉，頁851～852。

〔註111〕《夷堅志》，夷堅支乙卷5，〈南陵蜂王〉，頁830。

〔註112〕例如《夷堅志》載：「會稽城內有五通祠，極寬大，雖不預春秋祭典，而民俗甚敬畏。」這裡所謂「不預春秋祭典」除了指出該廟未列入國家祀典外，也意味精怪祠廟必須避開官方大祭的時間。引自夷堅三志己卷8，〈五通祠醉人〉，頁1364。

答說：「此為當地百花大王生日之慶典，府民每年皆會在此時獻壽。」〔註113〕又如建康「三聖廟」的祭祀也相當熱鬧，《夷堅志》描寫其祭祀情景道：「邑人祭享沓至，宰豬烹羊……從朝至暮，叫呶冗雜。」〔註114〕

　　除宗教意義外，祭祀活動也提供了大眾娛樂的豐富內容，成為庶民調劑生活的重要節目，例如北宋汴京每逢六月二十四日「灌口二郎神」〔註115〕生日時：

> 自早呈拽百戲，如上竿、趯弄、跳索、相撲、鼓板、小唱、鬥雞、說諢話、雜扮、商謎、合笙、喬筋骨、喬相撲、浪子、雜劇、叫果子、學像生、倬刀、裝鬼、硯鼓、牌棒、道術之類，色色有之，至暮呈拽不盡。〔註116〕

可見在祭祀進行的同時，各式各樣的民俗表演，也吸引著民眾前來觀賞，讓祭祀活動充滿歡樂氣氛。

　　在常見活潑歡樂的祭祀慶典外，有些祭祀行為則比較幽暗詭異，例如舒州吳十郎在家奉祀五通神，每值時節及月朔日，必盛具祭奠，殺雙羊、雙豬、雙犬，並毛血糞穢悉陳列於前。以三更行禮，不設燈燭，率家人拜禱訖，不論男女長幼，皆裸身暗坐，錯陳無別，踰時而退，常夕不閉戶，恐神人往來妨礙。〔註117〕這樣奇異的祭祀方式相當令人起疑，它們少見諸紀錄，因其活動十分私密，外人未必能夠知曉，更增添濃厚的神秘色彩，且奉祀的又是精怪，自不免讓人聯想到與邪教有關。

　　至於祭品部分，當時人相信供奉葷食會讓神祇更高興，例如上篇故事的吳十郎祭祀五通時所用之物品皆為葷食，鄱陽地區的民俗則多殺牲以事神，即便是貧窮人家，也會買豬頭及四肢豬蹄供奉，稱為「頭足願」。〔註118〕池州人李五七在奉祀五通神時，神明還跟他說：「吾在本宮為四方信士瞻仰，不得

〔註113〕《夷堅志》，夷堅志補卷15，〈百花大王〉，頁1685～1686。
〔註114〕《夷堅志》，夷堅支景卷9，〈12建康三聖廟〉，頁948。
〔註115〕「灌口二郎廟」的由來在《朱子語類》，卷3，〈鬼神〉，頁53～54載：「蜀中灌口二郎廟，當初是李冰因開離堆有功，立廟。今來現許多靈怪，乃是他第二兒子出來。……大抵鬼神用生物祭者，皆是假此生氣為靈。」。換句話說，「灌口二郎神廟」很可能也是精怪類的廟宇，只是民間借用李冰次子的名義作為掩飾。
〔註116〕孟元老，《東京夢華錄》（北京：京華出版社，1998年），卷8，六月六日崔府君生日二十四日神保觀生日條，頁233～234。
〔註117〕《夷堅志》，夷堅支癸卷3，〈14獨腳五通〉，頁1238。
〔註118〕《夷堅志》，夷堅丙志卷第11，〈胡匠賽神〉，頁457。

不自齋心報答耳。今此既非當境，稀接檀信，但隨食葷腥無礙。」換句話說，此一精怪神祇已開口向人要求葷食祭品了，這樣的現象各地所在皆有，《朱子語類》就有一則「灌口二郎神」要求用葷食祭祀的記載：「向張魏公用兵禱於其廟（灌口二郎神廟），夜夢神語云：『我向來封為王，有血食之奉，故威福得用行，今號為「真君」，雖尊，凡祭我以素食，無血食之養，故無威福之靈……』。」自此以後，該地祭祀二郎神都改用葷食。在《夷堅志》中也談到相似的事情：「永康軍崇德廟，乃灌口神祠，爵封至八字王，置監廟關視五岳，蜀人事之甚謹。每時節獻享，及因事有祈者，無論貧富，必宰羊，一歲至烹四萬口。」〔註119〕類此紀錄顯示人們認為葷食較能得到神祇的歡心，相信用「血食」可添增神祇的威靈。朱熹對於這些求饗葷食的神祇，則以負面的口吻評論說：「大抵鬼神用生物祭者，皆是假此生氣為靈。」〔註120〕易言之，這些神祇恐非正神，而是性好腥血以增其靈異的精怪罷了。〔註121〕

三、宋代精怪的立廟問題

（一）精怪要求立廟

美國學者韓森（Valerie Hansen）認為「祠廟對於神祇的作用，就像房屋對人類一樣。」居住環境的好壞不僅影響神祇的福氣，還影響到祂的威靈。〔註122〕精怪信仰的情形也相同。在宋人筆記中，有些精怪喜歡有固定的居所，接受民眾奉祀，例如《夷堅志》〈胡十承務〉載：揚州人胡十，其家頗贍富，紹興年間（1131～1162）有五名士人突然現身胡家云：「君勿用他疑，我輩非世間人，蓋所謂五顯公者也。知君能好客，是以不由紹介而至。願假借一室，使得依棲，暫為偃泊之地。然亦當常致薄助，以酬主禮。」胡十聽了相當高興，不僅留宿五人，且晨夕加敬，五名士人也依言贈金帛給胡家，過了五個月，士人對胡十說：「我等近利於君亦不少，願求此宅為廟，庶幾人神不相淆雜。君卻於比近別築第，但用吾日前所餉，足以辦集，幸毋見拒。」

〔註119〕《夷堅志》，夷堅支丁卷6，〈永康太守〉，頁1017。

〔註120〕《朱子語類》，卷3，〈鬼神〉，頁53～54。

〔註121〕劉仲宇認為「五通神」是一種獸類的精怪，性喜腥血之物，故而民間祭祀「五通神」也多投其所好，以葷食為主，但這點應該不只適用「五通神」，許多精怪故事中，都有精怪喜歡吃牲畜或吃人的傳說，顯示祂們仍帶有原始獸類的特性。參見劉仲宇，《中國精怪文化》，頁138。

〔註122〕韓森（Valerie Hansen）著，包偉民譯，《變遷之神——南宋時期的民間信仰》，頁54。

胡曰：「此吾三世所居，詎可輕議。擬擇山岡好處，為奉營一祠，且任香火之責如何？」五士人不許，胡家亦堅持立場，此後胡宅遂遭崇怪，胡十招道士治怪，道士反被五士人恐嚇云：「聞欲招法師見治。吾乃正神，享國家血食，只欲宅屋建廟，未為大過，法師何為者哉？雖漢天師復出，吾亦不畏。」不久，胡十只得另請高僧來治，五士人一見僧侶到來，乃狼狽而竄曰：「胡承務害得我輩苦毒。」僧人追叱曰：「這五個箇畜生，敢在此作過，可捉押去。」五士人便消失不見，僧人告訴胡十說：「是皆兇賊，向在淮河稔惡，各已正國法，極刑梟斬，而殭魂尚爾縱暴。今既囚執屏除，君家安矣。猶恨走卻一鬼，徐復出，然不能害也。」胡家送走僧人後，回見一鬼，吁吁短氣，鞠躬言曰：「某等實非神，以饑餓所驅，遠投賢主人，本自住得好，而兄弟不合妄有建廟之請，遂觸怒譴。適者和尚叫捉時，急竄匿於廁板，僅得免脫。某亦不敢久住，只丐一飯，以濟枵腹。先間和尚非凡僧，乃宅中所供養佛耳。」胡十設酒食與之，食畢，泣拜而去。〔註123〕

「五通神」本為精怪，南方多有立廟奉祀者，但胡十家的「五通神」卻是不請自來，起初只是暫時借住，後來卻反客為主，要求胡十把住宅讓給牠們，如果不從，便鬧得天翻地覆。由此來看，這些要求人們祭祀的精怪，通常帶有其目的，牠們一開始與人接觸時，皆不動聲色，待進入情況後才顯露真正的要求。牠們跟人交換條件的報酬，大多是給金錢，例如：新安人吳十郎，淳熙年間（1174～1189），攜家小渡江至舒州宿松縣，以織草屨維生，某晚夢見一獨腳神對他說：「吾將發跡於此，汝能謹事我，凡錢物百須，皆可如意。」隔日，吳十郎訪屋側，得一破廟，詢問鄰人，曰：「舊有獨腳五郎之廟，今亡矣。」吳十郎默感作夢之異，隨力稍加繕葺。兩個月後，他夢見「五通神」來答謝言：「荷爾至誠，即當有以奉報。」此後，吳家房中緡錢充塞，遂成富室。〔註124〕

用金錢引誘立廟外，有些精怪靠替人解難要求建廟祭祀，例如《睽車志》載：宣政年間（1111～1125），黃河決堤，湍流橫潰，不復可塞。清河卒「牢吉」，踱步壞堰旁邊，苦思如何堵住氾濫的河水。忽然間，「牢吉」聽見有人不斷呼喊他的名字，回頭觀看卻無人影，乃循聲尋找，發現呼叫名字者竟是一隻大蝦蟆，「牢吉」大感奇異，恭敬的向蝦蟆禮拜，蝦蟆開口問曰：「爾數

〔註123〕《夷堅志》，夷堅支戊卷6，〈胡十承務〉，頁1098～1100。
〔註124〕《夷堅志》，夷堅支癸卷3，〈獨腳五通〉，頁1238～1239。

往來何為者？」「牢吉」言說河決的災難，蝦蟆聽聞後吐出一物交給「牢吉」說：「吞此可沒水七日，即能窮堰決之源。或有所睹，切勿惊也。」且授以「沉置茭楗」之法，云：「堰成須廟以鎮之。」說完便消失無蹤。「牢吉」依蝦蟆的方法，果然成功堵塞河決之患，事後建廟奉祀蝦蟆。〔註125〕

　　從「胡十」、「吳十郎」到「牢吉」的例子可以發現，這些精怪渴求人們為牠安身立廟，希望擁有固定的場所並得到民眾的祭祀，為了達成此一目的，牠們願意助人紓災解難，或給予好處，以換取建廟的承諾。只是這些精怪既然具有神力，為何還需要人們為牠建廟，按道理來說，牠們大可施展神通創建廟宇，就能擁有安身之處，何須向人開口？但實際上，從許多故事中我們發現，精怪神通難以自力救濟，牠們求祀並非只要求建廟而已，建廟後的香火敬奉，更關係到牠們神通的靈驗程度，在《夷堅志》裏有一則故事如此寫道：

〈九龍廟〉：

> 潼州白龍谷陶人梁氏，世世以陶冶為業，其家極豐腴。乃立十窰，皆燒瓦器，唯一窰所成最善，餘九窰每斷火取器，率窊邪不正，及鬻於市，則人爭售之。凡出盡然，固莫知其所以也。谷中故有祠曰「白龍廟」，蓋因谷得名，靈響寂寂，不為鄉舍所敬。梁夢龍翁化為人來見曰：「吾有九子，今皆長立，未有攸處，分寄身於汝家窰下。前此陶甑時，往往致力，陰助與汝。」梁曰：「九窰之建，初未嘗得一好器物，常以為念，何助之云！」龍曰：「汝一何不悟，器劣而獲厚利，豈非吾兒所致耶？」梁方悚然起拜謝。龍曰：「汝苟能與之創廟，異時又將大獲福矣。」許之而覺。即日呼匠治材，立新祠於舊址，設老龍像正中坐，東西列九位以奉其子。迨畢功，居民遠近合會，瞻禮歡悅。其後以亢陽禱祈雨，不移日而降。梁之生理益富於昔。〔註126〕

故事裏的「白龍廟」，一度沒沒無聞，不受鄉人敬奉，但陶匠梁氏受龍子的幫助，家業生意蒸蒸日上。由此可知，龍王一族並非沒有神力，而是神力有所侷限，因此「靈響寂寂」，香火不盛。龍王以龍子襄助梁氏為理由，要求梁氏為牠們重新修廟，並許諾梁氏在建廟後將「大獲福矣」，這和精怪向人求祀的舉動相似，都是以豐厚的條件跟人交換立廟，值得注意的是梁氏重修白龍廟

〔註125〕郭彖，《睽車志》，卷3，頁4102。
〔註126〕《夷堅志》，夷堅支甲卷2，〈九龍廟〉，頁725～726。

後,各地居民皆來瞻禮,香火開始繁盛,這一來大大增強龍王的神力,故「其後以亢陽禱祈雨,不移日而降」,與當年「靈響寂寂」的情況,有天壤之別,顯見廟宇對精怪來說不只可獲民眾認同,廟宇莊嚴後帶來的香火,更是強化精怪靈力的妙方。

　　百姓既然相信神明寄宿在神像上,神像愈莊嚴,廟宇愈華麗,代表祂愈靈驗,反之,一間破敗的廟宇,表示廟神「靈異不彰」難以吸引民眾,所以,華麗的廟宇和香火鼎盛,變成精怪持續生存的重要因素。又如哲宗紹聖四年(1097),官府為蜥蜴精修建了「平夏三神祠」,隨著祠廟益加靈驗,政府甚至賜額封侯以彰顯其威靈,〔註127〕不僅加持了精怪的靈驗性,更吸引成群的民眾前來祭祀,這是延續精怪信仰命脈的重要方式,也是精怪要求人們為其立廟祭祀的原因。

　　(二)人們主動立廟

　　除了精怪要求建廟的故事外,筆記中也常有人們主動為精怪立廟的情節,他們各有不同的動機,以巫者為例,建廟祭祀精怪多別有用心,譬如京兆府的「府軍神祠」,其住持為巫者,蓄養蛇精,日言禍福,蠱惑百姓捐獻金銀木石為蛇精立廟,廟內整日歌舞鼓樂,異常熱鬧。〔註128〕《夷堅志》也載福州永福縣有巫者,將一隻活蹦亂跳的彌猴用泥裹塑,謂之「猴王」,置之當地「能仁寺」,結果猴王化成精怪,妖祟當地居民,遭之者初作大寒熱,發狂不食,緣籬升木,自投於地,往往致死,小兒被害尤甚。民眾聞妖色變,祠者益眾,祭血未嘗一日乾。患者祭祀還不獲痊癒,信眾只得召請巫覡,乘夜半時刻在「能仁寺」前,鳴鑼吹角,名曰「取攝」。寺眾聞之,亦撞鐘擊鼓相應,謂之「助神戰」。寺廟信仰圈內邪習日甚,莫之或改。〔註129〕這所「能仁寺」因地居福、泉、南劍、興化四郡交界之處,「猴王」信仰遍及四郡之民,影響範圍不小。

　　巫者假借精怪神力,干擾民眾生活,使之心生敬畏,從而誘使百姓興建廟宇。《梁谿漫志》有這般清楚的敘述:

〔註127〕《宋會要》,禮20之144,崇寧四年十一月條:「徽宗崇寧四年十一月賜廟額『昭順』及封其一曰『順應侯』,二曰『順貺侯』,三曰『順祐侯』」,頁836。

〔註128〕蔡襄,《端明集》(臺北:台灣商務印書館,1973年),卷39,〈太常丞管勾河東安撫使機宜文字蒲君墓誌銘〉,頁19。

〔註129〕《夷堅志》,夷堅甲志卷6,〈宗演去猴妖〉,頁47～48。

> 江東村落間有叢祠，其始，巫祝付託以興妖，里民信之，相與營葺，
> 土木寖盛。〔註130〕

由此來看，宋代巫者是修築精怪祠廟的重要起事者，他們藉田野叢祠「托以興妖」，誘民出資營葺廟宇，譬如宣州南陵縣「蜂王廟」原本只是一間不知名的蕞爾小祠，經過巫祝鼓吹其靈驗活現，勸誘民眾建廟奉祀，新修完成的「蜂王廟」，竟成為當地的活動中心，每逢嬉遊節日，必奉迎蜂王出巡。

巫祝們為精怪建立廟的原因有二：第一是藉此掌控地方事務。在邠州「靈應公廟」（狐精廟）的案例中，巫者藉狐精神力言人禍福，當地官員也相信「狐精」具有神通異能，故對「靈應公廟」崇敬有加。衢州「祐聖觀」（蛇精廟）的主持者黃冠（巫者），則經常率民禱請，蠱惑百姓，以樹立權威。這些巫祝都藉由幫精怪立廟，取得祠廟主導權，進而挾信眾以自重。第二是乘機斂財，宋高宗時的御史中丞廖剛（1069～1143）曾指出，巫祝建廟的目的在斂財，他說：

> 臣聞宣州涇縣六十里內，地名公坑，有女巫奉邪神……，一二年來，
> 邪道甚盛，一方之人為所誑誘，焚香施財略無虛日。去歲有姓李人，
> 經提刑司陳告，雖曾行下本縣拆毀廟宇，而其徒利於所得，更倡神
> 怪之事，羣起占護，縣亦無如之何。〔註131〕

廖剛又說：

> 臣聞傳習事魔為首之人，蓋有所利而為之，誆惑愚民，怵以禍福，
> 而取其財物，謂之教化。〔註132〕

信徒捐獻的香油錢，成為巫者建廟的利源所在，無本生意愈滾愈大，巫祝愈發熱衷為精怪修廟，以謀取暴利，有的甚至搜括完財貨後即捲款潛逃，在《夷堅志》中就有一則案例：

〈錢宗林〉：錢仰之寓居華亭北邊的淨居院，某日，錢家附近竟出現數百條蛇，錢乃命僕人驅蛇。後來錢仰之才得知，「淨居院」院僧供奉一隻蛇精，為蛇精立祠，誘迫信眾禱供，附近百姓事奉蛇精十分虔敬，院僧得以牟利取財。錢仰之認為群蛇四出必定和蛇精有關，於是持斧頭毀搗蛇精廟，將蛇精

〔註130〕費袞，《梁谿漫志》（上海：上海古籍出版社，2001年），卷10，〈江東叢祠〉，頁3441。

〔註131〕廖剛，《高峯文集》（臺北：台灣商務印書館，1970年），卷2，〈乞禁奉邪神箚子〉，頁23。

〔註132〕同上引書，頁22。

塑像丟棄水中，當晚，院僧便挈囊遁去，捲款潛逃。〔註133〕

這些打著精怪名號，到處招搖撞騙的巫祝邪僧，把信眾香油錢收進自己的口袋，中飽私囊，無怪廖剛力主將「假立廟之名，行斂財之實」的巫祝，繩以峻法，才可使地方歸於平靜。〔註134〕

除了上述的巫祝僧人為精怪建廟外，常人為精怪起廟也時有所聞，他們的動機是出於感謝精怪。《夷堅志》中有這麼一則故事：席大光任官蜀地時，丁母憂，原議定葬母親於青山城，送葬前夕，席大光夢見兩名遍體鱗傷的大漢對他說：「太夫人葬地，蓋在溫州，地名徐家上奧，庚山甲向者是也，公必往求之。異時畢事，幸為我療吾瘡。」席覺而異之，將這件事記下來，並決定將母親改葬溫州。當席家人搭船抵達溫州，立即詢問當地是否有好的墓地，有人報告說：「去此一里許，名徐家上奧，有一穴庚山甲向者，人多以為吉地，用善價求之者甚眾，徐氏皆不許，君試往觀之。」席大光知道後，親訪其處。一名老婦出言曰：「吾徐翁妻也，昔吾夫嘗欲用此地以葬父，夢金甲大神持梃見逐，指蘆席上坐者一人曰：『此席相公家地，汝安得輒爾？』自是以四十年來，今以與公，不取錢，吾兒方為里正，得為白邑大夫免其役足矣。」席大感驚異，但不曉夢中所見為何人，派遣役夫斸土，結果發現有兩石人埋在墓地下，埋沒已久，石身皆穿孔。席大光這才恍然大悟，原來夢中所見的就是這兩軀石人，乃命工匠將石人重新和泥補治，並立祠祭祀，祠牓曰「應夢石人」。〔註135〕

從席大光的舉動來看，他深信石人守護著屬於席家的墓地，功不可沒，儘管石人並未請求蓋廟祭祀，席大光卻相信石人深具靈性，主動為它建廟祭祀，這符合了「受恩回報」的信仰。在筆記裏所記常人立廟的動機，幾乎都與報恩有關，有一則為龍建廟的故事堪稱典型，《夷堅志》上說：德興墟崌山上有三個水潭，潭中有龍。淳熙中（1174～1188），該地發生旱災，居民吳彥柔親往潭邊，焚香啟告曰：「天久不雨，田禾將槁。伏願一賜靈感，濟以甘澤。」不久，一小青蛇自水裡浮出，吳立刻禱告曰：「若神龍能下雨救禾苗，當以家財建立祠廟于此，使民俗永遠香火供事。」話才說完，該獸頭上露出雙角，有如龍狀。吳下山後，沒多久，大雨傾注，彌日方停。事後，吳依諾建廟祀

〔註133〕《夷堅志》，夷堅支戊卷3，〈錢宗林〉，頁1075。
〔註134〕廖剛，《高峯文集》（臺北：台灣商務印書館，1970年），卷2，〈乞禁妖教劄子〉：「此最不可恕者，推究為首之人，峻法治之，自當衰息。」，頁22。
〔註135〕《夷堅志》，夷堅丙志卷9，〈應夢石人〉，頁440～441。

龍，同時自操廟內灑掃之役，非常虔誠，不久，該廟以靈驗聞名當地。〔註136〕

此外，筆記中還有諸多相似的案例，如洛陽野牛灘的龍王廟，傳說是當地惡蛟好興水患，龍王化作野牛殺蛟，平息水患後，民眾感念龍王恩德，立祠奉祀。〔註137〕又如《夢溪筆談》裏「彭蠡小龍」的故事，則是小龍護送王師的軍仗船，因功建廟並賜封「順濟王」〔註138〕等等。

凡此都表示，宋代民眾認為對精怪報恩最好的方式是建廟祭祀，因此，當他們接受了精怪的幫助，就捐錢蓋廟以示誠意。但從另一個角度來看，這樣的舉動，也造就不法份子斂財的好藉口，前面所舉的巫祝、邪僧的行事，都是明顯的例子。

第三節　官員對精怪信仰的態度

宋代民眾為精怪立廟祭祀的舉動所在多有。站在官員的立場，禁毀有礙統治的民間信仰雖是基本政策，但許多例子顯示，宋代官方仍願給予精怪信仰一些生存空間，但須視精怪的靈驗度，以及有否妨礙管理來做決定。

一、宋代以前的情況

精怪信仰劃歸淫祀範圍，《禮記》曾宣告「淫祀無福」，〔註139〕對這類的信仰行為不表認同。對統治者來說，「淫祀」盛行，是禮教不彰的表現，也是導致國家、社會失序的禍源。魏晉時期對「淫祀」的禁令甚嚴，〔註140〕官員們擔心「妖魔鬼怪」的信仰將引發民亂，如北魏孝文帝時的盧淵就說：「關右之民，自比年以來，競設齋會，假稱豪貴，以相扇惑。……愚謂宜速懲絕，戮其魁帥，不爾懼成黃巾、赤眉之禍。」〔註141〕東漢末年的黃巾之亂，乃是張角等人藉宗教糾結民眾反抗政府，類此前車之鑑，使魏晉以來的官員對民間的淫祀，印象惡劣，因為，熾盛的民間信仰，具有動員群眾的能力，常成為顛覆政權的危險因子。

〔註136〕《夷堅志》，夷堅支戊卷7，〈桃園潭龍〉，頁1108～1109。
〔註137〕《夷堅志》，夷堅支甲志卷2，〈野牛灘〉，頁727～723。
〔註138〕沈括，《夢溪筆談》，卷20，〈彭蠡小龍〉，頁129～130。
〔註139〕《禮記集解》，卷6，〈曲禮下第2之2〉載：「非其所祭而祭之，名曰：淫祀，淫祀無福。」，頁152～153。
〔註140〕唐長孺，〈魏晉期間北方天師道的傳播〉，出自《魏晉南北朝史論拾遺》（臺北：帛書出版社，1982年），頁223～238。
〔註141〕魏收，《魏書》（臺北：鼎文書局，1993年），卷47，〈盧玄傳〉，頁1048。

　　除了糾眾滋事外，淫祀信仰活動擾亂社會風氣，造使民眾日常生活失序的亂象，也讓政府官員為之憂心忡忡。隋文帝時，柳彧曾上書反對民間信仰中的「非禮」行為：

> 臣聞昔者明王訓民治國，率履法度，動由禮典，非法不服，非道不行。道路不同，男女有別，防其邪僻，納諸軌度。竊見京邑，爰及外州，每以正月望夜，充街塞陌，聚戲朋遊，鳴鼓聒天，燎炬照地。人帶獸面，男為女服，倡優雜技，詭狀異形。以穢嫚為歡娛，用鄙藝為笑樂，內外共觀，曾不相避。高棚跨路，廣幕陵雲，袨服靚粧，車馬填噎。肴醑肆陳，絲竹繁會，竭貲破產，競此一時。盡室并孥，無問貴賤，男女混雜，緇素不分，穢行因此而生，盜賊由斯而起。浸以成俗，實有由來，因循敝風，曾無先覺，非益於化，實損於民。請頒行天下，並即禁斷。……敢有犯者，請以故違勅論。〔註142〕

民俗慶典參與者群聚歡樂，盡情忘形，本是百姓集體娛樂的美好時光，但活動內容卻被認為不符禮教，有傷國風。這顯示當時的民間信仰活動，往往聲勢浩大，場面熱烈喧鬧，行為越軌，所以引來官員側目，上書請求禁止。這些活動還須耗費龐大的財貨，參與人戶「竭貲破產，競此一時」，這樣的民俗，等於鼓勵奢靡的賽神活動。類此浪費的祭祀習俗，東漢青州地區也有實例，柳彧指出：「賈人或假二千石，輿服導從作倡樂，奢侈日甚，民坐貧窮，歷世長吏無敢禁絕者。」〔註143〕故他認為這些的活動，將導致「穢行」與「盜賊」出現，污染社會風氣，成為動搖國本的敗壞因素。

　　從而可知，官方不喜民眾熱衷淫祀活動，主要是怕引起民亂。但廣大黎民在租稅勞役的重擔，以及天然災害威脅之下，生活極端困苦，需有所紓解，才透過民俗信仰來獲得精神慰藉，這也是淫祀信仰浮濫的原因。晚唐文人陸龜蒙就非常同情東南地區的淫祀信仰，他說：

> 甌粵間好事鬼，山椒水濱多淫祀，其廟貌有雄而毅、黝而碩者，則曰將軍；有溫而愿、皙而少者，則曰某郎；有媼而尊嚴者，則曰姥；有婦而容艷者，則曰姑。……雖然，若以古言之，則戾，以今言之，則庶乎神之不足過也。何者？豈不以生能禦大災，捍大患，其死也

〔註142〕魏徵等，《隋書》（臺北：鼎文書局，1993年），卷62，〈柳彧傳〉，頁1483～1484。
〔註143〕陳壽，《三國志·魏書》（臺北：鼎文書局，1978年），卷1，〈武帝紀〉，頁4。

則血食於生人。無名之土木不當與禦災捍患者比，是戾於古也明矣。
今之雄毅而碩者有之，溫愿而少者有之，升階級，坐堂筵，耳弦匏，
口粱肉，載車馬，擁徒隸者皆是也。解民之懸，清民之喝，未嘗貯
於胸中。民之當奉者，一日懈怠，則發悍吏，肆淫刑，歐之以就事，
較神之禍福，孰為輕重哉？平居無事，指為賢良，一旦有天下之憂，
當報國之日，則悾撓脆怯，巔躓竄踣，乞為囚虜之不暇，此乃纓弁
言語之土木耳，又何責其真土木耶！故曰：「以今言之，則庶乎神之
不足過也。」〔註144〕

陸龜蒙認為官員的秕政及貪暴，遠遠超過庶民淫祀之害。只是這樣的同情心
理，依舊難以獲得官員普遍認同，唐垂拱四年（688），江南巡撫狄仁傑下令
焚毀江南淫祠一千七百餘所，據《新唐書》載：「（狄仁傑）入拜冬官侍郎，
持節江南巡撫。吳、楚俗多淫祠，仁傑一禁止，凡毀千百七房，止留夏禹、
吳太伯、季札、伍員四祠而已。」〔註145〕狄仁傑毀祠的規模堪稱空前，實際
摧毀的數目可能更多，〔註146〕其中必定包含許多精怪祠宇在內。

在狄仁傑之後，唐代官員仍陸續大規模禁毀淫祠，其中手段較激烈者是
長慶二年（822），浙西觀察使李德裕，禁毀浙西一千零一十間淫祠，《舊唐書》
並記錄了李德裕當時毀祠的理由云：

九月，出德裕為浙西觀察使，……德裕壯年得位，銳於布政，凡舊
俗之害民者，悉革其弊。江、嶺之間信巫祝、惡鬼怪，有父母兄弟
厲疾者，舉室棄之而去。德裕欲變其風，擇鄉人之有識者，論之以
言，繩之以法，數年之間，弊風頓革。……四郡之內，除淫祠一千
一十所。〔註147〕

李德裕著意改善浙西好祀尚鬼之風，而禁毀淫祠之舉，確實也產生扭轉風氣

〔註144〕 陸龜蒙，〈野廟碑〉引自董誥等編《全唐文》（上海：上海古籍出版社，1990
年），頁 8418～8419。
〔註145〕 歐陽修等撰，《新唐書》（臺北：鼎文書局，1977 年），卷 115，〈狄仁傑傳〉，
頁 4208。
〔註146〕 黃永年在〈說狄仁傑的奏毀淫祠〉一文指出：「狄仁傑所毀的乃是周赧王、項
羽等九種神祠，這九種神祠分散在吳楚各地共一千七百餘所。」收入《唐史
叢論》（西安：陝西人民出版社，1995 年），第 6 輯，頁 61～65。但從民間祠
祀的習慣來看，一間廟宇未必僅奉一神，廟內或廟旁別立其他神祇的現象亦
有之，故其焚毀的淫祠應比《新唐書》所記更多。
〔註147〕 劉昫等撰，《舊唐書》（臺北：鼎文書局，1977 年），卷 174，〈李德裕傳〉，頁
4511。

的效果。

　　當然官員取締淫祠，也可能只是為求仕宦平順，所做的預防性措施，將不利統治的因素先行剷除，這類事蹟成為後人稱頌的典範，譬如《名公書判清明集》追敘上述二事例說：「狄仁傑持節江南，毀淫祠千七百所，李德裕觀察浙西，除淫祀一千一十所，前賢所為，大概為風俗設也。」〔註148〕由此來看，禁絕淫祠似乎成了唐代地方官最重要的宗教措施。到了宋代，這種宗教措施出現變化，許多文獻顯示，宋代官府對民間信仰的政策較過去開放，這一點我們可以從地方長吏對民間宗教信仰採取的態度略窺一二。

二、宋代官員的態度

　　宋代政府立祠的原則是：「凡天下名在地志，功及生民，宮觀陵廟，名山大川能興雲雨者，並加崇飾，增入祀典。」〔註149〕易言之，官府對神祇的來源並不計較，默許各類神祇出現，抱持著「聽其言，觀其行」的原則。如神宗熙寧七年（1074），詔令天下祀禱有靈，但未有爵號的廟宇，「特加禮命」。〔註150〕這一政策顯示官方重視神祇的靈驗，勝於神祇的來源，只要是靈驗的廟宇，多會鼓勵。但此類舉動卻與「禁止淫祀」的傳統看法有所矛盾。以祈雨為例，宋代京師發生旱災時，祈雨的規定為：「檢照國朝舊制，凡京都旱，則祈嶽鎮海瀆，及諸山川能興雲雨者，於北郊望告，又祈宗廟社稷及雩祀上帝、皇地祇。」〔註151〕如果是地方遭遇水旱災則「令州縣先祈社稷。」換句話說，從中央到地方，對於水旱祭祀皆有一套規範，但是這些規定不一定能落實，《續資治通鑑》中有一段話，便透露出民間實際的情況，這樣記載說：「先是臣僚言：『州縣遭水旱，神祠、佛宮，無不徧走，而社稷壇壝，闃然莫或顧省。彼五土、五穀之神，百代尊奉，豈應祈報獨不得與羣祠同饗精純！』」〔註152〕

　　「社稷」自秦漢以來，就是地方重要的信仰中心，〔註153〕宋儒黃震曾說：

〔註148〕 佚名，《名公書判清明集》（上海：上海古籍出版社，1995年），卷14，〈懲惡門‧淫祀〉，范西堂，「寧鄉段七八起立怪祠」，引自《續修四庫全書》，頁562。
〔註149〕 《宋史》，卷105，〈禮八〉，頁2561。
〔註150〕 《宋會要》，禮20之2，熙寧七年十一月二十五日條，頁765。
〔註151〕 《宋會要》，禮18之24，淳熙十三年七月十日條，頁744。
〔註152〕 佚名，《宋史全文續資治通鑑》（臺北：文海出版社，1969年），卷149，淳熙十年秋七月庚午條，頁2142。
〔註153〕 《史記會注考證》，卷28，載：「高祖十年（197B.C.）春，有司請令縣常以春

古者之制，尊天而親地，夫為尊天，故惟天子得以祀之，夫為親地，故自天子至諸侯、至卿大夫之有采邑，至民庶之為閭里者，無不得祀之。地者生財，土者吐萬物，民人朝夕之所親見，終身之所賴以生活。故春祈秋報，惟社為親。古者祠以壇，則謂之里社。今者祠以屋，則謂之社廟，其社一也。……是以凡荒蹊野町之中，古木樛枝之下，雖獨屋蕞然，香爐冷絕，而其制則源於先王，本於典禮，關於民命大矣。〔註154〕

黃震認為「社稷」本是鄉里間重要的祭祀對象，就算香火清冷，也絕不能廢棄，但是從《續資治通鑑》臣僚所言來看，當時民間各種信仰相當興盛，單單「社稷」已不足應付庶民們的多元需求，因此每逢禱請之時，官吏、民眾遍走神祠、佛宮尋找靈驗廟宇。針對民間淫祠之氾濫，有些官員認為，應對民眾信仰有所約束，最好是依據古禮規範來執行，南宋王柏就說：

伏聞某官憂農閔雨，靡神不宗，而又禱其於社稷，於義尤為至當，蓋社者，實山林川澤、丘陵墳衍，原隰五土之祇，而后土勾龍氏其配也，……自昔國家所以昭事祈報，莫重於此，與其屈膝於老子、釋氏之祠，與夫妖妄淫昏之鬼者，相去遠矣！今用黃冠之教而上供其皇天上帝，是禮之僭也，又以髡緇夷族旋繞，廁穢於宣佈教化之庭，是禮之亂也，至於職分所得而祭，於禮為正者，則前後未有能舉而行之者，誠為缺典。〔註155〕

百姓虔信淫祠，幾乎到「尾大不掉」的情狀了，因此王柏才請求朝廷下令改善，只是這樣的建議，實與基層民眾的感受與認知大相逕庭。宋代民間的信仰世界，神祇的靈驗與否，是其存廢的依據，筆記裡許多精怪是因靈應如響，才能吸引信眾，甚至官方的默許，譬如：《夷堅志》載：韓子師任職平江時，某晚他聽見街上鼓笛喧囂，覺得奇怪，於是召人詢問，來人回答說：「百花大王生日之慶典，府民循年例獻壽。」韓卻認為「百花大王」非祀典之神，居然僭處郡治，私下打算禁毀該廟，當夜，平江兵馬督監夢見一名貴客前來入謁，都監曰：「某冗職小吏，不敢與貴人接，尊官何故辱臨？」客曰：「吾非世人，乃所謂百花大王也。久獲血食於府園，非有朝廷爵秩，然自來亦能隨

二月及臘祠社稷以羊豕，民里社各自財以祠。制曰：『可』。」，頁505。顯見「祭社稷」即是當時重要宗教活動之一。

〔註154〕黃震，《黃氏日抄》（臺北：大化書局，1984年），卷88，〈溪浦廟記〉，頁901。

〔註155〕王柏，《魯齋集》（臺北：藝文印書館，1970年），卷9，〈禱雨劄子〉，頁6。

力量為人致福捍患，未嘗敢做過。今府主將毀吾居，使血屬老幼，暴露無依，實為深害，願急賜一言勸止。」都監曰：「何不自告？」客曰：「吾難輕冒也。」說完便消失無蹤，都監醒來後，心中雖有疑惑，但還是壯膽前往韓府稟告曰：「尚書欲拆百花廟乎？」韓驚曰：「何以知之？」都監便將昨晚所夢之事據實以告，韓子師聽完後嘆異曰：「吾夜起念，未嘗言，而響應如此。」於是打消了毀廟的念頭，隔夜，韓子師夢百花大王前來致謝，他醒來後感念百花大王確有靈異，反倒出資整葺該廟，以時祀之。〔註156〕

百花大王廟為平江地區的花精祠宇，既無賜額，也無封爵，故屬淫祀，韓子師本欲下令去除，但當部屬將花精託夢情形轉告後，韓毀祠的決定起了大轉折，主要是因百花大王「自來亦能隨力量為人致福捍患，未嘗敢做過」，而且此一信仰也無任何有傷風敗俗的記錄，易言之，花精雖屬淫祀信仰，但並沒有違法的行為，何況，當韓決定停拆廟宇時，百花大王親自登門道謝，更讓韓子師相信花精確有靈異，甚至為牠整廟奉祀。由此來看，宋代官員對精怪信仰，並非一律視為邪魔歪道而強加取締，也有像韓子師從寬處理的案例。

官方默許精怪信仰外，少數官員也會有所求於精怪，而為牠們立廟，例如：

> 鄂州總領司，故州治也，後逼城，城有園，園有大蛇，長數丈，徑尺許。乾道中（1162～1173），韓總領者欲于東北隅建楚望亭，而築基不成，至於數圮。或言此處蛇有穴，儻為立祠，當可就。韓如其說，作小廟於數十步前，基即成。〔註157〕

鄂州韓總領身為朝廷命官，居然接受旁人的建議，立祠祭祀蛇精，不免讓人感到驚奇，到底鄂州總領的舉動，是屬個人因素，亦或官員面對精怪信仰時，另有其他考量？查閱宋代士人的文集，還可看到官員或士人為廟宇撰寫的青詞或祝文，其中就有向精怪祈求或致謝的文章，例如蘇軾曾撰文向「勾芒」祈禱曰：「夫帝出乎震，神實輔之。茲日立春，農事之始。將平秩於東作，先恭授於人時。乃出土牛，以示早晚。為神其祐之。」又云：「春律既應，農事將作，爰出土牛，以為耕候。維爾有神，實左右之。伏願雨暘以時，螟螣不作，俾克有年，敢忘其報。」〔註158〕除了蘇軾外，樓鑰也替「勾芒」寫過祝文：「正月惟閏，既望始春，甘雨霢霂，土膏墳興。祀牛于門，協氣

〔註156〕《夷堅志》，夷堅志補卷15，〈百花大王〉，頁1685～1686。
〔註157〕《夷堅志》，夷堅支乙卷9，〈鄂州總領司蛇〉，頁863～864。
〔註158〕蘇軾著，孔凡禮點校，《蘇軾文集》（北京：中華書局，1986年），卷62，〈祭勾芒神祝文二首〉，頁1912。

是迎，司我穡事，惟帝與神，歆此菲奠，用介豐登。」又云：「維時發春，盛德在木，帝實主之，神實輔之。酒祀土牛，用介穡事，其尚居歆，以迄康年。」。〔註159〕

「勾芒」是先秦時期的精怪神祇，《墨子》書中曾有相關記載，當時寫作「句芒」，是一人頭鳥身的精怪，在宋代，牠成了掌管「春播」的重要神祇。從蘇軾和樓鑰所撰寫的祈禱文來看，蘇、樓二人認同「勾芒」能夠保佑農事順利，即使「勾芒」是精怪，也不影響蘇、樓的祈請，這透露出宋代官員不完全排斥精怪信仰，甚至他們本身也是精怪神祇的信眾。

然而，官員既然身受朝廷托付，治理一方，理應剷除邪教、拆除淫祠才對，為何反跟著民眾信仰這些精怪呢？前面提到，宋代官府不重視神祇來源，但問祂靈不靈驗，使得許多精怪廟宇只要靈驗，就算沒有賜額，照樣取得生存空間，神宗熙寧元年（1068）曾下詔說：

> 諸路神祠靈跡寺觀，雖不係祀典，祈求有應者，並委州縣差官潔齋致禱。〔註160〕

如此寬鬆的規定，方便官員依鄉土風俗習慣，因地制宜。

這些被官方默許的精怪信仰，也須確有靈跡才能存在下來，譬如宋代福州的石鼓神祠（石鼓精），人稱苦旱祈禱即能有雨，南宋真德秀為此還寫過祝文云：

> 石鼓神之祠：乃者季春以來，雨弗時若，幾於靡神不舉。謹按圖志，石鼓神之祠，靈應彰灼。屬茲旱暵，宜控忱請。某以城鑰之守，弗克躬造，而命邑官往焉。謹拜于庭，遙致悃愊。伏願油然而雲興，霈然而雨注，以震耀爾神之威靈，俾歲有秋，而人弗告病。則某之所以圖報者，其曷敢忘？謹告。〔註161〕

從祝文可知，石鼓神祠雖載於地方志，但無官府的賜額，這類的祠宇，即是淫祠。真德秀明知它是淫祠，還願代民祈求的理由，乃是石鼓神祠「靈應彰灼」。宋代官員的想法與真德秀相同者不少，譬如《夷堅志》記載：孝宗淳熙十一年（1184），福州盛夏不雨，府帥趙子直命諸邑，凡境內有神祠湫淵靈異

〔註159〕樓鑰，《攻媿集》（臺北：台灣商務印書館，1965 年），卷 82，〈祭勾芒神祝文二首〉，頁 759。

〔註160〕《宋會要》，禮 18 之 11，熙寧元年正月二十一日條，頁 738。

〔註161〕真德秀，《西山先生真文忠公文集》，卷 50，〈石鼓神祠〉（臺北，臺灣商務印書館，1965 年），頁 771。

之處，悉加敬禱。於是古田縣邑丞陳某到杉洋山水潭祈雨，結果龍神出現，天降甘霖，郡上其事於朝，奏請加封立廟。〔註 162〕《宋會要》也載有：宋神宗元豐元年（1078），黃河決提，危及濮陽縣曹村，有赤蛇見于「埽」地，官吏迎置盤中祝之，結果黃河之害至「埽」地即止，是年神宗賜額曰「靈澤」。〔註 163〕

　　由上述例子可知，宋代地方官員牧民時，對境內神祠基本上持尊重的態度，如遇天災發生，官員也會到祠廟敬禱，祈求消災解難，至於該廟是否屬賜額的合法廟宇，則非計較的重點了。宋人王庭珪在祭祀「龍神」時就曾說：

> 夫山川皆有神司之，而能出變怪，興雲雨，澤及萬物，此故宜在祀
> 典蒙休顯而力請未獲。若乃神之威德，實不繫封爵之有無，論神而
> 問封爵，猶論人物而問官職。今之大官大職豈盡能惠澤斯民，神亦
> 猶是也。〔註 164〕

王庭珪認為，許多有靈驗的廟宇，未必有賜額或爵位，因此單論神祇有無封爵，就像問人有無當官一樣不得當。因此，如精怪果有靈跡，通常官員願意默認牠們的存在。

　　除了靈驗之外，宋代官員還有兩項檢視精怪信仰的標準，一是有無妨礙官府統治，二為是否違反善良風俗。譬如《夷堅志》中有一則故事云：張子智知常州，慶元元年（1195）年，常州大疫，張子智命人製藥分諸坊曲，但前來求藥者甚少，張覺得很奇怪，便詢問郡士，皆云：「此邦東岳行宮後有一殿，士人奉祀瘟神，四巫執其柄。凡有疾者，必使來致禱，戒令不得服藥，故雖府中給施而不敢請。」張心殊不平。他日，張親往東岳行宮後殿，附近民眾聽聞張知州前來，爭相環視。張指其中像衮冕者，問何神，巫對曰：「太歲靈君也。」張又指左右數軀，或擎足，或怒目，或戟手，曰：「此何佛？」巫曰：「瘟司神也。」張曰：「人神一也，貴賤高卑，當有禮度。今既以太歲為尊，冠冕正坐，而侍其側者，故失禮如此，於義安在？」說完，張子智命人拘四巫還府問罪，選健卒二十人，搗毀該殿，此後，當地淫祀之風即有改善。〔註 165〕

〔註 162〕《夷堅志》，夷堅支戊卷 1，〈杉洋龍潭〉，頁 1057～1058。
〔註 163〕《宋會要》，禮 20 之 165，元豐元年條，頁 847。
〔註 164〕王庭珪，《盧溪文集》（臺北：台灣商務印書館，1972 年），卷 34，〈西山記〉，頁 13～14。
〔註 165〕《夷堅志》，夷堅支戊卷 3，〈張子智毀廟〉，頁 1074～1075。

　　故事中，常州的瘟神信仰深入民間，百姓生病只靠巫者治療，民眾如欲接受正統的醫療行為，即會遭到巫者喝斥，這一來已明顯妨礙官府行政，所以知州張子智才會執巫毀廟。相同的，精怪信仰也一樣，如果官員認為有挑戰官方威信嫌疑者，也會加以去除，例如邠州知州王嗣宗毀「靈應公廟」（狐精廟）的事例中，先前凡在當地任官者，就職前必先至靈應公廟祭祀後，才敢赴任，這樣強大的鎮懾力，顯然已經凌駕了官方的統治威信，而廟巫又挾狐精迷惑民眾，致使百姓人心惶惶，這些行為皆已破壞邠州人的平靜生活，故而招來王嗣宗毅然毀祠之舉。

　　南宋知名地方官胡穎也禁毀過許多淫祠，《宋史》本傳說胡穎：「性不喜邪佞，尤惡言神異，所至毀淫祠數千區，以正風俗。」〔註166〕當他任職廣東經略安撫使時，也曾禁毀潮州的蛇精信仰：

　　　潮州僧寺有大蛇能驚人，前後仕於潮者皆信奉之。前守去，州人心疑焉，以為未嘗詣也。已而旱，咸咎守不敬蛇神故致此，後守不得已詣焉，已而蛇蜿蜒而出，守大驚得疾，旋卒。（胡）穎至廣州，聞其事，檄潮州令僧舁蛇至，至則其大如柱而黑，載以闌檻，穎令之曰：「爾有神靈當三日見變怪，過三日則汝無神矣。」既及期，蠢然猶眾蛇耳，遂殺之，毀其寺，并罪僧。〔註167〕

潮州民眾虔信蛇神，甚至勉強地方官員必須前往致祭，這種信仰無異挑戰了官方的權威，所以胡穎聽聞後，便下令舁蛇入見，當大蛇無法現出靈異時，胡穎確定這是一宗惡人的淫祀，毅然派人殺蛇毀廟。此一例子中，胡穎性剛正，不喜神異，他毀淫祠是為了端正社會風俗，維護官府威信，由此顯見宋代官員在面對精怪信仰時，確實有一定的評斷標準。

　　當然，《名公書判清明集》裏，胡穎撰寫的〈非勅額者並仰焚毀〉一文，也力主焚毀無廟額的淫祠，他說：

　　　但以今世蚩蚩之氓，不知事神之禮，擅立廟宇，妄塑形象，愚夫愚婦，恣意褻瀆。女巫男覡，實祀淫昏之鬼以惑民心，姑假正直之神以為題號。……豈可墮于小人之奸哉？應非勅額，並仰焚毀，不問所祀，是何鬼神，仍榜地頭。〔註168〕

〔註166〕《宋史》，卷416，〈胡穎〉，頁12479。
〔註167〕同上註。
〔註168〕佚名，《名公書判清明集》（上海：上海古籍出版社，1995年），卷14，〈懲惡門‧淫祀〉，胡石壁，「非勅額者並仰焚毀」，引自《續修四庫全書》，頁560。

胡穎會如此強烈主張，應該是當時淫祀泛濫，非法祠廟林立，迫使胡穎不得不採取「矯枉過正」的方式，來遏止淫祠太多的問題。不過通常宋代官員在面對精怪信仰時，大多會考量前述三條準則，若精怪信仰違規嚴重，官員們可能採取毀祠禁信的行動，設非如此，官員大多會默許牠們的存留。

圖 4-1　夔

資料來源：(明) 胡文煥，《山海經圖》，頁 86，引自《中國古代版畫叢刊二編》，第一輯（上海：上海古籍出版社，1993 年）

圖 4-2　狍鴞（即饕餮）

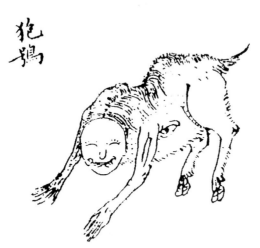

資料來源：(清) 汪紱釋，《山海經存》，光緒二十一年 (1895)，立雪齋印本，引自《古
本山海經圖說》，(山東：山東畫報出版社，2002 年)

圖 4-3　勾芒

資料來源：(清) 汪紱釋，《山海經存》，光緒二十一年 (1895)，立雪齋印本，引自《古
本山海經圖說》，(山東：山東畫報出版社，2002 年)

第五章 宋代精怪傳說的社會及生態功能

　　宋代精怪傳說內容龐雜，所談多涉及民間社會，是彌足珍貴的史料，其題材雖然怪誕，卻也反映出平常百姓的觀念及信仰生活，尤其是不同精怪傳說多指涉相近意涵時，更可供我們推論當時的社會價值觀。由於精怪已深刻植入民眾的意識，因此當人們聽見同類型的精怪傳說時，多產生相似的認知或感受，並將此一經驗運用在處理同類問題上，換言之，「傳說經驗」可變為一種約定俗成的觀念，進而影響人們的行為。

　　檢視宋代精怪傳說，大體含有社會和生態兩大功能。在社會功能方面，分為「戒女色」與「戒殺生」兩部分；在生態功能方面，則分為「保育生物」及「保育林木」兩部分的功能。

第一節　精怪傳說的社會功能

　　一般人皆認為宋代崇尚倫理道德，男女之別就如司馬光在《司馬氏書儀》說的那般謹守份際，〔註1〕但實際上偷花淫奔的宋代民間傳說亦不少，筆記裡就有為數眾多精怪色誘凡人，受害者因貪慕美色而致死的案例。由此來看，

〔註 1〕 司馬光，《司馬氏書儀》（臺北：臺灣商務印書館，1966 年），卷 4，〈居家雜儀〉規定：「凡為宮室，必辨內外，深宮固門，內外不共事。不共浴堂，不共廁，男治外事，內治內事，男子晝無故，不處私室，婦人無故，不窺中門。有故出中門，必擁蔽其面；男子夜行以燭。男僕非有繕修，及有大故，不入中門，入中門，婦人必避之。不可避，亦必以袖遮其面。女僕無故不出中門，有故出中門，亦必擁蔽其面。」，頁 43。

宋代的男女關係恐非想像中那般嚴謹固執，而這類故事便被用來作為道德教化的負面教材，告誡人們不可隨便與女性發生關係。同樣的，殺生故事裡的果報情節除了戒殺功能外，對提升民眾的護生觀念，也產生了積極的意義。換言之，這兩類精怪故事，不光是談奇說怪的題材，也帶有端正社會風氣的功能和愛惜物命的價值觀。

一、戒女色的功能

所謂「色字頭上一把刀」，將女色視為家破人亡的禍源，與中國古代的「女禍思想」有關。〔註 2〕先秦時周武王就以商紂聽用婦人之言，造成「牝雞司晨，惟家之索」為由，進擊殷朝。〔註 3〕《詩經》也說：「哲夫成城，哲婦傾城。懿厥哲婦，為梟為鴟。婦有長舌，維厲之階。亂匪降自天，生自婦人。」〔註 4〕如此強烈詆毀女性的說法，主要目的是為貶斥女子干政。因此，終春秋、戰國之世，社會上形成了「毋使婦人與國事」的共識，〔註 5〕強調「耽於女樂」必帶來不幸。〔註 6〕

漢代時，「女禍」更成了儒家大事撻伐的對象，劉向的《列女傳》裏，將妹喜、妲己視為受寵亂國、作祟於人的婦女，還說周幽王寵妃褒姒為褒神龍所變生，意圖為亂周政，最後「果滅其祀」。〔註 7〕在《吳越春秋》裏，西施色誘吳王，使其荒廢朝政，句踐得以乘機滅吳之類的故事，都將婦女「妖魔化」，認為「美女，國之咎」。〔註 8〕

到了唐代，武后殺李氏諸王，稱帝改國號一事，使李唐皇室一直害怕女子顛覆朝政，歐陽修在《新唐書·玄宗本紀》的論贊中，對唐代的女禍提出評論說：

〔註 2〕 劉詠聰，《德·色·才·權：論中國古代女性》（臺北：麥田出版社，1998 年），頁 15。

〔註 3〕 《尚書正義》引自〈十三經注疏〉（臺北：藝文印書館，1985 年），卷 11，〈牧誓〉，頁 158。

〔註 4〕 毛亨，《毛詩正義》（北京：北京大學出版社，1999 年），卷 18 之 5，〈常武〉，頁 694～695。

〔註 5〕 《春秋穀梁傳》引自〈十三經注疏〉（臺北：藝文印書館，1985 年），卷 8，〈僖公 10 年〉，頁 80。

〔註 6〕 邵增樺註譯，《韓非子今註今譯》，〈十過〉，頁 782。

〔註 7〕 劉向著，張敬註譯《列女傳今註今譯》（臺北：台灣商務印書館，1994 年），卷 7，〈孽嬖傳·周幽褒姒〉，頁 268～269。

〔註 8〕 趙曄，《吳越春秋》（臺北：世界書局，1962 年），卷 9〈勾踐陰謀外傳〉，頁 249～251。

嗚呼！女子之禍於人者甚矣！自高祖至於中宗，數十年間，再罹女
禍，唐祚既絕而複續，中宗不免其身，韋氏遂以滅族。玄宗親平其
亂，可以鑒矣，而又敗以女子。〔註9〕

此外，他還認為「女色之能敗人矣！自古女禍，大者亡天下，其次亡家，其
次亡身，身苟免矣，猶及其子孫，雖遲速不同，未有無禍者也。」〔註10〕這
些說法等於把女色和弄權畫上等號，除了勸戒帝王必須小心防範外，更警惕
人們，耽於女色必招惹不可預測的災害。

除了女色禍國的歷史經驗外，精怪化為婦女害人的傳說，也讓人對美女
又愛又怕。《玄中記》說狐狸吸收日月精華，喜化身為人「與人交接」，〔註11〕
清代紀昀的《閱微草堂筆記》也寫道：「凡狐之靈者，皆修練求仙。最上者調
息煉神……餌日月之精華。用以內結金丹，蛻形羽化……次則修容成素女之
術，妖媚蠱惑，攝精補益，內外配合，亦可成丹。」〔註12〕由此可知，與人
發生親密關係是精怪修練的方式之一，這點和道教的「房中術」相彷。《後漢
書》對「房中術」有如下記載：

　　（冷壽光）與華陀同時，壽光年可百五六十歲，行「容成公」御婦
　　人法。常屈頸鵠息，須髮盡白，而色理如三、四十時。〔註13〕

又載云：

　　甘始、東郭延年、封君達三人者，皆方士也。率能行「容成」御婦
　　人術，或飲小便，或自倒懸，愛嗇精氣，不極視大言……凡此數人，
　　皆百餘歲及二百歲也。〔註14〕

「容成公御婦人法」、「容成御婦人術」皆是「房中術」的一種，東晉葛洪解
釋此術說：「房中之法十餘家，或以補救傷損，或以攻治眾病，或以采陰益陽，
或以增年延壽，其大要在於還精補腦之一事耳。」〔註15〕「房中術」本為延

〔註9〕　歐陽修、宋祈，《新唐書》（臺北：鼎文書局，1976年），本紀第5，〈睿宗‧
　　　　　玄宗〉，頁154。
〔註10〕　歐陽修，《新五代史》（臺北：鼎文書局，1976年），卷13，〈梁家人傳第一〉，
　　　　　頁127。
〔註11〕　《太平廣記》9，卷447〈說狐〉曰：「狐五十歲，能變化為婦人，百歲為美女，
　　　　　為神巫，或為丈夫與女人交接」條引《玄中記》，頁3652。
〔註12〕　紀昀，《閱微草堂筆記》（上海：上海古籍出版社，1995年），卷18，〈姑聽之
　　　　　4〉，頁323。
〔註13〕　范曄，《後漢書》（臺北：鼎文書局，1987年），卷82下，〈華陀傳〉，頁2740。
〔註14〕　同上註，頁2750。
〔註15〕　《抱朴子內篇校釋》〈釋滯〉，頁150。

年益壽和治病之用，但對精怪來說，反倒成為一種修行的手法。山民在〈狐狸信仰形成的文化背景與表現〉一文中云：「按道教說法，女鬼為陰中之陰，若得人間男子陽精，即可枯骨生肉，起死回生。女鬼采補為成人，女狐采補為成仙。」〔註16〕故民間屢屢流傳精怪色誘人類以求採捕的故事。

　　例如東漢建安年間（196～220），西海都尉陳羨的部曲王靈孝無故脫逃，陳羨率步騎和獵犬於城外搜尋，結果發現王靈孝恍神坐在空塚內，王被送回家後數日始言：「狐始來時，於屋曲角雞棲間作好婦形，自稱阿紫，招我。如此非一，忽然便隨去。即為妻，暮輒與共還其家，遇狗不覺，云樂無比也。」某道士聽聞後云：「此山魅，狐者先古之淫婦也，名曰阿紫，化為狐，故其怪多自稱阿紫」。〔註17〕

　　王靈孝的運氣很好，與狐精發生關係後及時被救出，所以逃過一死，但有些人則下場悽慘，在《瀟湘錄》中有一例：

> 華陰縣令王真妻趙氏者，燕中富人之女也，美容貌，少適王真，洎隨之任。近半年，忽有一少年，每伺真出，即輒至趙氏寢室，既頻往來，因戲誘趙氏私之。忽一日，王真自外入，乃見此少年與趙氏同席，飲酌歡笑，甚大訝異，趙氏不覺自仆氣絕，其少年化一大蛇，奔突而去。〔註18〕

六朝精怪色誘凡人，主要是吸人精氣以助修練，少有和人談情說愛情節。但是到了唐代，精怪與人類的戀情時有所聞，民庶貪慕精怪情色勝過自身安危。在沈既濟的《任氏傳》裏，男主角鄭六是個落魄的窮小子，有一天在長安街上遇見了明艷動人的任氏，鄭六雖知任氏為狐精所化，仍與其交往，兩人共同生活後，任氏為鄭六操持家務，助其謀得生計，又拒絕富家子韋崟的追求，儼然成為男人心中最理想的妻子，即便最後任氏遇犬現形而死，也絲毫不減鄭六對她的憐愛。〔註19〕唐代這樣的愛情傳說不少，許多精怪與人發生情感後，不僅未曾害人，甚至還為男主角生下子嗣，例如《河東記》的〈申屠澄〉：貞元九年（793），申屠澄前往濮州任官，途經真符縣山區，忽遭風雪大寒，馬不能進，急趨路旁茅舍暫避，在屋中遇一老翁及其女兒，翁女明慧柔美，

〔註16〕　山民，〈狐狸信仰形成的文化背景與表現〉出自《中國民間文化—民間俗神信仰》（上海：學林出版社，1994年），頁94。
〔註17〕　《搜神記》，卷18，頁140。
〔註18〕　《太平廣記》10，卷456〈王真妻〉條引《瀟湘錄》，頁3732～3733。
〔註19〕　《太平廣記》10，卷452〈任氏〉條引《任氏傳》，頁3692～3697。

申屠澄心生好感，便向老翁自請媒妁，翁答：「某雖寒賤，亦嘗嬌保之，頗有過客，以金帛為問，某先不忍別，未許。不期貴客又欲援拾，豈敢惜。」他便將女兒嫁與申屠澄。其後，申妻力成其家，交結賓客，大獲名譽。夫妻情義益浹之餘，申妻盡心厚親族、撫甥姪，洎僮僕廝養，無不獲其歡心。未幾，申妻還生下生一男一女，亦甚明慧。〔註20〕

雖然故事最後，申妻因思念老父及山林生活，變回老虎原形而離去，但申屠澄毫不驚懼，反而攜子尋妻，望林野而悲泣。類此情節在唐人小說中經常可見，諸如〈計真〉、〔註21〕〈孫恪〉、〔註22〕〈長鬚國〉〔註23〕等各篇皆是。在唐人眼中，精怪是充滿魅力的天生尤物，其美貌和內涵更是理想的終生伴侶，這種想像力充滿浪漫，有別於唐代以前的形象。

唐代以後，這種美麗的憧憬有了極大的轉變，在宋人筆記裏，和美艷的精怪談情，其實暗藏「桃色危機」，例如紹熙年間（1190～1194），衢州人李五七，以管理主家門戶為職。某夜，李五七獨臥小軒，一陣清香撲鼻而來，他循著香氣尋找，發現主人家的「班春堂」內隱約有光，登階查看，只見一名少婦，倚柱獨立，姿態絕艷，含笑迎揖問曰：「今日使府放詞狀否？」，李曰：「然！不審娘子為誰人家？何為而至？」少婦回答：「我即城東邱祕校妻也，嫁纔數月，不幸夫亡，居室一區，遭鄰里凌暴，欺我孀婦不能訴，故不免告官。儻非冒夜以來，必將為所邀阻，於勢當爾。」李五七觀婦人言語楚楚，容貌動人，於是出言詞挑之，少婦欣然相就。此後，李五七每晚皆來和少婦幽會。未幾，主人察覺李連日宵行，必有淫逸之事，派人暗地跟蹤，結果在「班春堂」後發現李與婦人共寢，於是出聲捉拿，登時少婦化作一隻青狐而去，眾人皆瞠目驚駭。〔註24〕

李五七在深夜遭逢陌生婦人，不僅不未加防範，甚至出言挑逗，這樣的行徑不合禮常，而且怠忽職守。〔註25〕在筆記中，李五七這類人物相當多，

〔註20〕《太平廣記》9，卷429〈申屠澄〉條引《河東記》，頁3486～3488。

〔註21〕《太平廣記》9，卷454〈計真〉條引《宣室志》，頁3707～3709。

〔註22〕《太平廣記》10，卷445〈孫恪〉條引《傳奇》，頁3638～3641。

〔註23〕《太平廣記》10，卷469〈長鬚國〉條引《酉陽雜俎》，頁3868～3869。

〔註24〕《夷堅志》，夷堅支乙卷4，〈衢州少婦〉，頁820～821。

〔註25〕宋代法律明定：「諸夜無故入人家者，笞四十，主人登時殺者勿論。」引自竇儀，《重詳定刑統》（上海市：上海古籍出版社，1995年），卷18，〈賊盜律〉，頁131。這條法律雖是處罰擅入他宅者，但李五七負管當門戶之責，竟貪圖美色與來路不明之人通好，如果出了狀況，李五七必將遭受處分。

這些人不分男女、士庶，多半性好漁色，遇見來路不明的俊男美女，都以為是天上掉下來的禮物，竊喜不已，隨之而來的則是駭人的真相。〈衢州少婦〉故事中的李五七只是受到驚嚇，但其他眾多的精怪色誘戲碼裏，帶給當事者的災難，不是瀕臨死亡就是一命嗚呼，請看下面兩則例子：

〈宜城客〉：襄陽宜城劉三客，慶元三年（1197）往西蜀作商，行經關下「五里間」，見路上有石牌刻曰：「十口尚無聲，莫下土非輕。反犬肩瓜走，那知米畔青」，惶惑間，一名樵夫負薪而過，劉異而問之，樵夫曰：「彼中非善地，不可久駐」，劉詫異道：「何謂也？」樵夫答說：「曾讀碑記乎？緣向來鬼魅縱橫，慮傷人性命，遂立石示人，以暗四字，合成『古墓狐精』，君當了然，何不速反！吾見之多矣，不暇謂談說君。」言畢不見，劉不肯信，又往山裡走去。不久，劉聽聞山中有歌唱聲，依聲尋人，發現歌者竟是一名美女，女子邀劉至宅舍作客，劉欣然前往，飲宴後，女子對劉說：「鴛衾久寂，鳳枕長虛，今宵得侍劉郎，真為天幸，請諦一夕夫婦之好可乎？」劉謝曰：「正所願。」於是攜手入室，驩合極意。隔日醒來，劉三客發現自己竟睡在墳墓上，嚇得屁滾尿流，方知已墜狐祟作弄裏，幸賴命大得以存活下來。〔註26〕

〈蕉小娘子〉：鄂州蒲圻知縣潘昌簡，以婺士陳致明為館客，潘經常邀陳來自家庭前飲酒，庭前芭蕉甚盛，潘常捧杯屬客曰：「只令蕉小娘子佐尊。」如是一歲，陳遂有所感，每晚皆有一綠衣美女來找他幽會，兩人倍極燕好，又過了三個月，陳憔悴龍鍾，了無人色。潘招醫者為陳療診，皆無效。追問之下，陳才吐言每晚皆與「蕉小娘子」相見，潘大驚駭，急命人將庭內芭蕉剪除，但已來不及了，陳仍不治身亡。〔註27〕

除上述故事外，《夷堅志》裡還有〈王上舍〉、〔註28〕〈紫竹園女〉〔註29〕等多則傳說，全是精怪以美色害人致死的案例，這都告誡宋人不可色慾薰心，也不得與來路不明者接觸。為什麼呢？因為這些陌生人，除了可能是精怪，也可能是逃亡的罪犯，皆非善類，《宋刑統》載：

〈娶逃亡婦女〉：諸娶逃亡婦女為妻妾知情者，與同罪，至死者，減一等，離之。即無夫會恩免罪者，不離。〔註30〕

〔註26〕《夷堅志》，夷堅三志卷2，〈宜城客〉，頁1400～1401。
〔註27〕《夷堅志》，夷堅支庚卷6〈蕉小娘子〉，頁1182。
〔註28〕《夷堅志》，夷堅支庚卷8，〈王上舍〉，頁1194。
〔註29〕《夷堅志》，夷堅丙志卷12，〈紫竹園女〉，頁464。
〔註30〕竇儀，《重詳定刑統》（上海市：上海古籍出版社，1995年），卷14，〈戶婚律〉，頁101。

其疏義曰：「婦女犯罪逃亡，有人娶為妻妾，若知其逃亡而娶，流罪以下並與同科，唯婦人本犯死罪而娶者，流三千里，仍離之。即逃亡婦女無夫又會恩赦得免罪者，不合從離。其不知情而娶，准律無罪，若無夫即聽不離。」〔註31〕由「不知情而娶」這句話可推知，罪犯或逃亡者，有時會藉由更改姓名的手法來逃避追緝，人們如果不慎與其往來，難保不會遭到牽連，萬一這些來路不明的婦人是精怪，那麼與其交往者更加危險，極可能送命，因此，筆記中與精怪交往的悲慘下場，對那些貪慕女色者，無疑具有很大的威嚇效果。

　　反過來說，如果拒絕色誘就能夠遠離災禍嗎？答案是肯定的，如婺源士人汪生，乾道六年（1170）為周參政館客，有天傍晚，一名黑衣美婦持果盤和一只盛酒銀盂來找他，美婦且曰：「夫人以天寒夜長，念先生孤坐，令妾進酒。」汪生看婦人的穿著不像時下婦人打扮，覺得古怪而不敢飲用，婦人一再勸酒，暗示願通綢繆之好。汪危坐恐愧，嚇得奪門而出，過了許久，汪生回房察看，婦人已消失不見。一連好幾天皆發生相同情景，汪生不堪其擾，遂將所見稟告周參政，周參政推論說：「家間尋銀盂無處所，方以責婢僕，得非怪邪？」於是命人四處搜索，在酒室發現了一隻唐乾封年間（666〜667）所鑄的銀盂，周命人將銀盂敲碎後，黑衣婦人自此不再出現。〔註32〕

　　又如某鄉人程景陽夜臥，燈未滅，突然有二美女飄然而至，對程極盡戲調、媟狎之能事。程始終不為所動，二女怒批程頰，挐憾而去，過了幾日，程在枕屏中發現一副畫卷，卷中的兩名美女人像正是日前來者，於是焚燬畫卷，此後二女未再出現。〔註33〕

　　前面兩則故事的主角，拒絕了美色的誘惑，是他們保命的重要關鍵。由於「臨色不亂」的表現獲得好報的故事，對一般民眾更有著莫大的鼓勵作用，以下茲舉二例：

　　〈童蘄州〉：南城人童敏求，未及第前於鄉間教授小學以自給，某日夜裡，鄰家少女排闥來奔，徑前抱持之，語曰：「我某家女，慕君久矣！常恨不得近，今夕父母俱出，故潛來就君，必勿棄我」。童力拒曰：「汝尚未適人，若我如此，則壞汝處子之身，誰肯娶汝！若終與為夫婦，則貧窶無以相活，脫或彰敗，彼此獲罪，深不可使也。宜速歸！我亦不語，仍不可令他人得知。」少

〔註31〕　同上註。
〔註32〕　《夷堅志》，夷堅丁志卷4，〈皂衣髻人〉，頁566〜567。
〔註33〕　《夷堅志》，夷堅支庚卷9，〈程老枕屏〉，頁1208〜1209。

女聞後嘆惋涕泣而走。隔日，童敏求即搬離該地，日後童登進士第，識者謂童不欺暗室，當置古人中，天報施矣！〔註34〕

〈楊希仲〉：蜀州人楊希仲，未第時為成都某氏館客，館主人的小妾暗戀楊，某日至學舍邀楊綢繆，楊希仲正色拒絕，並離開該館。當晚，楊妻夢人告曰：「汝夫獨處他鄉，能自操持，不欺暗室，神明舉知之，當令魁多士以為報。」隔年，楊果然一舉得第。〔註35〕

正如劉祥光教授在〈婢妾、女鬼和宋代士人的焦慮〉一文所論述，宋代的貴族門閥逐漸消失，科舉考試競爭激烈，社會地位流動快速，如何延續家族成為宋人關注的焦點，《夷堅志》裡許多貪圖美色險致死亡的故事，不僅告訴民眾應該遠離色誘，其中的道德勸誡亦是出自保全或延續「家」、「族」的需要。〔註36〕例如宣和四年（1122），汴京某民子夜遇美婦，此後兩人夜夜燕狎，民子容貌晱羸悴，醫巫不能癒。民家父母非常焦慮，請求道人劉某來制鬼物，劉道人呼視其子，曰：「此物乃為怪耶？吾久疑其必作孽，今果爾。」劉道人遂往醫者陳媳婦家，焚陳家之木刻婦人，怪遂絕，民子得以獲救。〔註37〕

又如乾道年間（1165～1173），歷陽人芮不疑，乘夜騎馬外出，遇一美女邀宴，雙方情投意合，暗自交往，凡歲餘，芮不疑的父母訝其日益尫瘠，甚憂精怪作祟，乃託道人前來治妖孽，經道人施法後，發現一條巨蟒死於芮家外邊，此後怪異遂絕，芮不疑得以康復。〔註38〕由上述的例子來看，要確保「家」、「族」的延續，告誡子弟遠離色誘，回歸正常的男女關係，是非常重要的守則，精怪故事的內容，正反映出這樣社會的意義。

縱觀宋人與精怪發生情慾關係的紀錄，已不似唐人那般浪漫、美好，取而代之的是嚴峻的告誡及道德要求，此一現象也可反映出宋代的男女關係有其鬆散的一面，這一點我們可從《朱子文集》裡的文告略窺一二。南宋紹興二十五年（1155），朱熹擔任福建同安縣主簿，他指出當時同安縣亂婚情形嚴重，為了整頓民風，朱熹公佈了一篇〈申嚴昏禮狀〉：

〔註34〕《夷堅志》，夷堅志補卷9，〈童蘄州〉，頁1628～1629。
〔註35〕《夷堅志》，夷堅丙志卷3，〈楊希仲〉，頁384～385。
〔註36〕劉祥光，〈婢妾、女鬼和宋代士人的焦慮〉出自《走向近代：國史發展與區域動向》（臺北：臺灣東華書局股份有限公司，2004年），頁45～84。
〔註37〕《夷堅志》，夷堅丁志卷9，〈陳媳婦〉，頁661。
〔註38〕《夷堅志》，夷堅三志辛卷5，〈歷陽麗人〉，頁1423～1424。

竊為禮律之文，昏姻為重，所以別男女，經夫婦，正風俗，而防禍
亂之原也。訪聞本縣自舊相承，無昏姻之禮，里巷之民，貧不能聘，
或至奔誘，則謂之引伴為妻。習以成風，其流及於士子，富室亦或
為之，無復忌憚。其弊非特乖違禮典，瀆亂國章而已。至於妒媚相
形，釀成禍釁，則或以此殺身而不悔，習俗昏愚，深可悲憫。欲乞
檢坐見行條法，曉諭禁止。〔註39〕

從文告來看，同安縣境的男女情愛複雜關係，有非傳統倫常制度所能管束者，
雖說里巷之民，因貧不能聘，以致出現「誘奔」、「引伴為妻」的情況，但士
人讀聖賢之書，不思以身作則，導正風俗，反而跟著「有樣學樣」，這對講求
高道德標準的宋儒而言，確實是一大諷刺，而人類遭精怪色誘後的不良後果，
除了暗示「淫為萬惡首」與「暗室不可欺」的觀念外，更成為導正社會風氣
的最佳教材了。

二、戒殺生的功能

「果報思想」是佛家重要的觀念，釋教東傳後，善惡報應之說漸為民眾
所接受，許多談論因果和勸善的書冊也紛紛出現，如《幽冥錄》、《宣驗記》、
《冥祥記》等類。在相關報應故事中，以「殺生」類最受重視，六朝人云：「人
死有三惡道，殺生禱祠最重」，〔註40〕故殺生遭惡報的故事最為常見：

臨川東興，有人入山，得猿子，便將歸，猿母自後逐至家。此人縛
猿子於庭中樹上，以示之。其母便搏頰向人，若哀乞，直是口不能
言耳。此人既不能放，竟擊殺之。猿母悲喚，自躑而死。此人破腸
視之，皆斷裂矣，未半年，其人家疫，一時死盡滅門。〔註41〕

僅因殺生之過，竟使得一家盡滅，足見殺生罪孽深重，天理不容，無怪北齊
顏之推於家訓中強烈告誡子孫不可好殺，以免禍殃家門。〔註42〕

唐代出現了動物遭殺害後，現身向人討命的故事。《朝野僉載》載云：唐
虔州司馬楊舜臣舉行酒宴，交代屬下劉知元曰：「買肉必須含胎，肥脆可食，

〔註39〕 朱熹，《朱子文集》（臺北：財團法人富德文教基金會，1990年），卷20，〈申
　　　　嚴昏禮狀〉，頁691。
〔註40〕 《太平廣記》3，卷109〈趙泰〉條引《幽冥錄》，頁739～741。
〔註41〕 《太平廣記》3，卷131〈東興人〉條引《搜神後記》，頁930。
〔註42〕 顏之推著，王利器集解，《顏氏家訓集解》（臺北：明文書局，1990年），卷5，
　　　　〈歸心第十六〉云：「三世之事，信而有徵，……好殺之人，臨死報應，子孫
　　　　殃禍，其數甚多。」，頁335～366。

餘瘦不堪。」知元乃揀取孕牛犢及豬羊驢等殺之。未幾,舜臣一奴,無病而死,七日後又醒來曰:「見一水犢白額,并子隨之,見王訴云:『懷胎五箇月,枉殺母子。』」須臾,又見豬羊驢等,皆領子來訴:『見劉司士答款,引楊司馬處分如此。』」沒多久,楊、劉接連死亡。〔註43〕

　　楊舜臣貪求口舌之慾,竟令劉知元專挑懷孕的動物當作庖物,一屍兩命,罪孽深重,動物因而攜子控訴楊、劉之惡行,這則故事,除了帶有果報色彩外,也顯示民間譴責濫殺的行為。

　　此外,唐代文獻裡也不乏許多勸戒捕獵的故事,如唐交州都督李壽,性好畋獵,為了餵食獵鷹,居然殺鄰狗當作飼料。不久李壽夢見五條狗前來索命,李辯曰:「殺汝者奴通達之過,非我罪也。」犬曰:「通達豈得自任耶?且我等既不盜汝食,自於門首過,而枉殺我等,要當相報,終不休也。」李壽聞之大駭,連忙謝罪求饒,並願意為五犬追福致祭,四犬許之,一白犬不許,曰:「既無罪殺我,我未死間,汝又生割我肉,臠臠苦痛,我思此毒,何有放汝耶?」李壽醒來後,遂患風疾,不久即死去。〔註44〕

　　又如,唐朝某王將軍,性好畋獵,所殺無數,家中小女兒,某日無故失蹤,她被找到時,「冥然已無所識,口中唯作兔鳴,足上得荊棘盈掬」,經月餘,不食而死。父母悲痛甚,以為畋獵殺害之報,後闔家持齋,不復食肉。〔註45〕

　　從上面案例來看,隋唐人反對殺生的理由,主要是受到佛家果報觀念的影響,早期佛典如《雜阿含》、《善見律毘婆沙》、《俱舍論》等經論皆有嚴禁殺生的記載,殺生行為被視為「波羅夷」(極重罪),〔註46〕是十惡之首,嚴重觸犯佛家戒律,必然下墜三惡道,類此觀念已在社會民間廣為散佈。

　　到了宋代,殺生遭報應的故事更加盛行,尤其是「無故虐殺」或「濫殺」動物的人,其報應最為可怕,例如《夷堅志》載:石溪人楊四,以釀酒為業,好食雞,每欲吃雞,便以竹籠蓋覆雞隻,然後用滾燙的熱水淋沃其上,雞負痛奔跳,羽毛脫盡後,楊才稱心如意,凡二三十年,所殺近萬。淳熙九年(1182)某日,楊正在蒸酒,疲倦睏臥在蒸酒的大酒罈旁,突然甑崩罈破,數斛沸湯

〔註43〕張鷟,《朝野僉載》,卷1,頁18。
〔註44〕《太平廣記》3,卷132〈李壽〉條引《冥報記》,頁936。
〔註45〕《太平廣記》3,卷132〈王將軍〉條引《冥報記》,頁935。
〔註46〕聖嚴法師,《戒律學綱要》(臺北:東初出版社,1994),第3篇「人間天上的護照(五戒十善)」,第3節,〈殺生戒〉,頁99～104。

盡傾楊四身上，楊跳躑呼叫的慘狀，與雞相同，經兩日方死。〔註47〕

　　再如饒州兵程立，專好彈射，每次見到鳥類，必欲殺食而後快，手段兇殘，同輩見其暴殄太甚，每加勸止，但程恬然不以為意。慶元年間（1195～1200），程生眼病，蒙蒙無所見，夢群鳥繚繞交啄，痛不可忍，隨後飲膳不能入口，形骸羸削，全如禽鳥已燖剝之狀，瘡孔遍體，展轉艱難，苦痛半年才死去。〔註48〕

　　打獵吃肉本是為求食維生，但「無故虐殺」及「濫殺」的行為卻是非常殘酷不仁的，孟子曰：「君子之於禽獸也，見其生，不忍見其死；聞其聲，不忍食其肉。」〔註49〕就是強調人應有不忍之心，萬勿以殘害物命為樂。這種對物類慈悲的情懷，在宋人的文辭章句中表現得尤為深刻，宋代文人俞偉就說：

> 貪生畏死，人與物同也，愛戀親屬，人與物同也，當殺戮而痛苦，人與物同也。所以不同者，人有智，物則無智，人能言，而物則不能言，人之力強，物之力則微弱。……以其力之微弱不能勝我，因謂物之受生與我輕重不等，遂殺而食。……見聞久慣，以為飲食合當如此，而不以為怪，深思痛念，良可驚懼。〔註50〕

又說：

> 今人或為湯火所傷，或為針刀誤傷手足，痛已難忍，必號叫求救，至暫時頭昏腹痛，或小可疾病，便須呼醫買藥，百端救療，於我自身愛惜如此，至於殺物則恣意屠宰，不生憐憫。未論佛法明有戒勸，未論天理明有報應，若不仁不恕，惟知愛身不知愛物，亦非君子長者之所當為也，諦觀物情，當念眾生，不可不戒。〔註51〕

換言之，「戒殺放生」不單是為避免落入惡報而做的修行，更是「愛護生命」的表現，也就是所謂的「行仁」。宋初功臣曹彬被譽為「仁將」，民眾稱其為將不擅殺，地方上還流傳一則故事說：曹彬住的屋子破舊了，子弟們請求對其修葺，曹彬云：「時方大冬，牆壁瓦石之間，百蟲所蟄，不可傷其生。」

〔註47〕　《夷堅志》，夷堅三志壬卷 8，〈楊四雞禍〉，頁 1526～1527。

〔註48〕　《夷堅志》，夷堅志補卷 4，〈程立禽報〉，頁 1578。

〔註49〕　焦循，《孟子正義》（北京：中華書局，1987 年）卷 3，〈梁惠王上‧七章〉，頁 83。

〔註50〕　陳錄，《善誘文》〈人與物同〉，頁 2。

〔註51〕　同上引書，〈眾生愛戀生命〉，頁 6。

〔註52〕這種發自內心愛物的情懷,深受宋代士庶所讚許。

此外,文人間也有許多愛惜物命的故事,例如蘇軾的侍妾朝雲有一次見蘇軾兒子蘇邁,衣衫有蝨子,立刻伸手捏死蝨子,蘇東坡見到,訓斥她說:「聖人言,近取諸身,遠取諸物,我今遠取諸物以放之,汝今近取諸身以殺之耶?」朝雲回答:「奈蝨我何?」東坡云:「是汝氣感召而生者,不可罪彼,要當拾而放之可也,今人殺害禽魚之命,是豈禽魚蝨人耶?」朝雲聽聞後,大為感動,此後罕茹腥物,多以蔬菜為食。〔註53〕黃庭堅甚至為文寫道:「我肉眾生肉,名殊體不殊,元同一種性,只是別形軀。」〔註54〕表明「我」與「眾生萬物」雖名殊而實為「同體」。

從上引述可知,宋代社會對「殺生」行為多持禁戒態度,而殺害精怪同屬「殺生」的行為。即便部分精怪能夠變化,但許多時候牠們仍只是化作人形,為便向人討饒乞命罷了,例如《夷堅志》載:承節郎陳瑀,平日不殺生,某日有人送來三十隻巨蝦,陳不忍付烹,暫用水桶育之。夜裡,陳夢見三十名碧衣人列於庭前,其一最大者致詞曰:「某等無罪無辜,將罹性命之危,非明公不能免其死,願少留意。」陳應之曰:「我以一賤官,又暫攝事,安能任活人之責?」碧衣人齊曰:「恐公不肯為此,談笑間可辦也。」陳瑀醒來後,心有所悟,急取蝦隻縱海放生,群蝦昂首反顧,如感謝之狀,久之乃沒入水中。〔註55〕

精怪故事中的乞命精怪,往往是居於弱勢一方,人們一念之間便可決定其生死。但這些居弱勢的精怪,有時亦透過果報系統,提醒人們重新思考該如何對待這些「異類」,並告誡人類,殺害精怪就跟殺害物類一樣,是對生命的不敬,必定遭到懲罰,譬如濟北晁某,寓居撫州五福寺,有一天看見一隻大蝦蟆趴在草堆中,異而殺之,回到宿舍後,房內怪聲四起,滿空如雷,屋內變怪異常,燈火忽明忽暗,晁生始悟為蝦蟆精來報復,急招巫師作法禳除,但都無效,晁某遂避往他處,不敢再來。〔註56〕

上則故事裏的蝦蟆精本來無害,但晁生卻以蝦蟆樣貌怪異而殺之,故遭來蝦蟆精的復仇,類此的傳說在宋人的筆記裡尤多,例如《夷堅志》中的〈二

〔註52〕同上引書,〈慮傷蟄蟲冬不修葺〉,頁7。
〔註53〕同上引書,〈東坡放生〉,頁17～18。
〔註54〕同上引書,〈黃魯直謂子瞻語〉,頁18。
〔註55〕《夷堅志》,夷堅支庚卷5,〈陳瑀不殺〉,頁1170。
〔註56〕《夷堅志》,夷堅支甲卷8,〈晁氏蟆異〉,頁777。

兔索命〉、〈汪乙黿〉、〈汪三宰牛〉等等皆是勸誡人們不可任意殺生，以免遭來可怕的報應。

　　不過，值得玩味的是，如果宋人面對「害人的精怪」時，又當採取何種態度呢？在《夷堅志》裡有一個值得觀察的例子：

> 德興香屯有野渡，舟人艤岸，一小童奴與錢五十求載。舟人訝其多，童曰：「我得怒於主公，遁逃而至，懼其亦過此相追捕，幸容我於板下以避之。」舟人容之。少頃，一村叟來，才登舟，童即衝板出，乃成巨蟒，其長可丈五尺，昂首逕趨叟喉。叟急舉兩手扼其頸，蟒不得搏噬，但以身纏束之。舟中人股栗相視，或持長鈎，斷蟒為四五，始解散，而人蟒俱斃矣。此叟蓋為巫，姓程氏，里社呼為程法師，尤善禁蛇，積所殺不可勝計。暮年頗敗其法，故值冤報云。〔註57〕

按理來說，蛇精崇害人類，法師作法算是為民除害，怎會反招冤報呢？其關鍵在程法師「積所殺不可勝計」，易言之，程施法過當，積下太多殺業，故招來惡報。這樣的案例在宋代並不罕見，許多筆記都記載，法師即使為民攘除精怪，但也要有輕重之分，不得濫殺，例如徽宗政和年間（1111～1117），同州（永興軍路）有白蛇精為害，當地百姓人心惶惶，張虛靖天師聞訊前往治蛇，經過一番激戰，才斬殺了為惡的大白蛇，但白蛇藏身的洞穴中還有數萬條小蛇，張告訴民眾曰：「首惡蓋牝者，種類實繁，此難悉誅，然亦不可恕，擇其為孽者去之足矣。」當地父老斬殺蛇群如柱如楹者二十餘條，其餘小蛇則驅出境外，同州一地便平靜下來。〔註58〕又如吳松江長橋下，每次漲潮時皆有一條惡龍為害，當地百姓痛惡不已，於是派衛士請桂法師來治龍，桂曰：「若用我法，當具章上奏，則此龍必死，事體至大，吾所不忍，姑為其易者。」他寫了一份牒狀交予衛士說：「汝歸，持往尋常覆舟處，語之曰：『桂真官問江龍何為輒害人，宜素改過自新。脫或再犯，當飛章天上，捕治行法矣。』」衛士回去後，依言在橋下投判牘，且具告以桂語。瞬息間，水面的潮頭便開始退卻，此後該地風平浪靜，潮水不復為惡。〔註59〕

　　比較張天師、桂法師、程法師三人的作為，張、桂二人顯然都站在愛護生命的立場，心存不忍，即使精怪有害人類，如非最後關頭，多保全不殺，

〔註57〕　《夷堅志》，夷堅支戊卷 6，〈香屯渡小童〉，頁 1097。

〔註58〕　《夷堅志》，夷堅支戊卷 9，〈同州白蛇〉，頁 1119～1120。

〔註59〕　《夷堅志》，夷堅乙志卷 15，〈桂真官〉，頁 313。

或僅取首惡懲治而已。相反的，程法師卻以擅長的法術，「積所殺不可勝計」，如此濫殺的行為便召來「冤報」的下場。

　　整體來說，宋代精怪果報故事裡的戒殺意味相當濃厚，戒殺的義理受佛教果報論的影響很深，在佛家眾生平等的觀念下，人與一切眾生皆被視為六道輪迴中的一份子，戒殺護生就是對一切有情生命的尊重，因此佛教將「不殺」列為五戒之首，〔註 60〕就是要求人類以「同體大悲」心對待世間眾生。果報故事裡的精怪儼然成為世間有情生物之一，廣大有情生物藉由精怪發聲，來警告人們不得濫殺，否則將自食惡果，宋代的精怪果報故事強烈反應出這樣的社會價值觀。

　　另外，宋人發自內心對物類疼惜的情懷，也是他們戒殺的重要原因。不少故事也顯示，宋人放生精怪並不要求回報，完全是出自「愛護生命」的良善天性，希望牠們能平安的生活在大自然中，例如建炎年間（1127～1130），王承可侍郎居分寧（江西修水）田舍，某夜夢見黑衣男女三十人立於庭前，拜謝乞命，隔日，恰有村民負三十隻鼈來販賣，王回憶起夢中事情，遂買來放生溪流，當夜又夢見二黑衣人來致謝云：「放浪江湖外，全勝洦迦時。」他們超然有自得之貌，喜色可掬。〔註 61〕王侍郎放鼈之舉，是出於不忍人之心，未期望鼈精的回饋，但二鼈吟詠之詩，則充滿新生的喜悅，這種樂見物、我和樂的愉悅心理，不僅勝過殺戮時的悽慘恐怖，更將「天有好生之德」的理念具體落實在生活之中。

第二節　精怪傳說的生態功能

　　人類社會與生態環境有著不可分割的一體性，是共同進化的產物，人類同樣受生態學規律所制約，故有義務保護一切生命物種，並將自然資源的使用量控制在一定的水準內。中國最初的生態保育觀來自「循環」的概念，強調「生生不息」，但隨著人口的增長，自然資源被人類過度濫用，致使物類大量衰減，官方雖然下令復育或禁採，但在「民生為大」的思維慣性下，很難有效防止民眾任意捕伐，而精怪傳說裡的戒殺、禁採情節，卻能從民眾的信仰心理出發，進而達到勸勵保育的效果，此一功能著實深具特色。

〔註 60〕 佛家五戒分別為：不殺生、不偷盜、不邪淫、不妄語、不飲酒。參閱《戒律學綱要》（臺北：東初出版社，1994 年），頁 91。

〔註 61〕 《夷堅志》，夷堅丁志卷 2，〈二鼈哦詩〉，頁 548～549。

一、保育生物的功能

中國思想家很早就發現了生物繁衍的週期性，他們認為如要永續利用生物資源，必須給予物類足夠的繁息時間，因此，限定捕獵季節就成為相當重要的議題，周人明文記載：「天子不合圍，諸侯不掩羣。……獺祭魚，然後虞人入澤梁；豺祭獸，然後田獵，鳩化為鷹，然後設罻羅。草木零落，然後入山林，昆蟲未蟄，不以火田。不麛，不卵，不殺胎，不殀夭，不覆巢。」〔註62〕這種「取之有時，用之有度」的政令，已具保育思想的雛型。春秋時魯宣公在禁漁的夏季派人置網抓魚，大臣里革聞訊趕往阻止，並對宣公說：

> 古者大寒降，土蟄發，水虞於是乎講眾罶，取名魚，登川禽，而嘗之寢廟，行諸國，助宣氣也。鳥獸孕，水蟲成，獸虞於是乎禁罝羅，猎魚鱉以為夏犒，助生阜也。鳥獸成，水蟲孕，水虞於是禁罝罜，設阱鄂，以實廟庖，畜功用也。且夫山不槎蘗，澤不伐夭，魚禁鯤鮞，獸長麑麌，鳥翼鷇卵，蟲舍蚳蝝，蕃庶物也，古之訓也。今魚方別孕，不教魚長，又行網罟，貪無藝也。〔註63〕

這番話告誡宣公須按自然界的規律捕獵生物，物類便可昌盛不息，否則資源勢必日益枯竭，自陷於匱乏。《呂氏春秋》云：「竭澤而漁，豈不獲得？而明年無魚；焚藪而田，豈不獲得？而明年無獸。」〔註64〕這種合理運用生物資源的說法，亦帶有保育生物的意味。

秦朝統一天下後更制定了有關保護環境的法律，據湖北雲夢縣出土的秦代竹簡記載，秦代法律中的《田律》可算是早期保護森林和生物資源的明文法條，當時規定：

> 春二月，毋敢伐材木山林及雍（壅）堤水。不夏月，毋敢夜草為灰，取生荔、麛（卵）鷇，毋□□□□□□毒魚鱉，置罔（網），到七月而縱之。唯不幸死而伐綰（棺）享（槨）者，是不用時。〔註65〕

日後歷代君主以此基礎，各自訂立了該朝需要的法規。但類此的限制往往和

〔註62〕 《禮記集解》（北京：中華書局，1989年），王制第5之1，頁334～335。
〔註63〕 《國語》（臺北：九思出版有限公司，1978年），卷4，魯語上，〈里革斷宣公罟而棄之〉，頁178。
〔註64〕 呂不韋編，林品石註譯，《呂氏春秋今註今譯》（臺北：台灣商務印書館，1990年）卷14，〈孝行覽·義賞〉，頁382。
〔註65〕 《睡虎地秦墓竹簡》（臺北：里仁書局，1981年），〈秦律十八種〉，〈田律〉，頁135。

實際生活需要相牴觸，尤其是國家遭逢荒災之際，皇帝往往藉由「開倉廩」、「薄賦稅」、「弛山澤之禁」等措施來減輕百姓的災情，其中「弛山澤之禁」對保育生物危害最大，例如漢文帝六年（174B.C）「夏四月，旱蝗為災，令弛山澤」。〔註66〕又漢武帝元鼎二年（115B.C）夏大水，關東餓死者數千。秋九月，詔曰：「……今京師雖未為豐年，山林、池澤之饒與民共之。」〔註67〕此一開放山林川澤，任由民戶漁獵覓食的手段，被時人認為是救濟荒年的德政，故漢代以降，君王每逢天災或歲荒多採用此法。〔註68〕

到了宋代，救荒之法仍離不開「弛山澤之禁」，宋仁宗慶曆八年（1048）夏，河北大水為災，人相食，流民入京東者不可勝數。富弼動員所轄地方官民救災，史載：

> 弼擇所部豐稔者五州，勸民出粟，……山林陂澤之利，有可取以為生者，聽流民取之，其主不得禁。……凡活五十餘萬人，募而為兵者又萬餘人。……弼所立法，簡便周至，天下傳以為式。〔註69〕

富弼的做法雖然解決了饑民與盜賊出現的社會問題，卻造成自然界生物空前大浩劫。

此外，由於百姓的生活需求或短視近利，甚至官僚游獵取樂，經常發生濫捕動物、破壞生態環境的行為，宋代保護生物的相關詔令，自太祖建隆二年（961）起，屢經頒行，這點我們可以從《宋會要》窺見一班：

表 5-1 《宋會要·刑法》保護生物詔令一覽表

皇 帝	時 間	詔 令 內 容
太祖	建隆二年（961）二月十五日	鳥獸虫魚，宜各安於物性；置罘羅網，當不出于國門。庶無胎卵之傷，用助陰陽之氣。其禁民無得採捕虫魚、彈射飛鳥，仍為定式。

〔註66〕《漢書》（臺北：洪氏出版社，1975年），卷4，〈文帝紀〉第4，頁131。
〔註67〕《漢書》，卷6，〈武帝紀〉第6，頁182。
〔註68〕如漢宣帝宰相魏相上表盛讚前任皇帝（漢昭帝）：「竊伏觀先帝盛德，……憂水旱之災，為民貧窮發倉廩，……寬租賦，弛山澤陂地……。」引自《漢書》，卷74，頁3137。又如漢元帝即位不久，連遭兇年，遂於初元元年（48B.C）下詔：「關東今年穀不登，民多困乏，其令郡國被災害甚者毋出租稅。江、海、陂、湖、園、池，屬少府者，以假貧民，勿租稅。」引自《漢書》，卷9，頁279。
〔註69〕《長編》，卷166，仁宗皇祐元年春正月辛未條，頁4。

太宗	太平興國三年（978）四月三日	方春陽和，鳥獸孳育，民或捕取，甚傷生理。自今宜禁民二月至九月，無得捕獵及持竿攜彈探巢摘卵，州縣長吏嚴敕里胥伺察擒捕，重致其罪。仍令州縣於要害處，粉壁揭詔書示之。
真宗	景德四年（1007）二月十三日	方春國事，前令禁捕鳥獸，有司當申明之。
真宗	大中祥符二年（1009）十一月二日	自今應傷生鷙禽之類，粘竿、彈弓等物，不得攜入宮觀、寺院及有屠宰，違者論如法。仍令開封府條約民間，無使廣有採捕。
真宗	大中祥符三年（1010）二月十九日	諸州粘竿彈弓、置網獵捕之物，於春夏依前詔禁斷，犯者委長吏嚴行決罰，自後每歲降詔申戒。
真宗	大中祥符三年（1010）八月二十四日	將祀汾陽沿路，應有粘竿彈弓并置網及諸般飛放獵捕禽獸，並採取鷙卵，並令斷禁。
真宗	大中祥符三年（1010）九月十七日	將來祀汾陰，有司并從駕臣僚等，應網罟鷹鷂傷生之物，並不得將行，令御史採察聞奏。
真宗	大中祥符四年（1011）正月二十五日	帝謂宰臣王欽若曰：已禁斷採捕，尚慮隨駕臣僚從人，以鷙禽網罟，妄稱于廟內獻送，宜嚴戒約之。
真宗	大中祥符四年（1011）八月五日	火田之禁，著在禮經，山林之間，合順時令。昆蟲未蟄，草木猶蕃，輒縱燎原，有傷生類，應天下有畬田，依鄉土舊例，其餘焚燒田野，並過十月及禁居民延燔。
真宗	大中祥符四年（1011）十二月十二日	上封者言，京城多殺禽鷙水族以供食饌，有傷生理。帝謂近臣曰：如聞內庭洎宗室市此物者尤眾，可令約束，庶自內形外，使民知禁。
真宗	大中祥符八年（1015）八月二十四日	禁獲龍河魚者。初，皇城司言，民有私捕河魚，故命開封府諭禁之。
真宗	大中祥符九年（1016）四月二十四日	江南民先禁黐膠，自今復有違犯者，一斤已上，從不應為重，一斤以下，從輕斷之。
真宗	大中祥符九年（1016）八月四日	禁京城殺雞者，違即罪之。初，帝曰：始聞京中烹雞者滋多，增害物命，故行此禁。
真宗	天禧元年（1017）八月十一日	禁捕採取狨毛。
真宗	天禧元年（1017）十一月八日	淮南、江浙、荊湖舊放生池廢者，悉興之。元無池處，沿江淮州軍近城上下各五里，並禁採捕。
真宗	天禧三年（1019）二月七日	禁諸色人不得採捕山鷓。
真宗	天禧三年（1019）十月十六日	禁京師民賣殺鳥獸藥。
仁宗	天聖四年（1026）四月十八日	山澤之民，採取大龜，倒植坎中，生伐去肉，剔殼、上薄皮，謂之龜筒，貨之作玳瑁器，暴殄天物……令江淮、兩浙、荊湖、福建、廣南諸路轉運司，嚴加禁止，如宮中須用，即臨時計度之。

仁宗	天聖六年（1028）二月十二日	禁止諸色人等持粘竿、彈弓、置網，及諸般飛放獵捕禽獸，採取雛卵，犯者嚴斷。
仁宗	景祐三年（1036）二月五日	當明弋獵之禁，俾無覆卵之傷。……應有持粘竿彈弓置網，及諸般飛放獵捕禽獸，並採取雛卵及鹿胎人等，于春夏月，並依條嚴切禁斷。
仁宗	景祐三年（1036）六月十五日	冠服有制，必戒於侈心；覆卵無傷，用蕃于庶類。惟茲麋鹿，伏在中林，俗貴其皮，用諸首飾，……禁帶鹿胎冠子，及無得輒取採捕製造。
高宗	紹興十三年（1143）五月十九日	中書舍人楊愿言：天申節，詔天下訪求國朝放生池遺跡，申嚴法禁，仰祝聖壽。從之。
高宗	紹興十三年（1143）五月十九日	尚書工部郎中林文言：臨安府西湖實形勝之地，天禧中，王欽若嘗奏為放生池，禁採補，為人主祈福，比年以來，佃于私家，官收遺利，採捕殆無虛日，至竭澤而漁者，傷生害物，莫此為甚。今鑾輿駐蹕，王氣所存，尤宜涵養，以示渥澤。望天禧故事，依舊為放生池，禁民採捕，仍講利害而浚治之。詔令臨安府措置。
高宗	紹興十三年（1143）十一月十四日	詔諸路州軍每遇天申節，應水生之物，係省錢矔生，養之於池。
高宗	紹興十七年（1147）十月二十一日	知荊門軍趙士初言：丁亥日禁屠宰，未有禁漁獵，望於條禁內添入「丁亥日禁漁獵之文」。從之。
高宗	紹興二十年（1150）二月三日	今江浙之民，樂于獵捕，往往飾網罟軍弋，以竢春時，操以入山林川澤，所取必竭，蓋未有所斷罪，望詔有司，申嚴法禁。刑部看詳，禁止採捕，違令之罪，欲從杖八十科斷。從之。
高宗	紹興二十七年（1157）九月二十九日	宰相進呈：……自金州以來，密布魚枋，上下數百里，竭澤而漁，無一脫者。乞起將本州魚枋盡行毀拆。
高宗	紹興二十九年（1159）二月九日	太宗皇帝尹京日，禁斷春夏捕鵪卵等榜文，……令付三省，可申嚴法禁行下，以廣祖宗好生之德。
高宗	紹興二十九年（1159）二月十二日	知樞密院事陳誠之言：竊見民間輕用物命以供玩飾，有甚於翠毛者，如龜筒玳瑁鹿胎是也。……龜筒與玳瑁同為器用，國人爭採補，掘地以為倒直，……至於鹿胎抑又甚焉，殘二物之命以為一冠之飾。……望今後不得用龜筒玳瑁為器用、鹿胎為冠。從之。

資料來源：《宋會要》‧〈刑法〉2 之 159 至 160，頁 6575～6576。

太祖到高宗的 202 年間，從迄今仍保留的紀錄來看，宋代官方頒佈保育生物的禁令多達二十九次，平均 6.8 年重申一次，頒佈次數以真宗與高宗兩朝最多，甚至有一年申明三次的紀錄。再從保育的理由來分析，百姓違時濫捕是頒佈禁令的主因，其次是民間抓取鳥獸用以製藥、製飾品、或供作飲食材料的風尚等，〔註70〕凡此都會造成特定物種大量耗損，瀕臨滅絕而被禁止。

〔註70〕 《宋會要》，刑法 2 之 159，大中祥符四年十二月十二日條言：「京城多殺禽鵰

　　另一方面，頒行保育政令往往是希冀藉禁獵的方式，來生息、活絡物類繁殖的目的，但這一措施是否有效呢？依前述屢頒嚴禁捕獵的詔令來看，其成效相當有限，反倒是勸戒殺生的精怪故事之流傳，有時比政令更具警示效果，如《夷堅志》載：金谿人何少義，乾道九年（1173）冬，抓魚欲食，剖魚腹後將魚子置廁下盆中，夜半時分，何少義夫婦聽到盆內魚卵唧唧作人聲乞命，隔日將此情況告知街坊鄰居，人皆勸告他們投放江河。何妻不為所動，私將魚卵悉烹食之，次年何妻暴死，少義獨得存活。〔註71〕故事裡的何妻因烹食魚子死亡，何少義未食得以倖免，類此傳說極易引起百姓飲食上的避諱，以免招致天罰，加上佛教戒殺的果報說教，民眾捕食動物或胎卵的行為，自然會受到某種程度的壓抑，間接達到保育物類的效果。

　　類似的案例也見諸《湖海新聞夷堅續志》，該書記載著：光孝宮道人章道隆，生平嗜食鱔魚。某日，章買鱔欲食，夜裡夢見鱔魚化為人形，前來警告說：「我輩久飽爾腹，今就爾索命。」夢醒後，章道人終日恍惚不樂。越二日，章道人煮鱔之際，不意亂軍掩至，章為所獲，拷掠需索金銀，無可應付，被武夫用煮鱔沸湯灌口而死。〔註72〕這類藉精怪索命來勸誡殺生的故事不勝枚舉，而章道人殺鱔文章末，作者更補充說：「夫鱔至微之物，其形如蟲，夜半尚能矯首朝北。世人欲一甘口飽腹，與夫食肆一日所殺，不知所害幾萬命矣。世間珍味無限，何苦而食之！若能知戒，更加廣勸，則物得活命，而我壽亦延，實一大美事，宜信之毋忘。」〔註73〕作者勸誡勿貪口腹之欲的教訓意味，顯然可見。

　　自然界的物類從繁殖到育成皆有一定的時序，故國家部門須明訂獵捕時節和規範，讓物類獲得休生養息，生物資源才能永續利用，面對百姓的違時濫捕行為，精怪是否能夠進行警示呢？答案是肯定的，《夷堅志》載：定陶縣北有陂澤，民多採螺蚌魚鱉之屬鬻以為生。某夜，邑宰夢一綠袍客入謁曰：「吾

水族以供食饌」頁 6575；刑法 2 之 160，大中祥符九年八月四日條言：「始聞京中烹雞者滋多，增害物命」，頁 6575。此外，從《東京夢華錄》、《夢粱錄》中亦可得知宋代都城的飲食人口眾多，每日皆需消耗大量的葷素食材，故汴京「坊巷橋市，皆有肉案」，每日「生魚有數千擔」運入京城；臨安更是「杭城內外，肉舖不知其幾...」；「其殺豬羊作坊，每人擔豬羊及車子上市動即百數。」如此龐大的食材市場，若養殖技術、養殖場無法切實配合，則民眾很容易違時濫捕以資牟利。

〔註71〕《夷堅志》，夷堅支乙卷 10，〈何氏魚子〉，頁 870。

〔註72〕不具撰人，《湖海新聞夷堅續志》（北京：中華書局，1986 年），前集卷 2，警戒門〈殺鱔取命〉，頁 99。

〔註73〕同上註。

種族世居治下，子孫蕃衍，皆獲仁芘，不幸為細民捕殺充食，且又轉售於人，將使無噍類矣。願賢令尹慈憐，少加禁止，則恩流無窮，當思所報。」邑宰醒來後便尋吏士、道人參詳，皆不解其夢。迨春暮，天氣晴朗，澤邊捕魚民眾什百成群，魚獲數倍常日。倏忽間煙霧瀰漫，雷聲震動，一條巨蛟出現，口吐雲煙，冷氣慘烈逼人，漁人率相棄罟逃命，但遭巨蛟攫掣者已數十人，其餘溺死大半。大家始解邑宰之夢，自是無復敢漁者。〔註74〕

從這則故事來看，定陶水族在居民肆無忌憚的濫捕之下已近枯竭，故以綠袍客的形象要求地方官進行保育，可惜官員不明其意，最後出現巨蛟報復索命，阻止居民濫捕行為。本故事雖帶有迷信色彩，但是否為官方禁獵的腳步，經常追不上民眾的獵捕速度？保育成效不彰，否則官府何需屢頒禁令？而精怪報復故事流傳民間，對百姓的浮濫捕殺，具有嚇阻作用，實為官方保育政令上的有力推手。

如果將殺害物命遭惡報，視為一種消極的保育方式，則買活物放生可說是比較積極的作法，這種作法背後常以「善有善報」作為誘因，《夷堅志》載云：樂平縣席天祐患眼疾，十年不復見物，某夜夢一禿翁為其徒乞命，席曰：「我病廢待盡，不握死生之柄，胡為而出此言？」禿翁曰：「若能置念，目眚可瘳。」隔日，席天祐聞門外漁人擔負蝦蛤螺蟶叫賣，頓悟夢告，悉買之，使童縱於江後，雙目即有明意，自此為善愈力，數月後，兩眼得以重見光明。〔註75〕

同書又載：湖口人詹林夫婦無子，經常焚香禱告求子，經十餘年不驗，紹熙初，詹林忽起怨心曰：「詹林自省，平日不曾作惡事，今年四十四歲，妻四十二歲，焚禱十年，並無感應，不知有天地上真否？」忽然間，一名老者現身咄之曰：「詹林專好食魚子，及淹藏雞鴨卵不令抱生，故造物折磨，永無後嗣。汝不思己過，反敢怨天，豈得為便。」言畢消失。詹林愧而追悔，自此不復食魚子及藏雞鴨卵。每逢春季，買魚苗魚子放生，如此數年，至慶元元年（1195），詹林夫婦遂生得一男。〔註76〕

買物放生符合好生之天德，實為美事一樁。宋代開國以來，官府對放生活動多所鼓勵，如北宋天禧年間（1017～1021），王欽若就曾上奏以杭州西湖為祝聖放生池，故每年四月初八，西湖皆舉行大規模的放生會，參予者常

〔註74〕　《夷堅志》，夷堅支乙卷1，〈定陶水族〉，頁797～798。
〔註75〕　《夷堅志》，夷堅三志辛卷5，〈席天祐病目〉，頁1420。
〔註76〕　《夷堅志》，夷堅三志己卷4，〈寧氏求子〉，頁1334。

多達數萬人，一時間「舟楫甚盛」，人們競相野放飛禽，或購買龜魚螺蚌放入湖中。〔註 77〕但因朝廷對放生政策一味鼓勵而未予規範，以致出現若干「畸形的放生行為」，如信州人孫十郎，平日誠心禮佛，每入市集，見人攜飛禽走獸或生魚鱉蝦之屬，必買而放之。不肖獵者見有利可圖，四處捕捉動物至孫家兜售，孫家皆買來放生，一日費錢多至二、三萬。後來孫十郎生重病，睡夢中見菩薩從天下降，孫力疾瞻敬，菩薩語之曰：「汝本一善人，未應至此，緣朝夕撓害物命，故重患臨身。」孫謝曰：「弟子戒殺，初未嘗損害眾生，但知贖放物命耳，若何反得罪？」菩薩云：「緣貪痴小輩，慕汝家錢，不應籠罩者亦皆致力，遂使羅網交絡於山澤，使鳥獸水族，不能暫安，茲所以為罪。」孫驚而寤，重疾遂瘳，自此不敢胡亂買物野放，而獵者因得少憩！〔註 78〕

由孫十郎的例子可知，宋人為修功德興起放生之風，往往因人謀不臧，導致間接傷害物命而不自知，對此《湖海新聞夷堅續志》有生動的描述云：

> 潭州延祥宮，遞年三月、四月、六月、八月有放生社會。康定元年（1040）三月三日真武生辰，預買飛禽水族，例往州亭，臨大江，用磬鈸引導，讚詠放生。諸般物命或向空而飛，或漾水而遊，其飛沉之物，或向空復墮，或水面仰浮，飛禽者翅與足或被膠黏，或弓彈射獵，如有傷折，哀鳴愁噪之聲不忍聞也。如水族者曾釣張取、籮籃采捕，鱗甲頭尾皆有破損，跳躍張口之狀但叫蟄不出，不忍目之。四遠之人纔聞放生，爭競張補以賣于市，反至損害物命。〔註 79〕

以宗教觀點來看，放生原是極有意義的「護生」行為，但如果四處購買動物放生，製造許多商機，等於變相鼓勵獵者大肆捕捉生物出售，賣給人們放生，形成惡性循環，最後受害的還是這些可憐的物類。更何況有些動物被抓離原生地後適應不良，胡亂野放的結果，不僅放生的動物未必存活，甚至會影響當地原生物類的生息。

保護生物資源是維持生態平衡的重要環節之一，宋代君主大多也能秉持這個理念，禁止非法獵捕鳥獸，不許向朝廷上貢珍禽異獸，〔註 80〕連皇帝違

〔註 77〕 《夢粱錄》（臺北：文海出版社，1981 年），卷 19，〈社會〉，頁 527。

〔註 78〕 《夷堅志》，夷堅三志壬卷 8，〈孫十郎放生〉，頁 1526。

〔註 79〕 《湖海新聞夷堅續志》（北京：中華書局，1986 年），前集卷 2，拾遺門〈罷放生會〉，頁 72。

〔註 80〕 《長編》，卷 79，頁 763。大中祥符五年十一月乙卯條，真宗特詔「罷獻珍禽異獸」，並強調「仍令諸州依前詔，勿以珍禽異獸為獻。」

時出獵也會引來抗言，史載慶曆七年（1047）三月庚午，仁宗出獵，因屬禁獵的時節，引起御史何郯的強烈諫阻，認為「畋獵之事，具有禮文，行之以時」，經群臣抗章，隨即停罷，未幾，仁宗又興起出獵的念頭，還是遭來反對，只好「詔罷出獵」。〔註81〕

　　從以上論述可知，在宋代禁獵詔令下，官方的獵捕雖受到抑制，但民間出自經濟生活上的需求，獵捕活動從未停歇，在近代保育觀念形成以前，宋代精怪故事雖以神異情節來嚇阻捕殺行為，但它蘊藏的保育觀念和功能，仍具有深刻的正面意義。

二、保育林木的功能

　　宋代經濟發達，作為手工業、建築材料與燃料的林木，用量日益增加，木材消耗嚴重，不僅引起社會重視，也出現了供需緊張的局面。以民生需求為例，由於人口增多，城市持續擴大，燃料需求直線上升，兩浙地區人口稠密，首先面臨燃料不足的危機，蘇軾任知杭州時曾上奏云：「錢塘億萬生齒，待上江薪炭而活，以浮山之險覆溺留礙之故，此數州薪米常貴。」〔註82〕除了薪材物稀為貴外，人口增加意味著糧食產量必須提升。真宗朝後，焚林造田之舉漸多，北宋詩人王禹偁在〈畬田詞序〉中描述畬田的開墾情形云：

> 上雒郡南六百里屬邑，有豐陽、上津，皆深山窮谷，不通轍跡，其
> 民刀耕火種。大抵先斫山田，雖懸崖絕嶺，樹木盡仆，俟其乾且燥，
> 乃行火焉。火尚熾，即以種播之。〔註83〕

初春時期，先將樹木砍倒，俟其乾燥後放火焚燒，灰燼供作肥料，這種耕作方式雖然擴大了耕作面積，但對林木資源的破壞極大，同時也容易造成土壤流失和山地崩塌。

　　手工業的快速發展，是宋代林木快速耗損的另一重要原因，舉凡造船、造紙、建築、冶礦等，都需要大量木材，其中冶礦的燃料用木尤多，故礦區多位於林地附近，如河北路相州的利城軍鐵冶開發於北宋前期，薪材皆取自附近山林，四十年後「山林漸遠」，只好往遠處伐林，又因薪材運費年年高漲，

〔註81〕　《長編》，卷 160，頁 1605。

〔註82〕　蘇軾，《蘇軾文集》（北京：中華書局，1986 年），卷 32，〈乞相度開石門河狀〉，頁 907。

〔註83〕　王禹偁，《小畜集》（臺北：臺灣商務印書館，1968 年），卷 8，〈畬田詞〉，頁 102。

在成本考量下，產鐵量因而大幅度下降。〔註84〕南宋時，建寧府松溪縣開採銀礦，礦區周圍本是桐林茂鬱，巨木參天，不到二十年光景，「去場四十里皆童山」。〔註85〕換言之，只顧發展冶礦業，對山林只伐不育，僅數十年光陰，當地林木資源就已枯竭。

另外，由於戰爭和軍事需要，山林樹木也經常遭到砍伐。宋太祖開寶年間（968～976），宋軍攻伐北漢，侍衛步軍都指揮使黨進，遣東寨都監李謙溥，「伐木西山，以給軍用」。〔註86〕太平興國五年（980），宋太宗揮軍幽州，調役夫數萬人伐木，「得巨木數萬，負擔而還，大濟用度。」〔註87〕至於和宋朝敵對的遼、金、西夏、蒙元等國，也經常砍伐林木以資軍需或利其戰略。宋初，鎮、定一帶有山中谷道與遼界相接，真宗景德年間（1004～1007）之前，山谷「溪澗峻狹，林木壅遏」，遼騎不能進。為了攻宋，遼人「自山後斬伐林木，開鑿道路」，經四十餘年「則往來通快，可以行師。」〔註88〕南宋理宗寶祐六年（1258），蒙古軍西征，「道由陳倉入興元，度米倉關，其地荒塞不通，進伐木開道七百余里。」〔註89〕

宋人並非不明白破壞山林所帶來的弊病，宋太祖即位後，鑒北方森林遭受摧殘，土地荒蕪，遂下令課民植木以輔田桑。〔註90〕官方也透過立法的方式來懲治破壞山林者，《宋刑統》載「諸於山陵兆域（墓域）內失火者，徒二年。延燒山林者，流二千里。殺傷人者，減鬥殺傷一等。其在外失火而延燒者，各減一等。」〔註91〕「諸失火及非時燒田野者，笞五十。」〔註92〕對焚燒山林者之刑責，可謂不輕。《慶元條法事例》亦規定：「諸係官山林輒採伐者，杖捌拾，

〔註84〕韓琦，《韓魏公集》（臺北：藝文印書館，1967年）（百部叢書集成之26，正誼堂全書，第6函），卷13，頁14～15。
〔註85〕趙衛彥，《雲麓漫鈔》〈唐宋史料筆記叢刊〉（北京：中華書局，1998年），卷1，頁27。
〔註86〕《長編》，卷10，太祖開寶二年三月丁末條，頁220。
〔註87〕《長編》，卷21，太宗太平興國五年十一月丁丑條，頁483。
〔註88〕《長編》，卷150，仁宗慶曆四年六月戊午條，頁1524。
〔註89〕《元史》，卷154，列傳第41，〈李進傳〉，頁3638。
〔註90〕《宋史》，卷173，志第126，〈食貨上一‧農田‧農田之制〉，「課民種樹，定民籍為五等，第一等種雜樹百，每等減二十為差；桑棗半之。……又詔所在長史諭民，有能廣植桑棗、墾闢荒田者，止輸舊租。」頁4158。
〔註91〕竇儀，《重詳訂宋刑統》（上海：上海古籍出版社，1995年），刑27，〈失火〉，頁191。
〔註92〕《重詳訂宋刑統》，刑27，〈失火〉，頁192。

許人告。」〔註93〕「諸色人，告獲輒採伐係官山林者，錢參拾貫。」〔註94〕「諸嶽瀆廟及名山洞府靈跡界內山林，不得請占，及樵採所禁地內，亦不許創造舍屋、置窯、埋葬。」〔註95〕

儘管罰則頗重，但仍有許多人為了攫取利益不惜犯禁，蘇軾在〈乞降度牒修定州禁軍營房狀〉就提及定州百姓張德等人，「采斫禁山，開耕為田，公然起稅」，甚至侵耕多年，已成永業。〔註96〕莊綽在其〈盜伐桑枝與繫裹肚〉一文中也載：「河朔山東養蠶之利，踰於稼穡，而村人寒月盜伐桑枝以為材薪，危害甚大。」〔註97〕這些例子都顯示宋代在保育林木方面，確實遭遇許多實際上的困難。

除了官方下令保護林木外，宋代文人也常藉詩作來表達對花草樹木的喜愛和疼惜，如蘇轍的〈南堂新甃花壇二首〉吟：

> 亂竹侵紅藥，病花羞晚春。移根近談笑，得土長精神。榮悴非由爾，
> 芬芳止為人。庭西井泉好，汲灌每躬親。老木不忍伐，橫枝宜少除。
> 根莖漸有托，雨露稍分餘。生意初無損，開花終自如。他年諸草木，
> 成就此幽居。〔註98〕

梅堯臣更作詩勸人勿隨意伐木作薪云：

> 今同秀林木，催倒誰復憐？安得百力士，扶植尚可全。慎勿伐作薪，
> 豈無庭燎然。〔註99〕

另外，像《夷堅志》、《續夷堅志》等志怪作品，雖然大量採錄奇聞軼事，並雜以虛誕怪妄之說，但其中也蘊含許多人類對樹木的愛護之情，值得玩味。如慶元四年（1198），徐五秀才行經槐花巷，見槐樹朽蠹感嘆說：「此木根本皆朽蠹，但存枯皮，而柯葉尚能蔚茂，不知閱歲幾何，得非世俗所謂老樹精之類乎？不然，何以若是之異？」當晚，一青衣丫鬟前來拜見徐五云：「妾乃槐

〔註93〕 《慶元條法事例》（上海：上海古籍出版社，1995年），卷80，〈雜門〉，頁670。
〔註94〕 《慶元條法事例》，卷80，〈雜門〉，頁671。
〔註95〕 同上註。
〔註96〕 《蘇軾文集》，卷36，〈乞降度牒修定州禁軍營房狀〉，頁1021。
〔註97〕 莊綽，《雞肋編》〈唐宋史料筆記叢刊〉（北京：中華書局，1983年），卷上，〈盜伐桑枝與繫裹肚〉，頁9。
〔註98〕 蘇轍，《欒城集》（臺北：臺灣商務印書館，1965年），〈後集卷4〉，〈南堂新甃花壇二首〉，頁534。
〔註99〕 梅堯臣，《宛陵集》（臺北：臺灣商務印書館，1965年），卷16，〈和曹光道風拔三檜〉，頁1。

花巷內大槐之精也。晝日間辱郎君惠顧，惻然興憐，感恩義殊常，是用致謝。家有尊屬，不敢久留，離合有時，更俟他日，君善自珍重。」說完便消失不見。〔註100〕《清異錄》記載進士于則往沂陽謁親，途中飯於客店，店旁有紫荊樹一株，村民祠以為神，呼曰「紫相公」，于則得知後，恭敬地將一杯熱茶置於樹下後離去。當晚，于則夢見峨冠紫衣人來見，自陳曰：「余則紫相公，主一方菜蔬之隸屬，有天平吏掌豐、辣判官主儉，然皆嗜茶，而奉祠者鮮以是品為供。蚤蒙厚飲，可謂非常之惠。」說完又贈詩曰：「降酒先生風韶高，攪銀公子更清豪。碎牙粉骨功成後，小碾當衙馬腳槽。」于則醒來後，驚嘆紫相公靈異，遂於自家後院立祠祭祀「紫相公」，自此家中所栽種的蔬菜年年豐收。〔註101〕上述故事裡，徐五憐惜槐木，于則獻茶紫荊樹，視樹木為情感交流的對象，這種親和自然的舉動，把林木從「自然物」提升至「有情物」，人心能與木植相感通，進而興起疼惜、愛護樹木之心，對教育民眾關懷林木具有重要的意義。

　　宋代開國以來，皇帝崇信道教，屢次大修宮觀以求神護，供奉先帝畫像的「神御殿」之作工尤為精巧，劉頒就曾作賦歌詠供奉宋真宗「鴻慶宮」云：「其所謂壯大，不出雕刻畫繢文采之煌煌而已。又盛道工人之巧，民力之眾，材木之多，金玉之偉。臣以為王者有作，必智者獻其巧，壯者輸其力，山林不敢愛其材，府庫之聚，皆所供億也。」〔註102〕如此竭民力、物力所修築的宮觀，雖然奇偉壯麗，但也遭來批評，歐陽修在〈戕竹記〉一文就痛斥政府妄作事工曰：「壬申之秋，人吏率持鐮斧，亡公私誰何，且戕且桴，不竭不止。守都出令，有敢隱一毫為私，不與公上急病，服王官為慢，齒王民為悖。如是累日，地榛園禿，下亡有蕢色少見於顏間者，由是知其民之急上。噫！古者伐山林，納材葦，惟是地物之美，必登王府，以經於用。不供謂之畔廢，不時謂之暴殄。今土宇廣斥，賦入委疊；上益篤儉，非有廣居盛囿之侈。縣官材用，顧不衍溢朽蠹，而一有非常，斂取無藝。意者營飾像廟過差乎！」〔註103〕

　　這些無益的工程，簡直是自然山林的浩劫，逼得樹木只得親自拜託官吏

〔註100〕《夷堅志》，夷堅三志卷2，〈徐五秀才〉，頁1312。

〔註101〕陶穀，《清異錄》，卷下，〈紫相公〉引自《宋元筆記小說大觀》（上海：上海古籍出版社，2001年），頁138。

〔註102〕劉攽，《彭城集》（四庫全書珍本別輯）（臺北：臺灣商務印書館，1975年），卷1之2，〈鴻慶宮三聖殿賦〉，頁1。

〔註103〕歐陽修，《歐陽文忠公集》（居士外集）（臺北：臺灣商務印書館，1967年），卷13，〈戕竹記〉，頁10。

斧下留情。《續夷堅志》有一段故事云：京兆官徐偉夢見綠袍老翁入謁，老翁對徐偉說：「某他日有斧斤之阨，幸為保全之。」不久，徐轉任太安守，時逢政府下詔修復岳祠，要求地方進獻良木，太安境內恰有古松一棵，幹柯茂盛，陰蔭二畝，相傳樹齡踰數百年，亦在採斫名單內。鄉父老得知後，皆哀禱於偉，徐偉恍然了悟前夢，力為營護，使老松樹免遭採伐。當晚，徐偉遂夢綠袍老翁前來致謝。〔註104〕

類似的例子也出現在饒州，《夷堅志》載：蔣叔明為饒州安仁令，縣內有靈廟，號「柳將軍祠」，廟庭前有巨杉一株，蔽蔭甚廣，蔣有意伐之。一日，蔣晝臥琴堂，夢一甲士入謁，長揖言曰：「吾姓木卯氏，居此方久矣，幸司成賜庇，不敢忘德，後十五年復當來臨。」蔣叔明驚醒後，頗加嘆異，知樹有神，遂置木不伐，繕修「柳將軍祠」，並留詩壁間曰：「夢事雖非實，將軍默有靈。舊祠從此煥，古檜蔚然青。甲馬宵中見，琴堂臥正冥，留詩非志怪，三五扣神扃。」〔註105〕

故事裡的樹精，預知自己將遭剪伐，托夢徐偉和蔣叔明，希望他們「斧下留情」，求免伐木。保護樹木者也能博得好名聲，如徐偉救老松逃過斧鉞，地方士人作記盛讚此事，救樹佳話不脛而走。蔣叔明以一念之覺不伐樹，十五年後，隸封部，入為大司成，不只應驗了「柳將軍」的預言，也讓人覺得「保護林木會有好報」。樹木感通人心和請求保護的故事，皆是教育民眾要替樹木想，應懂得心疼樹木，對待森林應如對待有情物一般。

精怪故事除了教育民眾愛護樹木外，也收錄許多濫伐林木而遭懲罰的傳說，《夷堅志》記云：顯謨閣待制董正封出知榮州，其府治寬敞高大，可以遠眺，但卻為一株大桐樹所蔽，舉目殊有妨礙，董命人伐去。吏輩羅拜乞留曰：「此木為吾州鎮蓋踰二百年，有神物居之，頗著靈效，尋常事以香火不敢怠。若除之，定起大禍，兼未必可致力。」董賦性剛烈，叱眾退，自率工匠運斤斧，自朝至暮，木已倒仆芟削。此時突然吹起一陣暴風，屋瓦飄揚，雷電晦冥，驟雨傾瀉。董與家人避聚一室，屋頂如奔馬騰踏，獸蹄、鳥爪穿透椽箔，有攫人之勢。董氏一家老幼咸怖，泣叫驚恐至極。〔註106〕

在民間信仰裡，老樹被視為具有福禍能力的神靈，故民眾多心存敬畏，

〔註104〕《續夷堅志》，卷4，〈高白松〉，頁81。
〔註105〕《夷堅志》，夷堅甲志卷1，〈柳將軍〉，頁2。
〔註106〕《夷堅志》，夷堅支癸卷2，〈董待制〉，頁1237。

不敢隨意傷害。〔註107〕上述故事中的董待制，因砍伐桐樹而遭風雨雷電懲罰，在告誡民眾不可任意傷害樹木，否則將引來樹靈的報復。另外，我們從筆記裡也發現，樹靈報復不單是天降異相，伐木集團內的主使者甚至協助者，也經常為此付出性命作為代價，《夷堅志》載：

> 王田功撫幹，建陽人，居縣境之「靈泉寺」。寺前有田，田中有墩，墩上巨木十餘株，徑皆數尺，藤蘿繞絡，居民目為鬼魅，幽陰肅然，亦有歲時享祀者。王將伐為薪，呼田僕操斧，皆不敢往。王怒，欲撻之，不得已而行。纔施數斧，木中血流，僕懼乃止，還白焉。王撻其為首者二人，曰：「只是老樹皮汁出，安得血？」羣僕知不可免，共買紙錢焚之，被髮斫樹，每下一斧即呼曰：「王撫幹使我斫。」竟空其林，得薪三千束，時紹興十三年也（1143）。經月，王疽發於背，自言見祟物。既死，祟猶不去。衆為別栽木其處以謝之，今蔚然成林，祟始息。〔註108〕

又載：

> 趙善澄清臣都監，居於鉛山，乾道九年（1173），於縣西別造宅。其後叢祠曰「三聖廟」。一樟樹大數圍，正臨宅畔，每風作搖動，必損屋瓦，不勝整葺之煩。命匠者芟除枝柯，衆相識不肯任責，趙甚怒。獨鍾四者，性粗愚，索酒一升飲，持斧奮升木杪，凡與牆臨者悉斫去之。趙賞以錢二百文。是夜鍾歸，微覺右臂癢，俄生兩肉瘤，稍大，如雞卵，積漸長如碗，雖無苦痛，然頗有妨礙。凡如此半年，因用力太過，瘤忽破裂，血出不止。外醫用藥不能療，至夜，情識蕩漾，所見皆鬼神，口中語言，亦不類常日聲音。人有問者，隨即應曰：「趙都監福尚盛，我不能興禍，此匠身衰，故得甘心耳。」後五日而亡。〔註109〕

上述故事裡，王田功執意斫樹，結果疽發於背，見祟物而死。伐樹主謀趙善澄「福尚盛」難以加害，樹靈遂轉向協伐者鍾四復仇。故事雖帶有迷信色彩，

〔註107〕如吉州軍資庫前有巨樟一株，蔽陰所及，不見天日，鄉人傳為數百年物，或曰樹洞有龍藏匿，妖蛇盤據等等，這些傳說除了代表百姓對樹木的想像，也讓人對巨木更增添一份敬畏。參見《夷堅志》，夷堅三志己卷7，〈吉州樟木〉，頁1358。

〔註108〕《夷堅志》，夷堅丁志卷5，〈靈泉鬼魅〉，頁578～579。

〔註109〕《夷堅志》，夷堅三志壬卷8，〈鍾匠斫木〉，頁1529。

卻透露濃厚的警世意味，告誡人們萬勿任意伐樹，否則將遭到報應。

　　這類砍樹遭報的故事除了具嚇阻效果外，更被拿來當作保育林木的教材。例如：紹興年間（1131～1162），趙邦材欲建造宅第，倚仗身為宗室後人，凡是看上眼的樹木，無不伐為宅用，甚至社廟神祠、民間墓樹亦不放過，房屋落成沒多久，屋內即靈異不斷，趙邦材憂怒臥病，終至不起。當時的縣尉黃子強得知後，甚且廣宣趙邦材之事於民眾，以警為惡者，俾知所懼。〔註110〕

　　整體來看，宋代在保護林木上政策上，多採立法禁止為主，官方很少教育民眾保育林木的觀念，在消極的禁止下，盜採濫伐的事件層出不窮。精怪傳說則提供了另類的教育功能，以傳說和信仰為手段，使百姓了解林木與人類生活環境息息相關，懂得尊重樹木的生存權，進而保護林木。例如宋代湖北德安府應山縣野寺外，有大槐木一株，若藤蔓然，婆娑茂蔚，鄉民以寺樹視之，愛護有加，不敢剪伐，士大夫經此，必往賞翫。政和中（1111～1118），花石之役興，有人欲徙大槐置禁苑，但盤據甚牢，竟不可發掘，另有畫工欲畫槐木圖以獻，亦無法下筆。〔註111〕這類奇異的傳說，不僅加深百姓對樹木的崇敬，也讓人們不敢隨意砍伐。

　　另外，斫木者遭報應的情節，雖然屬於果報故事的一環，也可反映出尋常百姓的價值觀，認為濫伐樹木違反自然泛靈信仰，這類心理上的勸誡，亦可補強官方禁伐令的不足，俾使民眾心生畏懼，間接達到嚇阻濫伐的實質效果。

〔註110〕《夷堅志》，夷堅支癸卷 5，〈趙邦材造宅〉，頁 1258。
〔註111〕《夷堅志》，夷堅支景卷 2，〈應山槐〉，頁 894～895。

第六章 結 論

　　人類早期精怪觀念的起源，大多與周遭動植物有關，古人相信，自然萬物歷經長久時間後，會擁有變化外型的能力，在《山海經》中，許多精怪呈現獸形，或半人半獸，這些精怪的形象，反映先民對自然界豐富的想像力。在漢代，受到天人感應及讖緯之說的影響，精怪信仰一度盛於鬼神之說，西漢時期，司馬遷曾記載云：「學者多言無鬼神，然言有物。」〔註1〕魏晉時期，戰亂頻繁，大批百姓入山避亂，遇上罕見或奇特的自然物類，激起他們無限的想像，於是各式各樣的精怪傳說，大量誕生，也刺激了志怪小說的興起。在這段期間裡，人們漸能區分精怪與鬼神本質上的差異，人們對於精怪和鬼神間的來源，也有比較清楚的認識。隨著精怪逐漸擬人化，牠們與人的交流，也愈來愈頻繁，到了隋唐時代，精怪在外型與情感上，幾乎可與人相似，使得精怪傳說更貼近人類社會。

　　民間的精怪傳說透過文人的記載，逐步形塑出精怪形象的共同特質。傳說中的精怪，不管是動物、植物或是其他東西所化成，大多具有下列其中一項特點：1. 能幻化成人形，2. 能說人語。這兩項主要特色，成為多數民眾印象中精怪有的特異能力。然而，隨著時代的演變，活動於民間的精怪種類，愈來愈繁夥，能力也變得更多元，傳說故事所含的的社會意義也逐步擴大。

　　從宋人的資料來看，宋代的精怪類型相當龐雜，其中以動物體系的精怪佔大多數，土石及人造器物類型者次之，植物類型者又次之。動物類型的精怪以生存空間來區分，又可分為陸地類、水族類以及禽鳥類三種，陸地上最常出現的精怪，以狐狸精、虎精、蛇精居多，其他亦有犬精、猿猴類精怪之

〔註1〕　《史記會注考證》，卷55，《留侯世家》，頁810。

屬。水族類則以魚、鼈、蝦較為常見，至於鳥類精怪則以雞、鶴等鳥禽為主。

宋人筆記中除了上述各類精怪外，還有許多不知名的「怪物」或「怪獸」。宋代怪物沒有固定的原形，種類各異，牠們大多神出鬼沒，人們很難找到牠們的蹤跡。至於怪獸，在本文則專指蛟跟龍兩類，牠們有自己的原始形貌，也多具有固定的活動區域。「怪物」與「怪獸」是兩類不同物種，在宋代的精怪群中不僅地位特殊，且深刻影響宋人的日常生活，尤其是「常駐性質」的怪獸，人們甚至認為牠們具有管理該地區的權力，如果有不敬，即會遭到懲罰。

從筆記資料來看，種類繁多的宋代精怪，頗具人性，牠們與人互動時亦不避嫌，人們對牠雖不免有所畏懼，但大體上仍能以平常心看待牠們。這些精怪頻繁活躍於宋人生活周遭，牠們出現的機緣雖各有不同。但宋人認為在果報世界裡，人與精怪同樣受到因果律的支配，不管是作祟的精怪為人所殺，或者人類殺害無辜的精怪而造孽，這些作為都必然產生相稱的因果報應，因此果報情節經常是精怪故事裡最大宗的內容結構。

此外，在宋代理學影響下，宋人對「物」有了進一步的看法，例如北宋理學家邵雍主張，「觀物」在觀察宇宙萬物和社會人事的道理，他以為認識事物，不可單憑肉眼，而是要從「以物觀物」的觀點出發，如此便可發現天地、人事、物我皆源自「道」、「太極」這個本源，亦即萬物的本質皆是相同。〔註 2〕易言之，宋儒對物我之間的看法，已跳脫感官上的限制，因而，精怪或異類的外型雖與人類不同，但牠們的生命本質與人類並無二致。

這一觀念也影響了宋人看待「異類」的心態，他們在面對精怪時，往往視其為一種「自然存在」，不像六朝人那般對精怪充滿厭惡，也不似唐人對精怪滿懷綺麗的遐想。宋人從實際層面看待精怪存在的體認模式，與佛教講求眾生平等的思想相結合後，在精怪故事裡，呈現出「物我平等」的意念，這也是宋代精怪故事的特色之一。

雖然精怪生命本質與人一致，但牠們的能力表現卻不同於人類。因此人們對具有神奇力量的異類，不免感到好奇和敬畏，尤其精怪能作人形、話人語，而融入人類社會，然而精怪的原始形貌跟人不同，這一點又讓人感到不舒服。分析宋代精怪故事內容得知，人們害怕精怪，主要是形貌差異所引起的，換言之，人們雖承認精怪在本質上與人類相同，卻不易拋開對精怪外貌的拒斥。

〔註 2〕 邵雍，《皇極經世書》，〈觀物篇 62 內篇之 12〉，卷 6，頁 26。

再者，宋代民間對精怪信仰的內容也相當豐富，祭祀的廟宇未必很大，但大多香火鼎盛。人們前去祭祀精怪是因聽信牠們很靈驗，凡顯靈驗的精怪祠廟，不只百姓十分熱衷，甚至官府也相當重視，可謂是以比較現實的層面去進行信仰活動。這些祭祀精怪的相關活動，不只表達民眾對精怪神祇的崇敬，歡樂熱鬧的慶典活動，也使庶民生活憑添許多樂趣。

宋代官方對精怪信仰的態度，主要依據三項原則來評判：一、有無靈驗事蹟。二、有無妨礙官方統治。三、是否危害善良風俗。如果精怪信仰明顯違反了這些準則，地方長吏不惜採取毀祠禁信的行動，反之，若大致過得去，官員們往往默許牠們繼續存在，這種態度迥異於唐代嚴格查禁的政策，從這一點來說，宋代官府對民間信仰的政策顯然寬鬆許多。

除了信仰方面之外，宋代精怪傳說的其他功能，主要表現在社會及生態方面。在社會功能上，精怪傳說呈現了「戒色」和「戒殺」的社會價值觀。戒色故事的內容多在敘述精怪化作美色勾引凡人，吸收人的精氣，導致被害者身亡，強調不可隨意與陌生人發生親密關係，否則將遭致禍害。類此情節很普遍出現在宋代精怪故事裡，顯示宋人多認為，受用不請自來的美色不僅有虧道德，而且極端危險，故民眾應該遠離美色誘惑，以潔身自持為尚。

宋代精怪的戒殺故事深受佛教果報思想影響，在佛家眾生平等的觀念下，人與一切眾生皆被視為在六道輪迴中的一份子，戒殺護生就是對一切有情生命的尊重，長養人們的慈悲心來對待世間所有眾生。果報故事裡的精怪儼然成為世間眾生界的代表，有情生物藉由精怪發聲，來警告人類不得任意濫殺，否則將會自嘗惡果。

此外，在《東京夢華錄》、《夢粱錄》中，我們看到宋代飲食文化發達的一面，汴京城內「坊巷橋市，皆有肉案」，〔註3〕臨安更是「杭城內外，肉舖不知其幾」，〔註4〕宋人大量消耗生物資源，有時甚至到了豪奢的境地，《春渚紀聞》云：河朔地區的官府庖師每年殺蟹數十萬供食，〔註5〕《武林舊事》載：清河郡王張俊在宋高宗幸其宅第時舉辦家宴，那天供皇帝吃的菜餚就有二百多種，侍衛每人羊肉一斤外，更予五味佳餚。〔註6〕這些鋪張飲食皆違反樸實

〔註3〕 《東京夢華錄》，卷4，頁212。
〔註4〕 《夢粱錄》，卷16，頁432。
〔註5〕 何遠，《春渚紀聞》（北京：中華書局，1983），卷3，〈雀鰍蛇蟹之異〉，頁46～47。
〔註6〕 周密，《武林舊事》（北京：京華出版社，1998），卷9，〈高宗幸張府節次略〉，頁920～1000。

原則，而精怪果報故事強力傳佈「戒殺護生」的社會價值觀，亦不失為宋代「反奢」意識的一股伏流。

生態功能方面主要表現在動植物的保育作用上。宋代工商經濟發達，人口遽增，城市不斷發展，加速了自然資源的消耗，百姓不僅豢養牲畜提供市場需要，也大量濫捕山林川澤裡的自然生物，導致生物資源迅速減少，政府雖有嚴格的採捕限制，但從屢頒保育詔令的情況來看，官方政策顯然成效不彰。但透過精怪索命、懲罰獵者及精怪乞命等民間傳說，多少緩和了獵捕濫殺的肆虐，使周遭動物有生息的機會。宋代林木的濫伐同樣嚴重，官方不僅無法有效禁止民間砍伐，甚至加入濫採的行列，使得宋代林木資源加劇消耗，筆記裡林木精怪報復伐木者的故事，強調樹木有靈，隨意採伐必遭樹木精怪懲罰云云，具有相當的嚇阻效果。樹木精怪與人心感通的傳說，也讓人興起保護樹木的意念，成為保育林木的助力。

綜觀上述可知，宋代精怪傳說內容龐雜，所談亦多涉及民間生活，是彌足珍貴的社會史料，其題材雖然怪誕，卻也反映出尋常百姓的觀念及信仰生活，尤其是眾多精怪傳說呈現相似意涵時，有助我們了解當時的社會情狀，這也是精怪傳說最重要的地方。筆者在撰寫本篇論文時，最困擾的地方是受史料的侷限，雖說宋人筆記資料浩瀚，但與精怪傳說有關的重要典籍仍首推《夷堅志》，作者洪邁活躍於南宋時期，北宋的記錄資料較嫌不足，故不易推斷南北宋之間，精怪傳說的內涵是否有變化？再者，精怪信仰的資料鮮少出現在官方的正式文書內，故僅能從部分詔令和文人筆記，來分析官方與精怪信仰活動間的關係。至於宋代精怪傳說內的果報特色，與明、清精怪故事的差異，則仍待日後繼續探究。

儘管宋代精怪傳說泰半為百姓茶餘飯後閒聊的話題，但透過文人的記載，我們得以了解當時精怪活動的樣貌，並探索牠們在宋人生活中所扮演的角色，這些奇幻的故事，提供了後人認識宋代社會價值觀與民間信仰的豐富內容，從這一點來看，自有其不可抹滅的意義。

徵引書目

一、史籍、政書、類書

1. 春秋・《春秋左傳正義》（臺北：藝文印書館，1991 年）
2. 春秋・《春秋穀梁傳》〈十三經注疏〉（臺北：藝文印書館，1985 年）
3. 戰國・《國語》（臺北：九思出版有限公司，1978 年）
4. 漢・孔安國，《尚書正義》〈十三經注疏〉（臺北：藝文印書館，1985 年）
5. 漢・司馬遷撰；瀧川龜太郎考證，《史記會注考證》（臺北：洪氏出版社，1982 年）
6. 漢・范曄，《後漢書》（臺北：鼎文書局，1977 年）
7. 漢・趙曄，《吳越春秋》（臺北：世界書局，1962 年）
8. 晉・陳壽，《三國志》（臺北：鼎文書局，1976 年）
9. 北齊・魏收，《魏書》（臺北：鼎文書局，1993 年）
10. 唐・李延壽，《南史》（臺北：洪氏出版社，1977 年）
11. 唐・張九齡，《唐六典》（臺北：台灣商務印書館，1976 年）
12. 唐・魏徵等，《隋書》（臺北：鼎文書局，1993 年）
13. 後晉・劉昫等撰，《舊唐書》（臺北：鼎文書局，1977 年）
14. 宋・李昉等撰，《太平御覽》（臺北：臺灣商務印書館，1997 年）
15. 宋・李昉等編，《太平廣記》（北京：中華書局，2003 年）
16. 宋・李燾，《續資治通鑑長編》（臺北：世界書局，1961 年）
17. 宋・徐松輯，《宋會要輯稿》（北京：中華書局，1987 年）
18. 宋・歐陽修等撰，《新唐書》（臺北：鼎文書局，1976 年）
19. 宋・歐陽修，《新五代史》（臺北：鼎文書局，1976 年）

20. 宋・竇儀，《重詳定宋刑統》（上海：上海古籍出版社，1995 年）

21. 宋・佚名，《慶元條法事類》（臺北：新文豐出版公司，1976 年）

22. 宋・佚名，《名公書判清明集》（上海：上海古籍出版社，1995 年）

23. 元・脫脫，《宋史》（臺北：鼎文書局，1980 年）

24. 清・段玉裁，《說文解字注》（臺北：漢京文化公司，1983 年）

25. 清・清聖祖御定，《全唐詩》（臺北：文史哲出版社，1987 年）

26. 清・董誥等編《全唐文》（上海：上海古籍出版社，1990 年）

二、子書、筆記

1. 春秋・管子著；李勉註譯，《管子今註今譯》（臺北：台灣商務印書館，1988 年）

2. 戰國・荀子著；廖吉郎校注，《新編荀子》（臺北：鼎文書局，2002 年）

3. 戰國・韓非著；邵增樺註譯，《韓非子今註今譯》（臺北：臺灣商務印書館，1990 年）

4. 戰國・呂不韋編；林品石註譯，《呂氏春秋今註今譯》（臺北：台灣商務印書館，1990 年）

5. 漢・《詩經》〈十三經注疏〉（臺北：藝文印書館，1985 年）

6. 漢・毛亨，《毛詩正義》（北京：北京大學出版社，1999 年）

7. 漢・王充著；劉盼遂集解，《論衡集解》（臺北：世界書局，1990 年）

8. 漢・劉向著；張敬註譯《列女傳今註今譯》（臺北：台灣商務印書館，1994 年）

9. 漢・應劭著；吳樹平校釋，《風俗通義校釋》（天津：天津古籍出版社，1980 年）

10. 漢・佚名；袁珂《山海經校注》（臺北：里仁書局，1981 年）

11. 晉・干寶，《搜神記》（臺北：世界書局，1965 年）

12. 晉・竺道爽，《撤太山文》（臺北：台灣商務印書館，1965 年）

13. 晉・郭象注，《南華真經注疏》（北京：中華書局，1998 年）

14. 晉・葛洪著；王明校釋《抱朴子內篇校釋》（北京：中華書局，1985 年）

15. 梁・慧皎，《高僧傳》（臺北：新文豐出版公司，1987 年）

16. 唐・牛僧孺，《玄怪錄》《中國文言小說百部經典》（北京：北京出版社，2000 年）

17. 唐・白居易，《白居易集箋校》（上海：上海古籍出版社，1988 年）

18. 唐・張鷟，《朝野僉載》（北京：中華書局，1997 年）

19. 唐・釋道宣，《廣弘明集》（臺北：新文豐出版公司，1987 年）

20. 宋・文瑩，《湘山野錄、續錄》〈宋元筆記小說大觀〉（上海：上海古籍出版社，2001 年）

21. 宋・王柏，《魯齋集》（臺北：藝文印書館，1970 年）

22. 宋・王栐，《燕翼詒謀錄》〈宋元筆記小說大觀〉（上海：上海古籍出版社，2001 年）

23. 宋・王闢之，《澠水燕談錄》〈宋元筆記小說大觀〉（上海：上海古籍出版社，2001 年）

24. 宋・王庭珪，《盧溪文集》（臺北：台灣商務印書館，1972 年）

25. 宋・王禹偁，《小畜集》（臺北：台灣商務印書館，1968 年）（四部叢刊初編）

26. 宋・江休復，《江鄰幾雜志》〈宋元筆記小說大觀〉（上海：上海古籍出版社，2001 年）

27. 宋・朱熹編，《河南程氏遺書》（臺北：臺灣商務印書館，1965 年）

28. 宋・朱熹，《朱子文集》（臺北：財團法人富德文教基金會，1990 年）

29. 宋・吳自牧，《夢粱錄》（臺北：文海出版社，1981 年）

30. 宋・沈括，《夢溪筆談》（臺北：臺灣商務印書館，1956 年）

31. 宋・孟元老，《東京夢華錄》（北京：京華出版社，1998 年）

32. 宋・邵雍，《漁橋對問》（臺北：中國子學名著集成編印基金會，1978 年）

33. 宋・洪邁，《夷堅志》（臺北：明文書局，1982 年）

34. 宋・周敦儀，《周子全書》（臺北：臺灣商務印書館，1978 年）

35. 宋・周密，《武林舊事》（北京：京華出版社，1998）

36. 宋・夏竦，《文莊集》（臺北：台灣商務印書館，1969 年）

37. 宋・徐鉉，《稽神錄》〈宋元筆記小說大觀〉（上海：上海古籍出版社，2001 年）

38. 宋・真德秀，《西山先生真文忠公集》（臺北：臺灣商務印書館，1965 年）

39. 宋・孫覿，《鴻慶居士集》（臺北：台灣商務印書館，1982）

40. 宋・張耒，《柯山集》（臺北：臺灣商務印書館，1973 年）

41. 宋・張載，《張子全書》（臺北：臺灣商務印書館，1968 年）

42. 宋・梅堯臣，《宛陵集》（臺北：中華書局，1965 年）

43. 宋・陳錄，《善誘文》（臺北：藝文印書館，1965 年）

44. 宋・陳淳，《北溪大全集》（臺北：台灣商務印書館，1973 年）

45. 宋・莊綽，《雞肋編》〈唐宋史料筆記叢刊〉（北京：中華書局，1983 年）

46. 宋・陶穀，《清異錄》〈宋元筆記小說大觀〉（上海：上海古籍出版社，2001 年）

47. 宋・紹雍，《皇極經世書》（臺北：中華書局四部備要本，子部，1982 年）

48. 宋・郭彖，《睽車志》〈宋元筆記小說大觀〉（上海：上海古籍出版社，2001 年）

49. 宋・郭茂倩，《樂府詩集》（臺北：里仁書局，1980 年）

50. 宋・黃震，《黃氏日抄》（臺北：大化書局，1984 年）

51. 宋・葉適，《習學記言》（臺北：中國子學名著集成編印基金會，1978）

52. 宋・費袞，《梁谿漫志》〈宋元筆記小說大觀〉（上海：上海古籍出版社，2001 年）

53. 宋・趙衛彥，《雲麓漫鈔》〈唐宋史料筆記叢刊〉（北京：中華書局，1996 年）

54. 宋・廖剛，《高峯文集》（臺北：台灣商務印書館，1970 年）

55. 宋・樓鑰，《攻媿集》（臺北：台灣商務印書館，1965 年）

56. 宋・劉斧，《青瑣高議》〈宋元筆記小說大觀〉（上海：上海古籍出版社，2001 年）

57. 宋・劉頒，《彭城集》（臺北：臺灣商務印書館，1975 年）

58. 宋・黎靖德編；王星賢點校，《朱子語類》（北京：中華書局，1999 年）

59. 宋・蔡襄，《端明集》（臺北：台灣商務印書館，1973 年）

60. 宋・歐陽修，《歐陽文忠公集》（臺北：臺灣商務印書館，1967 年）

61. 宋・蘇軾；孔凡禮點校，《蘇軾文集》（北京：中華書局，1986 年）

62. 宋・蘇轍，《欒城集》（臺北：臺灣商務印書館，1965 年）

63. 宋・佚名，《太上感應篇直講》（臺北：瑞成書局印行，1963 年）

64. 金・劉祁，《歸潛志》〈宋元筆記小說大觀〉（上海：上海古籍出版社，2001 年）

65. 元・蔣子正，《山房隨筆》〈宋元筆記小說大觀〉（上海：上海古籍出版社，2001 年）

66. 元・佚名，《新刊大宋宣和遺事》（臺北：河洛圖書出版社，1981 年）

67. 清・紀昀，《閱微草堂筆記》（上海：上海古籍出版社，1995 年）

68. 清・孫詒讓，《周禮正義》（上海：上海古籍出版社，1995 年）

69. 清・孫詒讓，《墨子閒詁》（臺北：世界書局，1965 年）

70. 清・孫希旦，《禮記集解》（北京：中華書局，1989 年）

71. 清・惠棟，《太上感應篇注》（臺北：藝文印書館，1965 年）

72. 清・焦循，《孟子正義》（北京：中華書局，1987 年）

三、近人著作

1. 王治心，《中國宗教思想史大綱》（臺北：臺灣中華書局，1970 年）

2. 王祥齡，《中國古代崇祖敬天思想》（臺北：臺灣學生書局，1992 年）

3. 方力天，《中國佛教研究》（臺北：新文豐出版公司，1993 年）

4. 方力天，《中國佛教與傳統文化》（臺北：桂冠圖書公司，1990 年）

5. 弗雷澤（J.G.Frazer）著；汪培基譯，《金枝：巫術與宗教之研究》（臺北：久大桂冠聯合出版社，1991 年）

6. 江蘇新醫學院，《中藥大辭典》（上海：上海科學技術出版社，1999 年）

7. 牟鍾鑒、張踐，《中國宗教通史》（北京：社會科學文獻出版社，2000 年）

8. 路先・列維─布留爾（Lucién Lévy-Brühl）著，丁由譯，《原始思維》（北京：商務印書館，1981 年）

9. 克勞德・列維－斯特勞斯（Claude Lévi - Strauss）著，李幼蒸譯，《野性的思維》（北京：商務印書館，1987）

10. 江紹原，《中國古代旅行之研究》（上海：上海藝文出版社，1989 年）

11. 朱瑞熙等著，《遼宋西夏金社會生活史》（北京：中國社會科學出版社，1998 年）

12. 宋天正譯註，楊亮功校訂，《中庸今註今譯》（臺北：臺灣商務印書館，1980 年）

13. 李豐楙，《山海經：神話的故鄉》（臺北：時報文化出版企業公司，1981 年）

14. 李豐楙，《抱朴子：不死的探求》（臺北：時報文化出版企業公司，1982 年）

15. 李豐楙，《憂與遊：六朝隨唐遊仙詩論集》（臺北：臺灣學生書局，1996 年）

16. 李豐楙，《六朝隋唐仙道類小說研究》（臺北：臺灣學生書局，1986 年）

17. 李劍國，《唐前志怪小說史》（天津：開南大學出版社，1984 年）

18. 李四龍，《中國佛教與民間社會》（鄭州：大象出版社，1997 年）

19. 杜繼文、任繼愈編，《佛教史》（臺北：曉原出版社，1995 年）

20. 吳禮權，《中國筆記小說史》（臺北：臺灣商務印書館，1993 年）

21. 何星亮，《中國自然神與自然崇拜》（上海：新華書店，1992 年）

22. 屈萬里，《詩經詮釋》（臺北：聯經出版事業公司，1983 年）

23. 金中樞，《宋代學術思想研究》（臺北：幼獅文化事業公司，1989 年）

24. 林富士，《漢代的巫者》（臺北：稻香出版社，1999 年）

25. 林辰，《神怪小說史》（杭州：浙江古籍出版社，1998 年）

26. 姜國柱，《中國歷代思想史‧肆‧宋元卷》（臺北：文津出版社，1993 年）

27. 徐復觀，《中國人性論史：先秦篇》（臺北：臺灣商務印書館，1969 年）

28. 徐顯之，《山海經探原》（武漢：武漢出版社，1991 年）

29. 袁珂，《中國神話史》（臺北：時報文化出版企業公司，1991 年）

30. 孫昌武，《佛教與中國文學》（上海：上海人民出版社，1988 年）

31. 馬昌儀，《中國靈魂信仰》（臺北：漢忠文化事業公司，1996 年）

32. 馬昌儀，《古本山海經圖說》（濟南：山東畫報出版社，2002 年）

33. 馬西沙，《中國民間宗教史》（上海：上海人民出版社，1992 年）

34. 馮佐哲、李富華著，《中國民間宗教史》（臺北：文津出版社，1994 年）

35. 烏丙安，《中國民間信仰》（上海：上海人民出版社，1995 年）

36. 韋伯（Max Weber）著；康樂、簡惠美譯，《宗教社會學》（臺北：遠流出版事業公司，1993 年）

37. 莫里斯（B.Morris）著；張慧端譯，《宗教人類學導讀》（臺北：國立編譯館，1996 年）

38. 陳太義、莊宏達編著，《黃帝內經素問新解》（臺北：國立中國醫藥研究所，1995 年）

39. 陳文新，《中國筆記小說史》（臺北：志一出版社，1995 年）

40. 陳聖勤，《孟子文辭今析》（臺北：正中書局，1980 年）

41. 陳方全，《周原與周文化》（上海：上海人民出版社，1988 年）

42. 湯用彤，《隋唐及五代佛教史》（臺北：慧炬出版社，1986 年）

43. 葉慶炳，《中國文學史》（臺北：臺灣學生書局，1997 年）

44. 程毅中，《宋元小說研究》（南京：江蘇古籍出版社，1999 年）

45. 傅佩榮，《儒道天論發微》（臺北：臺灣學生書局，1985 年）

46. 黃海德、李剛編著，《簡明道教辭典》（成都：四川大學出版社，1991 年）

47. 黃敏枝，《宋代佛教社會經濟史論集》（臺北：臺灣學生書局，1989 年）

48. 慈怡主編，《佛光大辭典》（臺北：佛光出版社，1988 年）

49. 逯欽立輯校，《先秦漢魏晉南北朝詩》（北京：中華書局，1983 年）

50. 楊義，《中國古典小說史論》（北京：中國社會科學出版社，1995 年）

51. 聖嚴法師，《戒律學綱要》（臺北：東初出版社，1994 年）

52. 賈二強，《唐宋民間信仰》（福州：福建人民出版社，2002 年）

53. 劉志文，《中國民間信仰》（廣州：新華書店，1991 年）

54. 劉仲宇，《中國精怪文化》（上海：上海人民出版社，1997 年）

55. 劉詠聰，《德‧色‧才‧權：論中國古代女性》（臺北：麥田出版社，1998 年）

56. 劉葉秋,《歷代筆記概述》(臺北:木鐸出版社,1985 年)

57. 劉滌凡,《唐前果報系統的建構與融合》(臺北:臺灣學生書局,1999 年)

58. 蕭登福,《先秦兩漢冥界及神仙思想探原》(臺北:文津出版社,2001 年)

59. 蕭相愷,《宋元小說史》(杭州:浙江古籍出版社,1997 年)

60. 蒲慕州,《追尋一己之福:中國古代的信仰世界》(臺北:允辰文化實業公司,1995 年)

61. 蒲慕州,《古代宗教與信仰》(臺北:臺灣大學,2002 年)

62. 蔡仁厚,《孔孟荀哲學》(臺北:臺灣學生局,1999 年)

63. 蔡仁厚《宋明理學北宋篇》(臺北:臺灣學生書局,1988 年)

64. 魯迅,《中國小說史略》(濟南:齊魯書社,1997 年)

65. 韓秋白、顧青,《中國小說史》(臺北:文津出版社,1995 年)

66. 韓森(Valerie Hansen)著,包偉民譯,《變遷之神——南宋時期的民間信仰》杭州:浙江人民出版社,1999 年)

67. 譚達先,《中國神話研究》(臺北:臺灣商務印書館,1980 年)

四、論文、期刊

1. 丁敏,〈佛家地獄說之研究〉(臺北:政治大學心理學研究所碩士論文,民國 1981 年)

2. 山民,〈狐狸信仰形成的文化背景與表現〉收入《中國民間文化——民間俗神信仰》(上海:學林出版社,1994 年),頁 94。

3. 王邦雄,〈齊物論——物我的平等〉收入《莊子道》(臺北:漢藝色研文化事業有限公司,1993 年),頁 36~38。

4. 方建中,〈神諭型禁忌母題與民間凶兆信息傳輸〉《寶雞文理學院學報(社會科學版)》(寶雞:寶雞文理學院,2001 年),第 21 卷,第 3 期,頁 8~14。

5. 白靈階,〈淺析《西遊記》中的女妖精〉《中南民族學院學報(社會科學版)》(武漢:中南民族學院,1999 年),第 3 期,頁 97~100。

6. 朱光迪,〈中國古代精怪故事中的精怪人化〉《衡陽師專學報》(衡陽:衡陽師專學報——社會科學,1997 年),第 4 期,頁 50~55。

7. 朱光迪,〈精怪傳說——民眾意識的積澱〉《衡陽師專學報》(衡陽:衡陽師專學報——社會科學,1995 年),第 4 期,頁 69~73。

8. 朱光迪,〈中國古代人類與精怪的性愛糾葛〉《衡陽師專學報》(衡陽:衡陽師專學報——社會科學,1994 年)第 2 期,頁 28。

9. 江慧琪,〈先秦至唐狐狸精怪故事研究〉(臺中:中興大學中國文學研究所碩士論文,2002 年)

10. 沈宗憲，〈宋代的鬼與死後世界傳說〉（臺北：臺灣大學歷史學研究所一般史組碩士論文，1991 年）

11. 沈宗憲，〈國家祀典與左道妖異──宋代信仰與政治關係之研究〉（臺北：臺灣師範大學歷史學研究所博士論文，2000 年）

12. 李豐楙，〈先秦變化神話的結構性意義──一個「常與非常」觀點的考察〉《中國文哲研究集刊》（臺北：中央研究院中國文哲研究所，1994 年），第四期，頁 287～318。

13. 李豐楙，〈魏晉南北朝文士與道教之關係〉（臺北：政治大學中國文學研究所，1978 年）

14. 李豐楙，〈六朝精怪說與道教法術思想〉《中國古典小說研究專集三》（臺北：聯經出版事業公司，1981 年），頁 22。

15. 李豐楙，〈不死的探求──從變化神話到神仙變化傳說〉《中外文學》（臺北：中外文學月刊社，1986 年）第十五卷，第五期，頁 36～57。

16. 李素娟，〈唐人小說中變化故事研究〉（臺北：中國文化大學中國文學研究所碩士論文，1997 年）

17. 邱芳津，〈宋代果報小說研究〉（臺北：中國文化大學中國文學研究所碩士論文，1997 年）

18. 金相範，〈唐代禮制對於民間信仰觀形成的制約與作用──以祠廟信仰為考察的中心〉（臺北：臺灣師範大學歷史研究所碩士論文，2001 年）

19. 范熒，〈宋代民間信仰的佛教因素〉收入《宋史研究論文集》（保定：河北大學出版社，2002 年），頁 335。

20. 段塔麗，〈唐代狐狸精迷信盛行原因初探〉《陝西師大學報》（西安：陝西師大學報──哲社科版，1991 年），第 20 卷，第 1 期，頁 97。

21. 咸恩仙，〈話本小說果報觀研究〉（臺北：中國文化大學中國哲學研究所博士論文，1989 年）

22. 胡堃，〈論中國古代狐仙故事的歷史發展〉《民間文藝季刊》（上海：民間文藝季刊編輯部，1989 年），第 3 期，頁 77。

23. 洪瑞英，〈中國人虎變形故事研究〉（臺中：逢甲大學中國文學研究所碩士論文，1991 年）

24. 唐長孺，〈魏晉期間北方天師道的傳播〉，出自《魏晉南北朝史論拾遺》（臺北：帛書出版社，1982 年），頁 223～238。

25. 張貞海，〈宋前神話小說中龍的研究〉（臺北：中國文化大學中國文學研究所博士論文，民國 1992 年）

26. 張億平，〈魏晉南北朝民間信仰研究〉（臺北：臺灣大學中國文學研究所碩士論文，2002 年）

27. 張智華，〈中國文學中精靈形象的演變與發展〉《中國社會科學》（北京：中國社會科學出版社，2000 年），第 4 期，頁 144～154。

28. 量齋，〈地獄觀念在中國小說中的運用和改變〉《純文學》（臺北：純文學月刊社，1976 年），9 卷 5 期，頁 34～51。

29. 袁珂，〈山海經寫作的時地篇目考〉，出自《神話論文集》（臺北：漢京文化，1987 年），頁 9～19。

30. 陳寅恪，〈狐臭與胡臭〉《陳寅恪先生先生全集》（臺北：九思出版事業公司，1977 年），下冊，頁 1207。

31. 陳燕玲，〈宗教信仰、價值信念與人際衝突因應行為的關係〉（臺北：政治大學心理學研究所碩士論文，民國 1999 年）

32. 陳敏瑄，〈唐代佛教果報地獄小說研究〉（臺中：逢甲大學中國文學研究所碩士論文，2001 年）

33. 康韻梅，〈六朝小說變形觀之探究〉（臺北：臺灣大學中國文學研究所碩士論文，1987 年）

34. 黃永年，〈讀陳寅恪先生〈狐臭與胡臭〉──兼論狐與胡之關係〉《唐代史事考釋》（臺北：聯經出版事業公司，1998 年），頁 206。

35. 黃永年，〈說狄仁傑的奏毀淫祠〉《唐史叢論》（西安：陝西人民出版社，1995 年），第六輯，頁 61～65。

36. 黃心穎，〈《太平廣記》精怪類初探〉《輔大中研所學刊》（臺北：輔仁大學中國文學系，1996 年），第 6 期，頁 367～381。

37. 鄒文海，〈從冥律看我國的公道觀念〉《東海學報》（臺中：東海大學，1963 年），第 5 卷，第 1 期，頁 109～125。

38. 楊聯陞著；段昌國譯，〈報─中國社會關係的一個基礎〉《中國思想與制度論集》（臺北：聯經圖書公司，1979 年），頁 349～372。

39. 楊慶堃著；段昌國譯，〈儒家思想與中國宗教之間的功能關係〉《中國思想與制度論集》（臺北：聯經圖書公司，1979 年），頁 319～347。

40. 楊國榮，〈唐代精怪小說略說〉引自《閩西職業大學學報》（龍岩：閩西職業大學，2002 年），第四期，頁 26。

41. 楊曉紅，〈宋代占卜與宋代社會〉《四川師範大學學報（社會科學版）》（成都：四川師範大學，2002 年），第 29 卷，第 3 期，頁 94～99。

42. 趙章超，〈宋代志怪傳奇小說研究百年綜述〉《社會科學研究》（成都：四川省社會科學院出版社，2002 年），第 5 期，頁 141～148。

43. 劉靜貞，〈宋人的果報觀念〉（臺北：臺灣大學歷史研究所碩士論文，1981 年）

44. 劉志鴻，〈宋代的祠廟與祠祀──一個社會史的考察〉（新竹：清華大學歷史學研究所碩士論文，1993 年）

45. 劉浦江，〈宋代宗教的世俗化與平民化〉《中國史研究》（北京：中國社會科學出版社，2003 年），第 2 期，頁 117～128。

46. 劉祥光，〈婢妾、女鬼和宋代士人的焦慮〉《走向近代：國史發展與區域動向》（臺北：臺灣東華書局股份有限公司，2004 年），頁 45～84。

47. 劉黎明，〈《夷堅志》"建德妖鬼"故事研究〉《清華大學學報（哲學社會科學版）》（北京：清華大學，2003 年），第 18 卷，第 1 期，頁 40～45。

48. 劉黎明，〈《夷堅志》與南宋江南密宗信仰〉《四川師範大學學報（社會科學版）》（成都：四川師範大學，2002 年），第 29 卷，第 3 期，頁 45～51。

49. 劉相雨，〈《搜神記》和宋代話本小說中女神、女鬼、女妖形象的文化解讀〉《江西師範大學學報（哲學社會科學版）》（南昌：江西師範大學，2001 年），第 34 卷，第 2 期，頁 30～36。

50. 劉毓慶，〈《山鬼》考〉《山西大學學報（哲學社會科學版）》（太原：山西大學出版社，2002 年），第 25 卷，第 4 期，頁 3～9。

51. 劉守華，〈宋代的民間故事集成《夷堅志》〉《高等函授學報》（武漢：華中師範大學出版，1999 年），第 2 期，頁 27～30。

52. 蔡雅薰，〈六朝志怪故事研究〉（臺北：臺灣師範大學國文研究所碩士論文，1990 年）

53. 蔡明真，〈唐人小說報意識研究〉（臺北：輔仁大學中國文學研究所碩士論文，1998 年）

54. 蔡君逸，〈宋筆記中的汴京人民生活風尚〉（臺北：東吳大學中文研究所碩士論文 1989 年）

55. 蔡宗憲，〈北朝祠祀信仰〉（臺北：臺灣大學歷史學研究所碩士論文，1991 年）

56. 鄭惠璟，〈唐代志怪小說研究〉（臺北：臺灣大學中國文學研究所碩士論文，1989）

57. 簡惠美，〈韋伯論中國：中國宗教初探〉《臺大文史叢刊 80 號》（臺北：國立臺灣大學出版委員會，1988 年），頁 138。

五、外文部分

1. Richard von Glahn, "The Enchantment of Wealth：The God Wutong in the Social History of Jiangnan" Harvard Journal of Asiatic Studies 51：2（1991），pp.651～660.